U0738868

一本书读通
中国史

鲁青◎编著

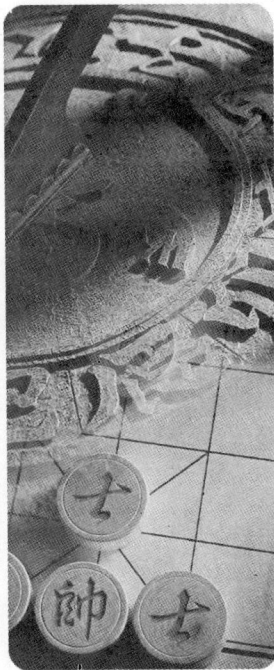

石油工业出版社

图书在版编目(CIP)数据

一本书读通中国史/鲁青编著.

北京:石油工业出版社,2010.10

ISBN 978-7-5021-7916-8

Ⅰ.一…

Ⅱ.鲁…

Ⅲ.中国—历史—通俗读物

Ⅳ.K209

中国版本图书馆 CIP 数据核字(2010)第 141206 号

一本书读通中国史

鲁青　编著

出版发行:石油工业出版社

　　(北京安定门外安华里 2 区 1 号楼　100011)

　　网　址:www.petropub.com.cn

　　编辑部:(010)64523607　营销部:(010)64523623

经　销:全国新华书店

印　刷:北京晨旭印刷厂

2010 年 10 月第 1 版　2013 年 5 月第 3 次印刷

787×1092 毫米　开本:1/16　印张:25

字数:354 千字

定价:26.80 元

(如出现印装质量问题,我社发行部负责调换)

版权所有,翻印必究

前 言

　　中国是有着五千年历史的泱泱大国，但是考古学家们早已将它的历史源头延伸了上千年。放眼五千年的历史，泱泱中华，江山竟是如此多娇。经过《周易》到《诗经》，自《天问》到《猛回头》，再由《三民主义》到《论人民民主专政》这一系列的演变，见证了中国由一只位于世界民族之巅的雄狮逐渐沦落为一只任人宰割的羔羊，再由一只任人宰割的羔羊一跃而成为一只雄狮的辛酸历程。从盘古开天地的神话开始到康乾盛世，再由《南京条约》到"辛亥革命"，最后由抗日战争走到新中国的成立，从这一路漫长的脚印中我们可以发现，博大精深的中华文明，为人类历史的不断进步和发展作出了不可磨灭的贡献。

　　随着经济与社会的不断发展，曾经徘徊在一些人心头的对待历史的冷漠逐渐扫去，从中华民族悠久的历史中为可持续发展观寻找到一个支撑点重新成为一个热门话题。在这样的形势下，整理我们的文化遗产，回归历史的本来面目，使过去为现在服务，是当代中国人肩负的一项伟大而又神圣的历史使命。诚然，我们的历史是引起了全国人民的广泛重视，但是博大精深的中国历史，再加上浩如烟海的古籍文献，使得众多的读者茫然失措。

　　为了满足广大读者学习中国历史、了解中国历史的愿望，也为了能让读者的心能在这个到处充满浮躁气息的空气中获得安宁，本着对读者负责的原则，我们特意邀请了一些在学界比较有名的历史学家们精心编写了这一套史书。我们编写这套书的出发点就在于怎样能让读者在最短的时间内了解历史、把握中国历史的脉络，从而用最少的时间，学到最多的知识。

　　本书一改过去那种就事论事的编纂体例，采用了一种新型的体例编纂方式，以面带动点，再由点来通观全局，全面再现了从盘古开天辟地的神话故事到大清王朝覆灭的真实历史过程。每小节中的内容紧密连接、环环相扣，虽然篇幅不长，但是一些该表现出来的大道理、一些能对读者有用的启迪智慧之语已经在文中体现得淋漓尽致。尤其是经过编者精心挑选的趣味链接，不仅能扩充读者的视野，而且能放松读者的心情，使读者能够从中寻找到真正的乐趣。

　　既然史学家都说历史学是一门智慧之学、启迪之学，那么我们衷心地希望本书能给广大读者朋友们带来灵感，能启迪广大读者的智慧，能缓解广大读者心中积蓄的压力。希望读者们能通过学习历史而不断完善自我、发展自我，从而铸就非凡的人生。

目 录

1

第二章 夏、商、西周

第三章　春秋、战国

第五章　三国、两晋、南北朝

第一章
远古时期

盘古开天辟地

·中国人的世界肇始神话·

宇宙从何而来，人类从何而生？自古以来，各个地方都流传神秘的传说。西方人认为，世界是由上帝创造的，人类的祖先也是出自他手的亚当和夏娃。而在中国，一直流传着的则是盘古开天辟地的故事。

相传，在古老的时代，天地还没有形成，宇宙只是混沌的一片。在这片混沌中，没有花草树木，没有山川河流，没有星光日月，也没有风霜雨雪，但是却孕育着一个无比高大的巨人，他就是盘古。

盘古在这片混沌中慢慢地成长，不知道过去了多少年，终于有一天他睁开了眼睛。但是，让他感到压抑的是，眼前却是一片黑暗。一怒之下，盘古不知道从哪里抓起一把硕大的板斧，向眼前的混沌砍去……

只听到"咔嚓"一声巨响，这片混沌便被劈成了两块，重的部分开始逐渐往下沉，而轻的部分开始逐渐往上升。往下沉的就渐渐地变成了大地，而往上升的则变成了天空。世界的蜕变，让盘古的内心顿时充满了喜悦，整个世界清净了！

快乐是短暂的，换来的只是无穷无尽的痛苦，因为盘古已经开始渐渐担忧起来，他害怕有一天天地会重新合在一起，于是他变得时喜时悲。在他开心的时候，天空就会变得干净明亮，万里无云；而在他悲伤的时候，天空就会变得阴暗潮湿，乌云滚滚。就这样，盘古的心情决定了天气的变化。天地间，开始有了四季的更换和日夜的交替。

终于，皇天不负有心人，盘古想到了一个"解忧"的好方法，那就是"顶天立地"。他脚踩着大地，双手托住青天，使得天空不断地升高，大地不断地下沉。而天空每升高一丈，盘古的身体就会长高一丈；大地每下沉一尺，盘古的身体就会被拉长一尺。而盘古这一站，就是一万八千年。

壁刻：盘古开辟天地

终于有一天，天地分得够远的了，不会再合在一起了。盘古高兴之极，一时间开怀大笑。可能是由于笑得时间太长了，一口气没有缓过来，高大的身躯就这样倒在大地之上，再也没有站起来。

伟大的英雄死了，但他的遗体并没有消失：在他临死前，他呼出的最后一口气变成了春风和天空的云雾，倒下时的最后一声叹息变成了天空的雷霆。他的左眼飞向东边的天空变成了金光灿烂的太阳，照耀大地；右眼变成皎洁的月亮，给夜晚带来光明，就连他的牙齿也飞向了天空，变成了万点星光。鲜血是河湖海，奔腾不息；肌肉变成千里沃野，供万物生存；骨骼变成树木花草，供人们欣赏；筋脉也化作道路，让人们来行走；精髓变成明亮的珍珠，供人们收藏；汗水则化作甘露，滋养大地。而他的头化作了东岳泰山，脚化作了西岳华山，左臂化作南岳衡山，右臂化作北岳恒山，腹部也化作了中岳嵩山。

至此，才形成了我们现在这样的世界。

故事有些荒诞、有些离奇，但是它至少说明了一个问题，那就是，我们人类的祖先相信人定胜天的道理。传说每年农历的十月十六日是盘古的生日，我国的有些地方，还会在那一天举行隆重的庆典来纪念盘古。也许，人们赞扬的不仅仅是盘古，更加重要的是人们崇拜盘古那种无所畏惧的创造精神。

趣味链接

各民族关于世界由来的说法

关于世界的由来，世界各个地方有着非常神奇的说法，除了广为人知上帝创世纪和开天辟地以外，还有一种非常有趣的说法，那就是埃及"努"神，喊出了世界。《埃及神话》中记载，世间本没有人，只有万能的神"努"，只要他呼唤出什么，人世间就会出现什么。所以，他呼唤"苏比"，就有了风；呼唤"泰富那"，就有了雨；呼唤"哈比"，尼罗河就流过埃及，直到他呼唤出"男人和女人"，地上才出现了人。等到这世界该有的都有了，他就摇身一变，化作古埃及的第一位法老统治着世界。

女娲造人

·东方流传的人类起源之谜·

　　盘古开天辟地之后，不知道又过了多少年，人世间突然出现了一个人首蛇身的女神，叫做女娲。尽管大地之上有山川草木、花鸟鱼虫，天空之中也有日月星辰、风云变幻，但是却唯独没有一个可以和女娲诉说心事的人。于是，女娲在这片大地之上，感到无比的落寞与荒凉。也许这世间，最需要的就是一些有生气的东西。

　　有一天，女娲在河边看到了自己的影子，便觉得非常高兴，于是和"她"谈起了心中的苦闷，可怎奈水中的倒影却怎也不搭理她。她想：你要是能和我说句话、散散步那该有多好啊！

　　时间一天天过去，女娲的愁苦仍在继续，每当感到寂寞的时候，她便会来到水边和自己的影子诉说，可影子却始终不张口。终有一天女娲等得不耐烦了，于是跳入水中，心道：我非要把你找出来。可是当她从水中跃出的时候，发现紧握在手中的只不过是一团黄泥。女娲非常失望，为什么看到的和自己得到的不一样呢？这时，女娲突发奇想，就用手中的这团黄泥对着自己的影子，捏出了一个个泥人。这泥人经风吹之后，竟然活了起来，他们可以说话，也可以走路，最重要的是他们都管女娲叫妈妈。女娲满心欢喜，于是又一个接着一个地捏起了泥人。

到后来，女娲觉得这样一个个地捏下去实在是太慢了，毕竟大地太过广阔，尽管她双手都捏得麻木了，可小人分布在大地上仍然太稀少。为了提高"造人"的效率，她便用一根藤探入河底的淤泥中搅动，然后再将沾满黄泥浆的藤条往地上一撒，而这一撒，地上就多出了一群人来。女娲见新方法奏了效，越撒越起劲，大地就到处都有了人。

女娲心中高兴，寂寞感一扫而空。她觉得自己已经很累了，该休息一下了。于是，就到处走走，顺便也看看那些人现在生活怎么样了。

有一天，女娲走到一处，见到人烟稀少便觉得非常奇怪，因为记得以前造人的时候，这里明明应该有很多人的啊！经过仔细地查看之后，她发现躺在地上的小人，头发雪白，一动不动。原来这些是她最初造出来的小人，这时已经寿终正寝了。

女娲觉得很是悲伤，自己辛辛苦苦造人，人却不断衰老死亡。要是这样的话，自己岂不要永远不停地制造？这总不是个办法。

伏羲与女娲

后来，女娲看到世界万物的繁衍，苦思冥想之后，便创造了人类繁衍的方法。又因为人类是仿照神而创造出来的生物，不能与禽兽那样随意交配。所以她又建立了婚姻制度，使之有别于禽兽乱交。于是，民间又流传着一种说法，就是把女娲奉为"神媒"。

趣味链接

女娲是女性还是男性

关于女娲的性别，一直是个未解之谜。大多数人认为她是女性，这也符合史书上的一些记载，如《太平御览》中说：女娲氏……也叫女希，是女皇；《通志·三皇纪》中记载：伏羲死后，女娲继位，成为女皇。而据清代学者赵翼考证，女娲竟是男性。他认为女娲是远古时期的三皇之一，由于当时没有文字记载，后人因音成字。女娲是姓氏，而不是性别。这种看法虽然新奇，但也有其道理。不过到底谁是谁非，就只能有待于以后的考证了。

共工怒触不周山

·以死明志的共工氏·

　　中国的神话中，大部分都是描写创造的，如盘古开天辟地和女娲造人，很少有像欧洲神话中诺亚方舟般描写毁灭的。但在颛顼时期，就曾出现过一个天翻地覆的故事。这便是：共工怒触不周山。

　　相传，在颛顼时期，有个部落的首领叫做共工氏，他本姓姜，是炎帝的后代。而大凡炎帝的传人，长相都非常奇特。共工氏也不例外，据说他长着两个脑袋，蛇的身体，满头的毛发都是红色的。更拉风的是，他每次出行的时候，总是骑着两条龙。

　　尽管外形怪异，但共工氏却是位贤明的领袖。他很重视农耕，尤其是对水利工作。据说，筑堤蓄水的方法就是共工氏首创的。也许是虎父无犬子，共工氏的儿子后土，也非常聪明，在农业方面也是非常精通。

　　一次，共工氏和他的儿子在考察地形的时候，发现有的田地太高了，灌溉的时候很不方便，这样便会影响农作物的收成。于是，这父子二人一商量出了一套"高土低调"的计划方案。可是，他们的上面还有一个"总老大"颛顼，要想实行他们的计划还得得到他的允许。

　　可是，颛顼并不买共工氏的账。他说，高处本来就代表着无上的权威，这是上天注定的。如果按照共工氏的方法来做，那便是藐视上天，藐视权威，上天就会惩罚他们的氏族。其实，这只不过是颛顼的借口，真正的原因则是：他认为自己才是最高的领袖，所有的决定都应由自己来发出，而共工氏的提议，在他看来，便是藐视他领袖的地位，心中当然不满了。

于是，共工氏父子二人心中就堵着一口气。共工氏认为，我们是为全族人们的生活着想，颛顼为何就不同意呢？于是越想越气，你颛顼不是不让吗？你说了也不算数，咱们让全族的人民来决定。

于是，二人就举办了一次投票大会。二人为自己的观点发表演说，共工氏说的句句在理，尤其是说到为民族大业的时候，竟然不禁潸然泪下，老百姓们纷纷鼓掌，表示赞同。这本是个好的形势，可是颛顼一上台讲话之后，形势竟出现了一边倒的状况。原来，颛顼利用鬼神之说，把老百姓吓住了。

共工氏气愤不过，当场拂袖而去！回到家中之后，越发气愤。为了表明自己的决心，唤醒人们的认知，他做出了一个悲壮的决定，那就是一头撞向不周山。

结果，共工氏死了，可是谁也没想到，不周山被撞倒了。霎时间，天地间发生了巨大的变化：日月星辰都变换了位置，山川河流也都开始移位。原来，这不周山是天地间的支柱，这一倒，世间原来的景象全部颠倒了！

共工氏这一死，果然让世人觉醒了。人们为了怀念他，就奉他为水神。他的儿子后土也被世人尊为土地神，后世人们常说的"皇天后土在上"就是指他。

趣味链接

"以死进谏"的由来

共工氏一头撞死在不周山上，终于感化了万民。于是这种以死进谏的方法，就一直流传下来。后世，凡是昏君当道或是君主听信谗言的时候，忠臣良将为了能够感动君主，往往就会效仿共工氏，在大殿之上一头撞死在柱子上。虽然这种方法有些偏激，可忠诚之心可昭日月。

伏羲演八卦

·周易八卦的来源·

　　相传，伏羲氏是一位贤明的帝王，是传说中的"三皇"之一，长着人的脑袋和蛇的身体，而且具有天生的神力。他知识渊博，是一位了不起的文化始祖。他为人民作出了很多的贡献，比如，结绳记事、织网捕鱼等。而他根据自然界万物的变化而创立的八卦，至今都被人们津津乐道，广为传颂。

　　关于结网捕鱼，民间还流传着这样的一个故事。

　　远古时期，人们还不会结网，只是用手来捉鱼。尽管人们时常捉不到鱼，可还是惹怒了水中的龙王。一次，当他们忙得正欢的时候，龙王带着他的虾兵蟹将怒气冲冲地走了过来，质问道："谁让你们在这里捕鱼的？全给我滚回去。"伏羲氏没有被龙王的气势吓倒，反而理直气壮地说："你不让我们捕鱼，我们吃什么？"龙王大怒："那关我什么事？"伏羲氏回答道："你不让我们捕鱼也可以，但我们饿了就过来喝水，等我们把水喝光了，你的水族也活不成！"这么一说，把龙王吓住了，这龙王本就是一个欺软怕硬的人，现在双方对峙，龙王也不知道该怎么办才好。

　　这时，龙王身后的乌龟给龙王出了个主意，他说："您看他们都是用手捉鱼的，您可以答应让他们捕鱼，但是要守个规矩，那就是不能用手来捉。"龙王一听，立马笑逐颜开。就把这个条件说了。伏羲氏没办法，只有答应。

回到家中之后，伏羲氏想了好久都没有想到解决的方法，正在发愁的时候，他看到树上蜘蛛结的网。受此启发，伏羲氏一下就开窍了。于是他带领着人们一起结网，重新下水捕鱼。结果比原来捕的鱼更多了。龙王很生气，但也输得心服口服。

如果说，伏羲氏斗龙王只是一个传说的话，那么他所创的八卦却是不容置疑的。伏羲氏所创的八卦非常神奇，可以推演出许多事物的变化，预卜事物的发展。不仅我国人民对其着迷，就连外国的一些科学家也对其非常感兴趣。17世纪时，德国数学家莱布尼

伏羲

兹就曾创立"中国学院"，开始研究八卦，并根据八卦的"两仪，四象，八卦，十六，三十二，六十四卦"，发明了二进位记数和当地欧洲先进的计算机。一位欧洲科学家在谈到八卦的易理被现代广泛应用时，也不禁叹其为"至为可惊"。

可以说，八卦不仅仅是人类文明的瑰宝，也是人类探究宇宙的一个高级"信息库"。只不过，八卦中的许多奥妙神奇之处，仍是一个不解之谜，至今还正在研究和探讨之中。

趣味链接

伏羲氏的"人首蛇身"是误解

在世人的眼里，一直以为伏羲氏是"人首蛇身"的"怪物"。就此问题，有关的专家学者们提出了不同的看法。他们认为，伏羲氏应该是"人首龙身"，而远古时期的蛇是被简化了的龙。据记载，伏羲氏姓"风"，《说文》解释为"风动虫生"，而在甲骨文中，"虫"同"巳"，"巳"为"蛇"。而这个龙则是从大鲵演变而来，鲵即娃娃鱼。考古发掘证实，在6500年前，自然界的天水环境非常好，适合娃娃鱼的生长，因而娃娃鱼的普遍存在与那时先民的生存发展是密不可分的。尤其是它如同小儿哭泣的叫声，就给人们无尽的想象和启示。生活在此地的伏羲部族遂以鲵为图腾。人们为了表达对伏羲氏的崇敬，便尊其为"人首蛇身"。

神农尝百草

·传统农业和医药业的由来·

　　神农氏位列三皇，是我们伟大的祖先之一。传说神农天生有一个几乎透明的"水晶肚"，不但能看见自己的五脏六腑，而且还能看见吃进去的东西。神农氏凭借此肚尝遍百草，教会了人民进行农业根植，发明了医药。

　　在神农氏的那个时代，人口已经比较多了，但凭着原来打猎为生的方式，已经不能满足人们生存的需要，在饥饿难耐的时候，人们甚至胡乱地吃地上的各种植物。结果，氏族之中，有的人便开始纷纷饿死，或是吃错了东西而病死。

　　看到这种情况，神农氏作为氏族的首领感到非常心痛。于是，他便开始想办法来让人们在这片广阔的大地上生存下去。一次他看到族中的一个人在吃山上的一种野草，神农立即上去劝阻，可是说时迟那时快，可能这人也是饥饿之极，已经将手中的野草吃了下去。神农心想，这下糟了，氏族中又有人要离他们而去。可是过了很多天之后，神农又看见了那个吃野草的人，他居然还活着，一点异样也没有。神农氏恍然大悟，莫非山上的这些花花草草也能充饥？

　　于是，神农氏决定用自己的"水晶肚"来试试每种植物的滋味。在尝试的过程中，神农氏发现，有些植物的味道特别香甜，吃下去之后就能充饥；有些植物的味道则特别苦涩，但是吃下去之后却能感到神清气爽；而有的东西味道倒是不错，可是吃下去之后，就感到头昏脑涨、上吐下泻。通过这些植物在"水晶肚"里的变化，神农氏将它们都一一记载下来。

神农氏将这些入口香甜且能充饥的植物告诉大家。于是氏族中的人们便开始以植物为食，不再以单纯的打猎为生了。当人们感到头昏脑涨的时候，神农氏就让他们吃那种让人神清气爽的植物。人们的生活得到了极大改善。

可是，幸福的生活并未就此而开始，因为在不同的季节里，食物还是存在着或多或少的差异，尤其是在大雪纷飞的日子里，人们还得忍冻挨饿。于是，在不断摸索当中，神农氏根据气候的变化，分清了各种不同植物的生长季节。于是，人们便开始了有计划地种植，懂得了春生夏长、秋收冬藏。

神农氏并未因此而满足，因为在人们身上出现的病症还是不能一一根治。于是神农氏又开始了他的"试药"生涯。至此，神农氏翻山越岭、跋山涉水，亲自尝试上百种药材。其中，有几十种毒物，险些丧了性命。然而，伟大的神农氏克服了重重困难，战胜了种种危险，为人类寻找到了大量的可以治病的药材。

后来，神农氏因误尝了断肠草而身亡。据民间传说，现在百草洼西北的山顶上，还有一块像弯腰搂肚的人一样的石头，就是神农变化而成的。为了纪念神农氏，人们便把小北顶改名为神农坛，并在神农坛上修建神农庙。

趣味链接

《神农本草经》仍为今用

神农氏经过尝试百草而撰写的《神农本草经》，详细地阐述了药物的分类、性能以及药物在方剂配伍中的地位和作用，是中国中医药学的经典之作。《神农本草经》的存在，一直影响我国中医学的发展，后世的医学著作也都以此为宗。现在世界闻名的中医药学，与其也都有着不可分割的关系。

战神蚩尤

·与黄帝决战逐鹿·

数千年以前，在我国的黄河、长江流域一带住着很多的氏族和部落。在这些氏族部落的首领中，最有名的有三位，他们分别是黄帝、炎帝以及被我们称之为战神的蚩尤。而下面的故事，就是从蚩尤开始的。

相传，炎帝和黄帝是俩兄弟，炎帝住在我国的西北部，为了壮大发展，便带着自己的部落向东发展。而这一东行，便正好碰到了南方九黎族的首领蚩尤。所谓一山不能容二虎，两大首领便在此处打了起来。蚩尤相当强悍，手下还有八十一个兄弟，他们全都长着猛兽的身体，铜头铁额，吃的是沙石，凶猛无比；此外，他们还会制造各种各样精良的兵器。炎帝当然不是其对手，结果被打得一败涂地。

无奈之下，炎帝逃到涿鹿向他的兄弟黄帝求援。于是黄帝联合各部落首领，在涿鹿的田野上和蚩尤展开一场大决战，这就是历史上著名的"涿鹿大战"。

战争之初，蚩尤凭借着良好的武器和勇猛的士兵，连黄帝的部落联军也不是其对手。当然黄帝也并非凡人，他也有自己的一股强势力量，那就是他自己秘密培养的"野兽战军"——熊、罴、貔、貅、貙、虎。当这一股力量投入战场之后，战争的形式便出现了一边倒的效果。于是，蚩尤的兵士纷纷败逃。

黄帝乘胜追击，向蚩尤杀了过去。但蚩尤是何等人，岂能被区区六种野兽打倒？他在战场上镇定自若，向自己的士兵大声说道："大丈夫生当战死杀场，不战而逃有何面目去见家乡父老？"士兵们闻言一惊，是啊，征战多年，我们何曾害怕过？蚩尤更是抖擞着精神，施出了神奇的法术，刹那间天昏地暗，浓雾迷漫，狂风大作，雷电交加。

黄帝大军不但无法前进，反而被困在迷雾之中，犹如困兽之斗。黄帝惊慌不已，心想多年心血不能付诸一炬，仔细思索之后，针对蚩尤的迷雾大阵创出了指南车。恰逢此时，天空忽然飘落一女子，自称是九天玄女，她教会了黄帝兵法，并给了他一把无坚不摧的青锋宝剑。

黄帝得此二物，如虎添翼。

这场战争打了很久，从不知道哪天的日出一直打到不知道哪一天的日落。在最后的一个黄昏时分，蚩尤几乎全军覆没，但他仍然孤身地浴血奋战。日夜厮杀，蚩尤累了，看着满地的尸体，他心痛了！就在他累得没喘过一口气、痛得还没有回过神的时候，一把青锋宝剑闪电般向他劈了过去……

蚩尤战死了，黄帝为了防止他的尸体再生变故，同时也敬重他是位英雄。于是就将他的身、首分别厚葬在两处。一处在东平郡寿张县阚乡城，坟高七丈，后世的人们都称其为"蚩尤旗"，而另一处是山阳郡巨野县的重聚乡。蚩尤被斩首的那个地方被称之为"解"，直到如今，解州还有口大盐池，池里的卤水是殷红的，当地的人们还称之为"蚩尤血"。

趣味链接

为战神蚩尤拨乱反正

在我国的历史上，一直认为只有黄帝和炎帝是我们的始祖，而蚩尤则不在其中，而事实却并非如此。比如，他发明了谷物的种植，他的后代也因谷物需要育苗、移苗而命名为"苗族"；他是金属冶炼和制造的始祖，历史记载蚩尤"以金作兵器"；他还是"法"的创始者，《周书·吕刑》记载："蚩尤对苗民制以刑。"这是一个有力的证明。所以说，蚩尤应当是与炎黄二帝并列的三大始祖之一。

刑天舞干戚

·宁死不屈的巨人·

　　黄帝在打败蚩尤之后，将炎帝放逐到了南方，自己成为一统"宇宙"的天帝。炎帝自认能力不如黄帝，也不愿与其争夺。但是他手下的一个无名的巨人，却为炎帝感到不平。于是，这名巨人左手持盾牌，右手提战斧，悄悄离开炎帝身边，踏上了一条不归之路。这个巨人就是刑天。

　　刑天一路过关斩将，无人能挡，一直杀到黄帝的宫前。他要与黄帝决一生死。黄帝此时乃是"宇宙"的主宰，自然不能容忍刑天，于是亲自披挂上阵。二人不分上下，一路厮杀，从宫内杀到宫外，从天庭杀到凡间，一直杀到常羊山旁。

　　刑天骁勇善战，黄帝足智多谋。就在杀得难分难解的时候，黄帝突然大喝一声："五虎将还不动手！"刑天一惊，以为自己背腹受敌，猛地一回头，而就在电光火石之间，黄帝的宝剑悄然而至。只听"咔嚓"一声，刑天那颗像小山一样的巨大头颅，便从颈脖上飞了起来，落在常羊山脚下。

　　刑天一摸颈脖上没有了头颅，顿时惊慌失措，忙用手在地上摸索着自己的头颅，可是他摸遍了漫山遍野也找不到自己的头颅。原来，黄帝斩下了刑天的头颅之后，害怕刑天找到之后会恢复真身。于是举起手中的宝剑向常羊山用力一劈，随着"轰隆隆"的巨响，常羊山被劈为两半，刑天的巨大头颅骨碌碌地落入山中，两山又合而为一，把刑天的头颅深深地埋葬起来。

这时，刑天才明白自己的头颅再也找不到了。他呆呆地站在那里，想起了被放逐的炎帝，想起了黄帝狠毒地埋了他的头颅，一时间悲愤不已。突然，他一只手拿着盾牌，一只手举起大斧，向着天空疯狂地挥舞。他赤裸着上身，失去了头颅，两乳就是双眼；失去了头颅，肚脐就是嘴巴；失去了头颅，他的身躯就是头颅。那两乳的"眼"似在喷射出愤怒的火焰，那圆圆的肚脐上，似在发出仇恨的咒骂，那身躯的头颅如山一样坚实稳固，那两手拿着的斧和盾，挥舞得是那样的有力。看到此等景象，原打算斩草除根的黄帝也不禁心生惧意，于是便悄悄地溜回天庭去了。

而民间传说，直至今日，那断头的刑天，还在常羊山上不停地挥舞着手中的武器。也许人们看到的不是刑天，而是那种不屈不挠的精神。陶渊明曾有诗说："刑天舞干戚，锰志固常在。"或许，陶渊明也曾去过常羊山上吧！

趣味链接

刑天与柳树的头木作业法

在远古时代，由于工具简陋，伐取粗大树干非常困难，而伐取两寸来粗的树枝则比较方便。在长期使用中，人们会发现，有种树被伐过枝干后，在"伤口处"还能长出新枝。人们就称之为"留树"，由于读音相近后来就被称为"柳树"。而这种"取其枝条，留其主干"的方法就叫做"头木作业法"。刑天的原始形象就是源自于被头木作业的柳树，尤其是被作业过的"高龄"柳树，与断头刑天的形象非常相似。而刑天舞干戚的故事，则说明对柳树的头木作业法由来已久。

仓颉造字

·传说中的文明起源·

　　仓颉是黄帝时期的一个史官，在当时来说，民与官没有地位的差异，只是分工的不同。尤其是史官，可不是一件轻松的活儿。因为那时还没有文字，记事的方法还是原始的结绳记事。只要时间久了，事情多了，很多事情就会被遗忘。为此，仓颉感到困惑不已。

　　偶尔的一次邂逅，给了仓颉一个重大的启示。那天，仓颉路过一个三岔路口的时候，看见三个老人为狩猎的方向而争辩起来。一个老人坚持要往东，说东边有羚羊；另一个老人却说要往北，北边有鹿群；第三个老人说最好还是往西，西边有老虎，不及时赶过去的话，就没机会了。仓颉很奇怪，就问："你们是怎么知道这些猎物方向的呢？"原来他们是根据地上野兽的脚印判断的。仓颉一听，心中一惊，心想：一个脚印可以代表一种野兽，那么我为什么不能用一个记号来记下我要记载的东西呢？

　　于是，仓颉回到家中之后，开始为造字而苦思冥想。后来，他参照着太阳又红又圆的模样造出了"日"，模仿着月牙儿的形状造出了"月"，看着人们的侧影造出了"人"……为了叫起来方便，仓颉又管这种"符号"叫"字"。

从此之后，仓颉把要记载的事情都记得一清二楚。黄帝感到非常奇怪，便问仓颉，这么多事情，你怎么记得这么清楚？仓颉便把自己造字的事情对黄帝说了一遍，黄帝大为感动，便也依照着仓颉的方法为他造出一字，便是"仓"字，取其意为：君上一人，人下一君。同时，黄帝还派仓颉到各个部落去传授这种方法，渐渐地，这种"字"便在民间流传开来，经过千百年的变化，就是我们现在使用的汉字。

仓颉因造字一事而功成名就，可成名也为仓颉带来了坏处。那就是仓颉渐渐骄傲起来了。造字是项浩大的工程，不可能一年半载就能完成的。仓颉还得继续造字，可这一骄傲就难免会出现失误。

一次，仓颉在一个部落教人认字的时候，一个老人就来问他："仓颉啊，你造的字家喻户晓，可是我老眼昏花，有几个字我看不清楚，你能给我指点一下吗？"仓颉欣然地答应了。于是，老人指着一个"牛"字问道："这是何字？"仓颉答曰："此乃牛字。"老人接着问道："这马和驴都有四条腿，可是这牛字怎么只剩下一条尾巴了呢？"仓颉恍然大悟，原来，自己原先造"鱼"字时，是写成"牛"样的，造"牛"字时，是写成"鱼"样的。

仓颉顿时羞得无地自容，知道自己的骄傲误了大事。于是便跪在老人的面前，甚是忏悔。老人原谅了他，可是错字已经传了出去，现在改也是来不及的了。所以，至今我们用的牛字也只有"一条尾巴"。

经过这件事情的教训之后，仓颉在每造一个字的时候，总要将字义反复推敲，拿捏不准的出去征求别人的意见，大家都说好，这才确定下来，然后才流传到各个部落中去。

趣味链接

仓颉造字为何有鬼夜哭

相传，在仓颉造字成功的那天，发生了件怪事，白天下起了漂泊大雨，晚上到处是鬼哭魂号。白天下雨，据说是上天为了奖励仓颉，而那一天就是后来的谷雨。既然如此，又为什么有鬼夜哭呢？有人说，因为有了文字，民智日开，民德日离，欺伪狡诈、争夺杀戮由此而生。天下便渐渐地会失去太平的日子，连孤魂野鬼也不得安宁，所以才会在夜晚哭泣。

后羿射日

·人定胜天的故事·

　　传说在尧的时代，天空中有十个太阳为祸人间。后来，一位叫后羿的大英雄，射掉了其中的九个，人间才得以永享太平，而后羿也因此被人们尊称为"箭神"。

　　据说，太阳本是东方天帝的儿子，这太阳兄弟共有十人，原本一人一班，每天轮流着出山，照耀着大地。世间的花草树木受到照耀，也都欣欣向荣。可是，突然有一天，这十个太阳不再受天规的约束，竟然一起出山。结果，大地变得犹如人间地狱，民不聊生。老百姓都在诅咒："毒日头啊，你什么时候才能毁灭？我们愿意与你同归于尽！"

　　于是，尧帝决定在族中推选一位射术高手，射掉天上的太阳，来为民除害。结果在千万人当中，一个名叫后羿的年轻男子技冠群雄，脱颖而出。

　　后羿生得面若冠玉，眼若朗星，简单准备之后，便带着弓箭，策马而去。因为太阳在高空之中，必须要找到一个至高的地方，才有可能将太阳射下来。终于，后羿爬过了九十九座高山，迈过了九十九条大河，穿过了九十九个峡谷，来到了东海上一座大山之上。

　　看着天空中戏谑的太阳，后羿拉开了万斤力弓弩，搭上千斤重利箭，向它们瞄准。只听"嗖"的一声，天空之中犹如烟花般绽放，一个太阳被射落了下来。这时其他九个太阳才意识到后羿的厉害，转身就想逃跑。可是现在还来得及吗？后羿除了箭法精准之外，还有一项绝技，那就是连射。只听"嗡"的一声，后羿就发出了第二箭，这一箭是一箭双雕，射落了两个太阳。后来的"嗡嗡"之声不绝，天空中的十个太阳，一下子就被射落了九个。而最后一个太阳，逃到猎物大海之底，再也不敢出来了。

后羿射日（汉画像石）

这些太阳的碎壳落在了大海里，凝结成方圆四万里、厚四万里的大炭团沃焦。海水流经此处，就被蒸发为云气升到天空，以后又会化作风霜雨雪散落大地。所以，才有百川汇水，永不停歇，而大海也永远不会涨溢。

太阳走了，天也黑了。于是，后羿便骑着马回去了。回来的时候，老百姓们都热烈地欢呼。后羿更是热情高涨，他向尧允诺，明天将会射掉最后一个太阳。尧刚准备答应后羿的请求，可是当一阵凉风拂过尧的面庞，面对着一片黑暗的苍茫大地，尧突然从喜悦中清醒过来，他对后羿说："万物的生长离不开太阳，要是将最后一个太阳也射下来的话，天下的人们将会永远地活在黑暗当中。"后羿一听，点头称是。

这样，世间才只剩下一个太阳。人们感激射日的英雄后羿，也更加拥戴尧这位全心全意为天下着想的领袖。

趣味链接

射日英雄并非后羿

民间一直流传后羿射日的故事，而事实上，射日的人并非后羿，而是另有其人，此人名叫大羿。据史书记载，大羿是帝舜时期的人物，是真正的射日英雄，是嫦娥的丈夫。尽管现在的《山海经》没有记载，但是宋代的《锦绣万花谷》引用《山海经》中的记载："尧时十日并出，尧使羿射十日，落沃焦。"说明古本《山海经》中有大羿射日的故事，只不过后来遗漏了。而我们所说的后羿，是夏朝太康年间的人物。尽管他也是精通骑射，但与射日是毫无关系的。

嫦娥奔月

·一个柔弱女子的无奈选择·

　　很久很久以前，在羿还没有射日成为氏族英雄之前，曾在一棵月桂树下邂逅一位美丽的女子，二人一见钟情，便以月桂树为媒，定下了终生。而这位美丽的女子，就是后来飞上天空的嫦娥。

　　相传，这夫妻二人非常的恩爱，除了羿打猎以外，其余的时间他们都待在一起。可是这种平静的生活在"射日"之后，却发生了变化。因为，人人都知道羿的箭法高超，所以很多人就慕名而来，想在他的手下学个一招半式。羿为人纯朴，忠厚老实，人家来拜师他也不好拒绝。于是，一干人等全都收在门下。其中，也有阴险狡诈之徒，只不过羿和嫦娥未曾发觉。

　　在一次偶然的情况下，羿遇到一位仙人。仙人给了他一颗仙丹，并对他说："因为你射日有功，故传你一颗仙丹，让你成仙，免于轮回。"羿非常开心，但之后又变得非常的哀伤。仙人问他为何，他答道："我深爱着我的妻子，要是我成仙了，把她一人留在世间，岂不太过残忍？"仙人无奈，但又被他对妻子的真挚情感所打动，于是就说："因为有功的只有你一人，所以天帝规定只能给你一颗，不过你既然舍不得你的妻子，我还教你一个方法，那就是你们每人吃一半。这样，即使你们成不了仙，但也会长生不死，青春常驻。

对于你来说，可能这样是最好的结果。"

羿回到家中之后，便将此事与嫦娥说了，嫦娥自是欢喜，能与相爱的人长相厮守，就算是神仙她也不想做。可是他们谁都不知道，隔墙有耳，这件事被羿的徒弟蓬蒙听见了。

一次，在羿带着徒弟们出去打猎的时候，蓬蒙就假装称病，在家休息。当羿带着徒弟们走远了，蓬蒙便手持着利器，要嫦娥交出仙丹。嫦娥自知是个柔弱的女子，不是蓬蒙的对手，于是当机立断，将仙丹吞了下去。蓬蒙见势不妙，就逃走了。而在此时，嫦娥的身体变得越来越轻，渐渐地飘离地面，向天上飞去了。

傍晚，羿回到家中，从婢女口中得知家中的变故，号啕大哭，伤心不已。而这一切，天上的嫦娥全都看在眼里。于是，她便向天帝请求让她住到离大地最近的月亮上去。天帝也为其所动，便答应了。在月宫的日子里，嫦娥的工作就是炼制那种仙丹。每炼成一颗，嫦娥就大哭一次。

月母被二人的真诚所感动，便偷偷地允许嫦娥每年在月圆之日与羿在月桂树下相会。因此，每年农历八月十五的时候，羿总是在院中摆满嫦娥最爱吃的蜜食鲜果等待嫦娥的归来。传至今日，农历的八月十五变成了象征团圆的中秋节。

趣味链接

嫦娥到底为何要吃仙药

关于嫦娥为何要吃仙药，各种说法不一，上文是其中的说法之一；但有的说是嫦娥向往神仙的生活，李商隐曾有诗感叹"嫦娥应悔偷灵药，碧海青天夜夜心"；还有的说是妖怪河伯为了得到嫦娥，而要加害于羿，于是为了让河伯死心，也为了羿的安全，嫦娥才偷吃了仙药。但究竟是何原因，却没有一个统一的说法。

精卫填海

·面对着大海她无所畏惧·

炎帝有一个聪明秀气的小女儿叫女娃，炎帝非常疼爱她。因为女娃性格非常倔强，时常像个小男孩一样到处玩耍，炎帝很不放心，只要是不忙的时候，总喜欢把她带在自己的身边。可是当炎帝忙于公务的时候，女娃便开始四处游荡。

有一次，女娃突发奇想，希望到东海之边——太阳升起的地方去看一看，可是炎帝又不在家。女娃经不住心中的诱惑。于是，便独自乘着一叶扁舟向东海的深处驶去。

广阔的大海一望无垠，天是蓝的，大海也是蓝的。天空飘着白云，海里游动着鱼群，这是女娃从未见过的景象，顿时感到新奇不已。可是在这片美丽祥和的景象之后的危险，女娃却看不见。

不知道过了多久，大海的脸色突然变了，海水不再是蓝色的，而是黑色的；太阳也不再灿烂了，而是躲在乌云的背后；空气也不再宁静了，海风吹得比刀刃还锋利……可是女娃却没变！她仅凭着自己的很小的力气和生疏的技巧与眼前的一切变化作斗争。可是随着夜晚的降临，女娃的力气用光了，尽管她还在努力，大海还是无情地将她的小船吞没了。

女娃就这样消失在大海之中，炎帝痛心不已，可是一切又都来不及了！

就在女娃溺水之后的某一天，沉船的地方忽然飞出一只小鸟。这鸟儿，长得有点像乌鸦，可是长着花头颅、白嘴巴、红爪子。它飞出大海之后，总是发出"精卫"的悲鸣，原来这只小鸟，是女娃精魂的化身。

女娃不甘心就这样被大海夺去了生命，于是化作一只小鸟来找大海报仇。因此，她一刻不停地叼着石子、树枝投向大海，要将大海填平。而大海总是不停地咆哮，像是在嘲笑她的弱小。

大海奔腾着，咆哮着，嘲笑她："小鸟儿，算了吧，你这工作就是干一百万年，也休想把我填平！"小精卫根本就不理他，因为只有她自己知道，她并非只想做一个语言上的巨人，她要用自己的行动来证明一切。结果，一千年、一万年过去了，精卫还飞翔在大海和陆地之间，只为那最初的梦想，永不停歇。

人们非常崇拜精卫这种锲而不舍的精神，陶渊明曾有诗赞其为："精卫衔微木，将以填沧海。"而后世人们也常以"精卫填海"来比喻有志之士所从事的艰巨卓越的事业。

趣味链接

顾炎武·《精卫》

万事有不平，尔何空自苦？长将一寸身，衔木到终古。我愿平东海，身沉心不改。呜呼！君不见西山衔木众鸟多，鹊来燕去自成窠。

前四句是向精卫鸟设问：天下不平事很多，你为什么要填海不止，徒然自苦呢？接下的四句是诗人借精卫之口言志：说自己也是填海的精卫，并且死而无怨。最后两句是借鹊、燕讽刺那些卖国求荣的人，嘲笑他们忘却民族利益只去营造自己的安乐窝。

夸父追日

·为了理想而不停追逐·

　　我国古代关于太阳的故事，除了后羿射日之外，还有一个流传较为广泛的，那就是夸父追日的故事。相传，夸父一族都是炎帝的后代，这一族人都是身材高大的巨人，随着炎帝的放逐，他们一起生活在巍峨雄伟、高耸入云的高山深处。

　　因为身处高山，所以在他们这一族人生存的地方常有野兽出没。人们为了生活，时常要与野兽搏斗。其中，夸父是氏族中最勇猛的一个。但是年轻人的力量是有限的，那些战斗力极差老弱妇孺怎么办？他们常有遭受野兽侵袭的危险。为此，夸父决定要想出一个解决的办法来。

　　一日，夸父看着天上的太阳，不禁地思考起来，心想："要是我们能把太阳留在我们身边那该多好啊！有了太阳野兽就不敢靠近我们了。因为野兽大多怕火光，太阳光可以照亮大地，应该比火把要厉害得多！还有在冬天的时候，有了太阳的照耀，那我们的族人就不再畏惧寒冬了……"夸父越想越开心，于是，提起了木杖，爬起来就跑，向太阳的方向追赶了过去！

　　太阳驾着龙车悠然地向西行驶，突然看见了一个巨人猛窜过来，顿时惊吓不已。可能在经过羿射日之后，太阳已经成了惊弓之鸟。所以，它想也不想，大呼一声："快跑啊！"便催着龙车加速。夸父一声巨吼："哪里跑？"脚下用力，瞬间翻过了千山万水，赶到太阳的面前，可是这太阳实在是炙热，就在夸父刚要张开双臂拥抱太阳的时候，突然全身的水分几乎都要被蒸干了。夸父感到一阵眩晕，便踉踉跄跄地跌倒在黄河旁边。

夸父口渴之极，一口气就把黄河的水喝干了，转过身来，又把渭水也喝干了。可是夸父仍然觉得口渴难耐，夸父心想："不把水喝够了，看来是抓不住太阳的。"他突然想起北方有一个大泽，那是鸟儿换羽毛的地方，那里的水面辽阔、水质清洁，实在是个解渴的好去处，于是拔腿就向哪里跑去。

可能是长时间奔跑导致过度疲劳，再加上身体严重缺水的原因，夸父在还没到达水泽的时候，就倒在了半路上，而这一倒，就没有再起来了。

据说，在夸父死后，他随身携带着的手杖化成一片鲜绿的桃树林。人们说，那是夸父留给后世那些为理想的追随者在漫漫路途中充饥解渴的。

趣味链接

关于夸父追日的遐想

夸父追日的故事，给了人们无限遐想和启示。有人认为，只有重视时间的人，才能走得更快，而走得越快，才会觉得自己的腹中空虚，这样才能学习更多的知识。也有人把夸父和普罗米修斯联系在一起，认为他们都是为光明而战的英雄。还有一种说法，认为这象征着自然界的斗争，太阳为火，夸父为水，而水火不相容。但不管怎样，这个故事的意义都是积极的。只不过，人们站在不同的角度来认识这个世界，进而表达了自己对理想的追求。

尧舜让贤

·"禅让"前的考验·

尧十六岁开始治理天下，在位七十多年。关于尧的功绩可谓数不胜数，而其中最为人们称道的，则是他不传子而传贤，禅位于舜，不以天子之位为私有。

尧虽然是位非常有能力的领袖，可是英雄也有年老的时候，看着自己一手打理的天下，不忍其毁于无能之辈的手里。于是，寻找一个合适的接班人成了当务之急。

过了不久，有人向尧推荐舜，说舜是个非常合适的人选，不但人品好，而且能力也强。但是尧却未见过舜其人，对他的了解也不多，天下大事，总不能草草了事。于是，尧决定考验考验这位未来的接班人。

尧首先考察的是舜"修身"的能力，于是尧便乔装来到民间打探。结果了解到，舜的品格的确很不错，他只要走到哪里，就会有很多人愿意跟随着他。民间还有着"一年而所居成聚（聚即村落），二年成邑，三年成都（四县为都）"的说法。尧很是满意，至少，在这一点上，舜是合格的。

尧第二次考查的是舜"齐家"的本事，为了看到最真实一面的舜，尧将自己的两个女儿娥皇、女英嫁给了他。而他的两个女儿则充当了"试验品"

和"间谍"的角色。两个女儿嫁给舜之后，相处得很是和睦，这说明舜对于夫妻间的各个细节，把握得很好。不仅如此，舜在对待父母和兄弟方面做得也很到位。据说，舜的母亲死得早，而父亲又另娶妻室。后母也生下一子，名为象，出于偏见，后母很不喜欢舜。这是人之常情，可以理解。可是舜的亲生父亲也不喜欢他。因为父亲的眼睛不好，而偏偏舜的眼睛里长着两个瞳孔，父亲认为是舜夺走了他的眼睛。可怜舜就在这种爹不疼、娘不爱，还时常受小弟欺负的环境下成长。一次，这一家三口看着舜攒下的财产动了歹心，想设计害他。可能是苍天怜悯，舜竟然能够大难不死。而当全家人惊奇地看着"起死回生"的舜时，舜却当什么也没发生过，还像过去一样和和气气地对待他的父母和弟弟。了解了这些事情，尧大为赞叹。可是这些还不能说明舜是一个治理天下的人才。于是便有了第三次"治国"的考验。

尧让舜参与政事，管理天下百官，接待四方来客。舜不但将政事处理得井井有条，而且在用人方面有所改进。他启用了早有贤名而未被起用的"八元"、"八恺"，让"八元"管土地，"八恺"管教化。还将臭名昭著而尧未能处置的"四凶族"流放到边远荒蛮之地。这些，都显示出舜的治国方略和政治才干。

经过"修身"、"齐家"、"治国"的三种考验，尧经认为舜的确是他的最佳接班人。于是就把首领的位子传给了他。而这种首领让位的做法，历史上就称之为"禅让"。

趣味链接

尧是否真的愿意让位于舜

尧舜让贤虽是一段佳话，但是据相关记载，其中疑点众多。其一：舜是东夷族人，而尧是华夏族的领袖，这两族一向不和，作为华夏族的首领，怎可让位于敌族？其二：据"帝尧访贤"的记载，尧先后拜访了很多贤人，本意是想传位于他们的，舜并不在他考虑的范围之内。可是这些贤人不是年老体衰，就是甘愿归隐，因而尧后继无人。其三：舜启用了"八元"、"八恺"担当重任，共同把持朝政，而他们在尧时期未被重用，自然亲舜远尧。据《史记》所载，舜代尧执政28年。这说明，尧干了28年的挂名首领，或者说尧的权利已经被舜架空，所以只能退位了。

大禹治水

·引导之法治水灾·

在尧的时候，黄河流域就发生了很大的水灾，老百姓民不聊生。为了治理水灾，尧召开了联盟会议，商讨对策。结果选中的一个叫鲧的人为治水的头领，带领着人们开始治水。而鲧就是大禹的父亲。

鲧治水花了九年的时间，从尧的时代一直到舜的时代，还没有解决水灾。舜到治水的现场查看，发现鲧办事不力，于是就以玩忽职守的罪名将鲧杀了。鲧死了，谁来治水呢？所谓子承父业，或是说父债子还，于是舜便让大禹来接替他死去父亲的职位。

大禹接任以后，就和众人商讨治水的办法。有人提出了一个很没创意的方法，那就是建高河堤。大禹无奈，因为他的父亲就是采用这种方法，而导致堤涨水高，白干了九年，还丢了性命。有人说了句公道话，这水是挡不住的。忽然，大禹眼前一亮，既然挡不住，那我们就不挡。众人吓了一跳，大禹接着解释道，我们可以想个办法将洪水疏导到别的地方去。众人觉得这个方法可以一试。

于是，大禹带着一批人，走遍九州大地，寻找可以疏通洪水的地方。这个过程相当艰辛，而就在这段艰辛当中也发生了一段意外的甜蜜，那就是大禹在途经南方涂山地区时，遇见了他后来的妻子。

大禹结婚了，可是婚后的第五天大禹就离开了家门。此后，大禹三次经过家门，都未曾踏入半步。其中，有一次，大禹经过自家门前的时候，听见孩子的哭泣声，他真的想进去看看自己的孩子，可是，一想到治水的事情刻不容缓，还是狠心地转头走了，而他这一走就是十三年。

众人被大禹的精神所感动，做起事来更加卖力，发誓要将洪水赶走。终于，他们在黄河的中游找到了疏通河水的地方。大禹观察了那里的地形，正是这座龙门山把河道挤得很窄，所以，奔腾东下的河水常常溢出河道，引发水灾。于是，大禹带领着众人，把它凿开了一条大口子，这样，河水就畅通无阻了。

后来，大禹又疏通了河道，洪水之患终于被解决了，人们又过上幸福安康的生活。为了纪念这件事，大禹用九州所产出的矿石铸了九个鼎。后来，"九鼎"就成了国家政权的象征。

夏禹

趣味链接

"鲧之死"别谈

史上一般认为，鲧以围堵之法治水，因九年无功而被处死。而有人却认为，鲧在治水上是有一定功劳的，而九年无功，不过是舜借刀杀人。根据《山海经》记载，鲧偷用了天地的"息壤"治水，取得了很明显的成效，只是后来天帝大怒将"息壤"收回了；而四岳说："等之未有贤于鲧者"也绝非是空穴来风。舜这样做，只因当年尧传位于舜的时候，遭到了鲧的反对。其实，那时的氏族之间也存在着权力斗争，不然舜执政之后，又怎会将尧放逐？

第二章

夏、商、西周

大禹传子家天下

·开创了君主世袭制的先河·

大禹由于品德高尚、治水有功，所以，在舜去世之后，大禹便被推举为部落联盟的领袖。而多年之后，当大禹年老的时候，本该奖领袖的位置传给下任贤者的时候，大禹却一改祖宗之法，传位于他的儿子启。从此结束了原始的远古时代，将历史推进了崭新的一页。

按照氏族的惯例，在大禹年老之时，人们经过一番筛选，认为和大禹一起治水的伯益是最佳的人选。可是大禹眼看着自己一手建立的王朝，就要拱手送给别人，心中实在不甘。在他的心目中，其实早有打算，那就是将王位传给自己的儿子启。可是伯益的威望较高，再说禅让"一直"是祖辈沿用的方法，大禹也不敢擅自更改规矩。因此，经过诸多方面考虑，就暂时同意了让伯益来接替他的位置。

其实，这不过是大禹的缓兵之计。他虽然答应了传位于伯益，可是一直没有将自己的王位传于他。他心想，舜当年不过是一介布衣，能够荣登大宝，完全是代理尧行使王权而建立威望。于是他就效仿尧的做法，在他的庇护下，让自己的儿子启来参与政事。这样时间一久，启便能在人民的心中建立威望。

事情的发展正如大禹所料，启在几年之内把国家治理得很好，人们开始

夏王启

拥戴他，而伯益作为继承人，却没有新的政绩。在大禹死后，启便理所当然地行使起了王权。可是伯益不同意，但是这个时候，启在朝中已经有意识地建立起了自己的势力，尽管有人反对，但也撼动不了启的地位。而原先的王位继承人伯益，则被流放到箕山之南，这样便再也不能对启构成威胁了。

伯益被解决了，可是其他的问题依然存在。那个时候，王朝的组成是部落联盟形式的，其中实力较强的部落还是不服启的领导。有一个部族的首领叫有扈氏，首先出来指责启，认为他应该遵从祖宗的规矩，把王位还给伯益。

启的心里当然不舒服了，心想要是不把你这只出头鸟给打掉，我还怎能服众？于是率领着部队讨伐有扈氏。启将有扈氏打得一败涂地，其他部落看到这样的结果，觉得大势已去，于是也就不再反对启了。

从大禹传子之后，世袭制度正式形成，私有制从此建立，公有制消亡；国家产生了，阶级也产生了，这就是史上的第一个奴隶制王朝夏朝。而启就是夏王朝的第一任君主，史称夏启。

趣味链接

韵乐产生于夏朝

在夏朝时期，歌舞盛行。贵族们在寻欢作乐的时候，常以歌舞助兴。其中最有名的就是韵乐。相传，夏启所作的《九韶》是韶乐的首创。《九韶》是我国最早见于文献记载的乐谱，后人称其为尽善尽美的舞乐。

太康郁郁而终

· 为了打猎而丢了天下的君王 ·

太康是启的儿子，启退位之后，太康便理所当然地成为夏朝的君主。可太康不知天下来之不易，只知道做主子享乐，每日歌舞升平，民间怨声载道，而他却不闻不问。终于，这股怨气凝聚成一股强大的力量，给太康带来了一场灾难。

当时，人们的反叛情绪逐渐滋长，各个部落都想废除太康，取而代之。而在这些部落当中，东边的东夷族各国逐渐强大起来，其中有穷氏发展得最快。

有穷氏原来只是个普通的小部落，后来出现了后羿，有穷氏才开始逐渐发展起来。原先后羿是没有名字的，只因为他的箭法超群，被当地的人们称之为再世的羿。于是人们便叫他后羿。后羿不但箭法好，人品也好，族中的人们非常拥戴他。于是他便教族中的人们习箭学武，后来后羿的名声越来越响，很多其他地方的人也都慕名而来，愿意追随着他。

眼看着一场暴风雨就要来临，可是太康竟然一无所知，仍然我行我素。

终于，在一个秋天，这场暴风雨降临了。那次，太康带着自己的弟弟仲康到山林中打猎，三个月都未曾回朝，人们极度不满。后羿将这一切全都看在眼里，他觉得机会来了。于是就率领着自己的精英部队，乘机发兵，占领了夏朝的首都安邑。

这个消息传到太康的耳中，太康一下子就傻了。他万万没想到竟然还有人会反他。这太康毕竟也不是傻子，不会甘心将自己的天下拱手相送，可是看着自己身边带的人马，想要和后羿一战取得成功机率几乎没有。于是，便在这片数日狩猎的山林中郁郁而终了。

历史上，将这件事就称为"太康失国"。可是后羿却未顺利登基，而是上演了两出戏才夺得了天下。第一出戏，是找到了太康的弟弟仲康，拥他为王，而自己却"垂帘听政"；后来见时机成熟了，又导演了"仲康让贤"，接管了天下。

若是后羿爱民如子，或许历史也就重写了。可是后羿自从成为帝羿之后，也开始学起太康来，于是太康的命运又发生在后羿的身上。而这位杀死后羿的，不是别人，而是后羿身边的一个宠臣，叫做寒促。由此，便又有了"少康中兴"的故事。

趣味链接

太康道情

所谓太康道情，其实和夏朝的太康是没有关系的，而是指民间的一种戏曲艺术，主要分布在太康县及其周边地区。太康道情的体裁种类繁多，剧目丰富，有三十多个曲牌、曲调，包括三大类五大品种。三大类别是：唱腔、表演、音乐。五大品种是：声腔派系、表演程式、音乐体系、曲牌子曲调、打击乐。这些类戏的形成，既有沿袭下来的民间艺术，也有姐妹艺术穿插，最后形成了太康道情独具特色的戏曲艺术。

少康中兴

· 光荣复国的少康 ·

少康中兴是中国历史上首次出现"亡而后兴"的时代，对于中国历史的发展具有不可忽视的意义。

据记载，寒促杀死了后羿之后，害怕仲康的儿子——相与他争夺天下，于是便派兵四处追杀，相走到哪里，寒促的人就杀到哪里。终于，相被杀了，可是相的妻子却活了下来。而且，在她的腹中，还怀有相的孩子，这个孩子便是后来的少康。

少康出生之后，母亲便把父辈的事情全都告诉了他，并叮嘱少康要努力地学好本领，日后为他的父辈们报仇，重新夺回天下。

少康一直都很争气，没有让他的母亲失望，不但学会了兵法，而且还在外祖父的手下担任管理畜牧的官职，把外祖父族中的畜牧业发展得有声有色。

可正当这棵复国的苗子渐渐成长的时候，夏朝还有后人的消息不知道就怎么传到寒促的耳中，于是就派自己的儿子浇来杀少康。浇天生力大无比，而且骁勇善战，是寒促心目中理想的接班人。这次寒促派他来杀少康，意图很明显，那就是在日后要将自己的王位传于他。

少康当然不会坐以待毙，为了躲避浇的追杀，就逃到有虞氏的部落。有

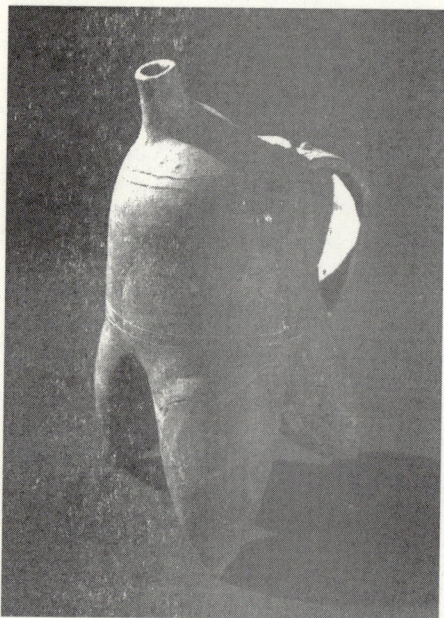

夏代调味器皿

虞氏的首领叫虞思，他早就对寒促的暴政感到不满，再看少康箭目星眉，绝非凡人，于是就收留了他，并让少康在族中担任膳食的官职，以学习理财的本领。少康将自己的工作做得有声有色，虞思非常高兴，于是便把自己的女儿嫁给少康。同时，还给了少康一块肥沃的土地和五百名士兵。于是，少康有了根据地和军队。

多年之后，在少康的精心治理下，这块肥沃的土地变得人丁兴旺，成为远近闻名的地方。这个时候，少康的力量已经变得相当强大了，他知道报仇的时候到了。

于是，他先杀了当年追杀他的浇，之后又一路势如破竹，攻克安邑，斩杀了寒促，重新夺回了王位。

少康知道得民心者得天下的道理，所以，在复国之后，勤于政事。在他的治理下，天下安定，百姓康乐，各部落都拥戴他。夏朝也再次走上了鼎盛的高峰。

趣味链接

少康造秫酒

酒在中国已经有几千年的历史了，曹操曾有诗云："何以解忧，唯有杜康"。其实，这里的杜康说的就是少康。相传，少康当年流落民间的时候，积累了丰富的生产经验。其中一项就是发明了用年高粱造秫酒。这说明，当时的农业生产已经得到了很大程度的提高。

残暴好色的 夏桀

·爱美人不爱江山·

夏桀是大禹的第十四代传人，而夏朝几百年的天下，到了这一代也终于走到了尽头。造成这一切的，并非是夏桀没有治理天下的能力，也不是夏桀没有决胜千里的本事，而是夏桀有一个致命的弱点：好色！

相传，夏桀非常好战，同时也非常善战，周边的各个小国都不是他的对手，甘愿对其俯首称臣。可是也有不服气的，其中就有一个叫做有施氏的小国想和夏桀叫板，结果被夏桀打得落花流水。

无奈之下，只有求和，可是夏桀却不答应。有施氏众领导商议之后，听说夏桀非常好色，于是，便在族中挑选了一位美女送给了夏桀。夏桀一见着美女魂都没有了，便欣然答应了。这位有施氏的美女，名字就叫做妺喜。

自从妺喜进宫之后，夏桀不再管理朝政，更别提出去打仗了，整日都和妺喜黏在一起。为了讨得妺喜的欢心，夏桀挥金如土，动用了上万名的工匠和奴隶，为妺喜建造行宫。民间怨声载道，都说妺喜是个误国误民的贱妃，可是夏桀根本充耳不闻。

可能夏桀是被"爱情"冲昏了头脑，甘愿为心爱的人付出一切。结果，把"甜蜜"的游戏玩到了闹市之中。一次，夏桀竟然将一只猛虎放在闹市。

人们突然看见一只老虎的出现，顿时惊吓不已，各个慌张地逃跑。结果，老虎咬死了很多人，也有很多人被踩死了。妹喜笑得前仰后合，夏桀见到美人欢心，心里也是美滋滋的。

由于常年挥霍，夏桀觉得应该多挣些钱来。于是，便发兵攻打岷山国，以获得一些财物。岷山国是一个小国，根本不是夏桀大军的对手。当岷山国想到有施氏贡献美女的时候，他们便送出了一些财物和两名美女过去。夏桀还是改不了老毛病，看到美女就找不着北了。于是，夏桀班师回朝了。

妹喜原想着夏桀回来以后，会不会给她带来些好东西。可让她意外的是，夏桀的确是带了好东西回来，那就是她多了两个好"姐妹"。这两位姑娘的确是天姿国色，一点也不比妹喜差，而且她们还比妹喜多一项优点，那就是年轻。结果一代新人换旧人，妹喜被冷落了。

荒淫的夏桀，就这样整日生活在温柔乡里。

看到君主如此无道，夏朝的大臣们痛心疾首，可是看着那些进谏的人都死于非命，他们也只有忍气吞声。可是，也有高瞻远瞩的人，觉得这是一次千载难逢的好机会。于是，就有了后来的商汤兴起。

趣味链接

细数爱江山更爱美人的君主

在我国的历史上，出现了很多为了心目中的美人，连天下也不屑一顾的君主。上文中的夏桀无疑算是一个。此外，还有几个较为有名的，他们分别是：商朝的纣王，烽火戏诸侯的周幽王，爱江山更爱美人的李隆基，诗情画意的李后主，还有一个就是为了董鄂妃要出家的顺治爷。或许，在一定程度上，他们的爱情是伟大的，只是我们平头百姓不能理解罢了。

商汤的崛起

·取代夏朝天下·

就在夏朝的形势江河日下的时候，黄河流域的商国正在伺机崛起。商国的领袖叫汤，当他看到夏桀的荒淫无道时，决心顺应民意，推翻夏朝。

相传，汤是帝喾的后人，在夏末的时候，成为商国的领袖，因为实行仁政，人们都非常爱戴他。

据说，有一次，汤看见一个捕鸟的人在树林中四面都部下了网。汤就去问他问什么要这样做？捕鸟人回到道：这样的话，无论是鸟从哪里飞来都跑不掉的，成功的机会会更大。可是汤却说，你这样太过残忍了，你应该撤下三面网，留下一面就够了，这样才能显出你的慈悲。因为在我国的土地上，生活的这都是善良的人，我是不允许心胸险恶的人在我们的国家生活。那样我的子民就没有安全的保证。

捕鸟人感到很是惭愧，于是便照着汤的说法做了。这件事情很快传到人们的耳朵里，大家都觉得汤是位非常仁慈的领袖。很多受够了夏桀暴政的小国，都愿意归附于他，而且其数量之多，可谓惊人。所以人们常说，汤网开三面放走的是鸟，但却网罗了天下的诸侯。

但是也有一个部落，并不买汤的账，他认为汤并没有人们口中说的那样仁慈。汤知道了之后，就命人给他送去了一头牛，并且将牛的全身都装饰着昂贵的饰品，说是送给这位领袖用作"祭神"的。这位领袖受到礼物之后，觉得非常惭愧，认为自己以小人之心度君子之腹。于是，便对汤的使者说，先前是自己的过错，希望汤能够带领着他的部落一起反夏。

而在这个时候，夏桀还在温柔里享乐。万事俱备之后，汤一声令下，展开了对夏王朝的讨伐。俗话说：烂船也有三斤铁。夏桀此时还是有一定的实力的，于是他派昆吾国、韦国、顾国三个属国的军队前来护卫。而汤为了斩除夏桀的羽翼，一仗打了十一年才将昆吾国、韦国和顾国打败。

这时夏桀才开始惊慌起来，可是商汤的大军已经打到了鸣条城下。在兵临城下的情况下，夏桀不得不亲自出征。于是，汤和夏桀在鸣条展开了一场大战，史称"鸣条大战"。

结果，汤胜而夏桀败。夏桀被流放之后，由于不会劳动生产，而被饿死在山中。

汤凯旋之后，诸侯全都表示臣服，于是汤便建立了历史上第二个奴隶制国家，定都于亳，立国号为商。他的后人为了纪念他的丰功伟绩，便以他的名字为姓氏，这便是汤姓的最早起源。

趣味链接

"潜伏"在夏桀身边

汤能一举歼灭夏桀，一位潜伏在夏桀身边的"间谍"功不可没。这位"间谍"不是别人，而正是夏桀曾经宠幸的妃子妹喜。因为夏桀自从得到岷山国的两位美女之后，便开始冷落了妹喜。妹喜醋性大发，为解心头之恨，便要以夏朝的灭亡来报复桀。因而，汤才能对夏桀的行动了如指掌，进而连连得胜。

伊尹的传奇人生

·为国尽忠鞠躬尽瘁·

伊尹是商汤时期的一位重要谋臣，也是商朝的三朝元老，商朝的建立和兴盛，除了开国君主汤外，老臣伊尹可谓是功不可没。

关于伊尹的出生是一段非常传奇的故事，那就是传说伊尹生于"空桑"。据说，在伊尹出生以前，他的母亲始朵做了一个奇怪的梦，梦里面神仙告诉她，明天会有水患，叫她出门之后，就一直往东走而且不要回头，否则她就会性命不保。第二天，始朵照做了，可是她控制不了内心的好奇，想知道梦中所说的到底是不是真的，于是她便回头看去，结果真如梦中的神仙所言，原来的村庄全都被河水淹没。就在始朵惊讶不已的时候，她的身体也感觉到了异样，转眼间她变作了一棵桑树。

后来，到这里采桑的人发现，这棵桑树的洞穴里面竟然有一个婴儿。于是便抱回去，交给了他们的君主有莘氏。有莘氏觉得这个孩子可能以后会有一番作为，就留在自己的身边，让自己的厨子抚养。

时间飞逝，转眼间，伊尹长大了，他的确如有莘氏的国君所言，不是个凡人。当时夏桀暴政，他就劝国君替天行道。这可把国君吓坏了，于是只让他做饭，不准他干预政事。后来，有莘氏国君的女儿嫁给了汤，伊尹也被当做陪嫁奴隶，一起来到了商汤身边。

刚开始的时候，伊尹还是做他的老本行——厨子，可是为了让汤知道自己的本领，就有时候把菜做得很可口，有时候却难以下咽，目的就是故意让汤来找他问话。

终于有一次，伊尹如愿了。对于汤的问话，伊尹答道："菜的味道好，是因为作料放得恰到好处；味道差也是因为作料放得不恰当。这或许和您治理国家是一个道理，既不能操之过急，也不能松弛懈怠。"汤是个聪明人，一听就知道了伊尹的弦外之音。二人促膝长谈之后，汤觉得伊尹是个不可多得的人才，于是就解除了他的奴隶身份，并拜他为相。

在以后的日子里，伊尹全力辅佐汤反夏，据说为了探得伐夏的情报，伊尹曾五次往返于商都和夏都之间。

商朝建国之后，伊尹又督促群臣，竭尽臣子之道，使商朝吏治清明，社会安定，经济繁荣。汤去世后，伊尹继续辅佐商朝的两代君主，辅助他们治理国家。

据说，汤的孙子太甲继位之后，整日贪图享乐，不理朝政。群臣进谏也毫无效果，于是伊尹甘冒天下之大不韪，将太甲放逐到汤的墓地——桐宫，让他静心思过。三年之后，据手下来报，太甲已经悔过自新，伊尹才带着文武大臣将他接回朝中。

伊尹在职五十余年，为商朝的兴盛发展作出了不可磨灭的贡献。后世为了纪念伊尹，便修建了"元圣祠"，祠堂有副对联说："志耕莘野三春雨，乐读尼山一卷书。"人们把他和孔子等量齐观，可见对其崇敬至极。

趣味链接

伊尹和商丘小吃

伊尹不但是商朝的重臣，同时也是位烹饪高手，后世尊其为"烹饪鼻祖"。时至今日，他所创的烹饪技巧还有所传承，经过整理和改良之后，就变成了现在的商丘小吃。比如，归德府的水激馍、夏邑冉家的五香糟鱼、归德名菜虾子烧素等都是远近闻名的名菜。虞城贾寨的豆腐干、景家麻花等都是当地很有特色的名吃。

盘庚迁都

·"殷商"其名的由来·

历史上称商朝也叫殷商，这是因为商朝的数百年里，曾有过数次迁都，而最后一次则定都于殷，也就是现在的河南省安阳市，殷商故此而得名。而实施这次迁都的，就是商朝第九任君主盘庚。

在盘庚时期，由于贵族生活奢侈，人民生活疾苦，阶级矛盾十分严重，社会局面也非常不安定。于是为了缓和阶级矛盾，改变人们的焦点，盘庚决心再一次迁都。

可是，很多贵族因满足于现有的生活，而反对盘庚这次的计划。于是，为了得到贵族们的支持，盘庚对他们发表了两次讲话。

第一次讲话的内容是利诱。他说：我是站在长远的角度来看待问题的，因为我要的不是短暂的快乐，而让我们以后去受苦。我带你们到一个新的地方去，是为了让大家有更好的生活，要真的是去受苦的话，我自己还会去吗？

第二次讲话的内容则是威逼。他说：我的决定来自先王的指示，如果你们要是怀有异心的话，那便是对先王的不敬，不但先王要惩罚你们，我也不会放过你们。谁要是敢反对，我必定严惩不贷。

结果，这软硬兼施的招数成功了。盘庚带着平民和奴隶，搬迁到了殷地。

过了几年，经过人们的艰辛建设，一个十分繁荣的都市出现在殷的土地之上。从此，商朝的都城就永久地固定在殷城。

由于盘庚治理有方，社会较为安定，经济和文化方面也有了很大程度的发展。尤其是青铜器的冶炼技术得

盘庚时期殷商都城（复原图）

到了很大的提高。那时，殷城附近有一个很大的青铜器作坊，在那里有成千上万个奴隶在劳动。他们用各种原料铸造了各式各样的矛、刀等兵器和鼎、盘等日用器具及凿、钻、铲等生产工具。后来，举世闻名的司母戊大方鼎，就是在这里被发掘出来的。它高一百三十三厘米，长一百一十厘米，宽七十八厘米，重八百七十五公斤，现在还完整地保存在中国历史博物馆里。

另外，这时还出现了有史以来最早的文字记载，这种标志性文明源于殷商时期甲骨文的出现。据后世的考古学家发现，在殷墟遗址中，有大批刻着文字的龟甲和牛骨。经过仔细地考证之后才得知，原来商的王室和贵族们都非常迷信，所以在有任何重大的举动之前，都会向鬼神占卜问吉凶。而甲骨文，便是记录这些占卜的前因和后果的文字。

总之，盘庚的迁都计划，使得濒临危机的殷商转危为安，并逐渐走向兴盛。使生产力和生产技术得到了很大的提高，对于我国文明的发展来说，这是一座重要的里程碑。

趣味链接

商朝的人殉太疯狂

所谓人殉，就是用活人来为死人陪葬。在古代，人们认为人死了之后，会进入了地府继续生活，于是就将死人生前用的东西一起葬入坟中。进入奴隶社会之后，奴隶成了私有财产，所以，在主人死后，就会用奴隶来陪葬，有的还将自己的妻子和亲信一起也当成陪葬品。而这种风气，到了商朝之后，则到达了顶峰时期。据记载，贵族死后，要陪葬的人，最少也得好几个，多可达几十；要是君主死了，要陪葬人则更多，少可至几十，多可达几百。

武丁不能 "说" 的秘密

· 明修栈道，暗度陈仓 ·

商王武丁，庙号高宗。在他统治的五十九年里，使商朝的发展达到了顶峰时代，史称武丁中兴。但是让人感到奇怪的是，他在继位之后的三年里，竟然未曾说过一句话，满朝文武和天下的百姓都听不见君主的声音。

原来，在古代有这样一个规定，那就是先王死后，继位的储君要为其守孝三年，才能继承王位。在这三年里，继位的君主不必上朝，国家大事也全都交给代为摄政的 "冢宰" 来管理。那么，新王不上朝上哪里呢？那当然是给先王守孝，并且要住在一个名叫 "凶庐" 的地方，否则就是不孝。

恰好，武丁就赶上了这个时候。可是他做得也太绝了，虽说有 "冢宰" 辅政，但是他三年之内一句话也不说，这可急坏了文武大臣和天下的百姓。难道这位新任的君主是个哑巴不成？

其实，武丁的心里自有他的如意算盘，不是说要守孝三年才能继位吗？那他就干脆来个将计就计，索性放手不管了。这当然只是表面现象，武丁却借此机会将满朝的文武大臣们全都看了个透，天下的大事也尽收眼底。这招就是韩信后来名震天下的 "明修栈道，暗度陈仓"。

三年之后，武丁终于开口说话了。正所谓，不鸣则已，一鸣惊人。这第一句话，就让满朝的大臣们感到不解。他说，他要找一个人名叫傅悦的人来辅佐他。傅悦是谁？要是他是哪位王公贵族的子嗣的话，人们当然知道，至少他的父亲会知道，可是傅悦却没有这样一位在朝为官的父亲；要是一位贤士的话，满朝文武也应该有人听说过他，可是依然没人知道有这样一个人。

武丁这才解释道：这位贤士是他昨晚在梦中所见，上天告诉他，傅悦大可安邦定国，小可治理一方。所以，在他继位以后，一定要找到这位应梦贤臣，否则将会有大祸临头。经武丁这么一说，满朝文武议论纷纷，紧接着这件事情在民间也传开了。

其实，这也不过是武丁的计谋而已，事实上，他早就认识傅悦，只不过是他的身份低微，要是直接拉到自己身边加以重用的话，贵族们肯定会反对。但是经过武丁这么一闹，傅悦的头上便有了"应梦贤臣"的光环，而且事关江山社稷，贵族们肯定也不会加以阻拦了。

于是，昭告天下之后，很轻松地就把傅悦找到了。而傅悦也没有让武丁失望，在他的精心辅佐下，商朝出现了空前的繁荣。

如果说，傅悦是治理天下能者，那么能够任用傅悦的武丁则是能者中的能者。

趣味链接

牛人王后——妇好

妇好是武丁的王后，尽管是位女子，但是巾帼不让须眉。她不但能领兵打仗，堪称一方诸侯，而且还先后嫁给了商朝的四位国君。也许有人认为，这怎么可能？但据出土的卜辞考证，妇好的确是位骁勇善战的女子，曾经领兵征战四方。而她嫁给四位国君，则是武丁爱妻心切，在妇好死后，于是给她操办冥婚，为的就是让先祖们在"地下"照顾她。也许，武丁认为，妇好的成就也完全可以与伟大的先祖们相提并论。

一代妖姫

·祸国殃民的奸妃·

姐己是商朝最后一任君主纣王的宠妃，世人皆称一代妖姫。相传姐己本姓苏，所以，民间也有人叫她苏姐己。关于姐己的出身，有人认为她是冀州侯苏沪的女儿；也有人认为，她来自商朝一个叫做有苏国的城邦。而我们的故事，便是从有苏国开始的。

有苏国在哪里？有苏国是商朝的一个附属小国。有一年，因为交不起纣王的苛捐杂税，纣王便带兵来讨伐。纣王一来，可把他们吓坏了。这纣王的"威名"，他们可是早有所闻啊！据说，有一次，他看见一个人从冰冷的河水中过河，结果就把那人的腿割开，因为"勤奋好学"的纣王想知道：从冰冷的河水走过的人，腿里面是不是长着什么特殊的东西？一想到这些，有苏国王的脸都绿了。

在万分危急的情况下，国王手下的谋士们纷纷出谋划策。其中，有个人提议献出一名美女出来，因为这纣王可是出了名的好色啊！国王觉得此计甚妙，于是便在族中选出了一位名叫姐己的绝色美女来，贡献给纣王。

这姐己不但长得天姿国色，而且能歌善舞，可谓是位才色双绝的女子。纣王一看见她，立刻变得似水柔情，哪里还想着打仗啊？于是就拉着姐己的手回家了。

自从妲己来了以后，纣王变了！以前是暴政，现在是根本不理朝政。脑袋里整天想的就是怎样逗妲己开心。

妲己认为商朝的宫殿太小了，不够气派。于是，纣王就在郊外为妲己修建离宫别馆，其豪华程度我们可以简单地用一句话来形容，那就是玉皇大帝见了都嫉妒。可是光有一座，妲己还是不满足，于是纣王又在邯郸和沙丘一口气建造了两座同样级别的行宫。

在这三座豪华的行宫里，总是时不时地传出纣王与妲己的欢歌笑语。他们太舒服了！可是，百姓却不舒服，朝中的大臣也不舒服。他们都说妲己是贱妃，该杀。

结果，妲己哭了！

妲己这一哭可不得了啊！那些敢说妲己坏话的大臣们纷纷被杀了，那些敢说妲己坏话的贫民们被"炮烙"了。

什么叫"炮烙"？就是在一个大火池子上面放着一根铜柱，然后让那些"拨弄是非"的贱民们在上面走。

所谓凡夫俗子，当然是肉包着骨头。又有谁能在纣王的精心设计下走过呢？结果，他们纷纷掉进火池里，其场面非常残忍，但是妲己相当喜欢，所以，只要妲己看谁不顺眼了，纣王就把他拉来"炮烙"一下。

……

俗话说：天作孽，犹可恕；人作孽，不可活！数年之后，纣王众叛亲离，而妲己也被砍下首级，悬于半空之中！一代妖姬，就这样"香销玉殒"了，实在是可恨、可悲！

趣味链接

酒池肉林

据《史记》所载，纣王在沙丘的行宫中，建立了奢侈糜烂的"酒池肉林"。他让男男女女们都光着身体，在这里夜夜笙歌，翩翩起舞。而他和妲己就在一旁观赏，有时，看他们玩到兴处，自己便拉着妲己的手，参与其中。这说明，在那个时期，纣王的统治已经腐朽到了极点，而"酒池肉林"，也成了后世奢侈腐化的代名词。

周文王食子

·无奈之下的选择·

商朝末年，一个叫姬昌的诸侯吃了自己的儿子。俗话说，虎毒不食子。姬昌又怎么狠得下心来，吃掉自己的儿子呢？这其中必有隐情。

据说，在商朝末年，商纣无道，导致天怒人怨。传言，晚上有孤魂野鬼在吟唱，天上不时掉下血和肉块。不管这些传言是真是假，但都在很大程度上反映了纣王的残暴，导致商朝的子民们都人心惶惶。

而这个时候，商朝的一个诸侯国西周，却出了一个贤名的领袖姬昌，世称西伯侯。他效仿先祖制定的法度，实行仁政，礼贤下士，很受人民的爱戴。对内，他提倡"怀保小民"的原则，大力发展农业生产；对外，他招贤纳士，对于前来投奔的贤士，他都以礼相待，予以任用。此外，姬昌在生活上还提倡节俭，自己只穿普通人衣服，还亲自到田间劳动。所以，在他的治理下，西周的国力日渐强大。

西周的壮大，引起了商王朝的不安。于是，商纣王听信谗言，认为姬昌是在为自己树立威信，是要反他。于是用计，将西伯侯姬昌囚禁于羑里。

姬昌有个儿子，叫做伯邑考，他生性敦厚仁爱，是一位孝子。当他看见自己的父王被囚禁之后，昼夜难眠，于是带着七香车、醒酒毡和白色猿猴三

周文王

样异宝献给纣王，希望能把自己的父亲救回来。

纣王得到三样宝物很是开心，原本释放姬昌还是很有可能的。可是这中间却又出现一段意外，导致不但伯邑考的营救计划破灭，而且还搭上了自己的性命。

原来，纣王的宠妃妲己看上了伯邑考。在一个夜黑风高的晚上，妲己乘机对伯邑考"施暴"。可是伯邑考是位正人君子，又怎会依顺妲己？一番挣扎，结果把守卫的士兵引来了，妲己心生忌恨，于是倒打一耙，来了个恶人先告状，说是伯邑考想要调戏她！纣王盛怒难当，可怜的伯邑考，就成了刀下的亡魂。

可是，妲己还不解恨。她对纣王说，听说姬昌精通卜卦，能知天下事，为了考验姬昌是否真的那样厉害，就将伯邑考剁成肉酱做成肉丸送给姬昌吃。要是他吃了，则说明他浪得虚名，要是他不吃，则说明他真的未卜先知，那对纣王来说可是祸患，就得杀了他以除后患。纣王觉得有理，而且还能讨得美人欢心，于是就按妲己所言，照做了。

西伯侯日夜钻研先天演卦，自然知道爱子已遭不测，也知道纣王的阴谋。为了骗过纣王的眼睛，西伯侯含泪吃下了自己孩子的肉。

结果，纣王高兴不已，认为姬昌浪得虚名，不过一介凡夫俗子。后来，西伯侯又巧施妙计，终于被纣王放了出来。

从走出监牢的那一步起，西伯侯便踏上了一条伐纣的道路。

趣味链接

周文王有多少个儿子

传闻周文王有一百个儿子，事实上真的是这样吗？《诗经·大雅·齐思》记载："大姒嗣徽音，则百斯男。"大姒是文王的妻子，从这句上来看，很容易让人理解为文王有一百个孩子。其实，这是一种误解，这里的"百"并非确数，而只是泛指"多"的意思。事实上，文王共有十个儿子，这在《史记·管蔡世家》是有明确记载的。长子就是上面所说的伯邑考，次子就是后来的武王姬发，三子管叔鲜，四子周公旦，五子蔡叔度，六子曹叔振铎，七子蔡叔武，八子霍叔处，九子康叔封，十子冉季载。

姜太公钓鱼

·直钩"钓"到了周文王·

姜太公本名叫姜尚，字子牙。他生于商朝末年，饱读诗书，精通兵法，是位不可多得的人才。年轻时志气很大，但未得到重用，可谓是报国无门。在晚年，得到周文王的赏识。文王去世之后，姜太公又继续辅佐周武王，终于实现了自己年轻时的理想。

关于姜太公和周文王的邂逅，还有一段广为流传的故事。

话说，姜太公从壮年到晚年，一直没有遇见一个能够认出他是一匹千里马的伯乐，按常理来说，他也本该心灰意冷。可是姜太公却非常执著，一直不认命。或许，后来曹孟德"老骥伏枥，志在千里"的豪言壮语，也是受了这匹"老马"的启发吧。

当姜太公听说西周的文王是位贤名仁爱的领袖之后，便想来试试，改变一下自己的人生。可是他心想，自己一把年纪跑过去和另一个一把年纪的老人畅谈理想和抱负，未免显得自己太过轻浮。于是，他心生一计，来到渭水河畔，整日钓起鱼来。

姜太公就是姜太公，钓鱼都和别人不一样。别人三天两头还能钓个半斤八两，可是这姜太公一连钓了很多天，一只小虾米也没见着。

　　"同行"的人心生不忍，以为姜太公老眼昏花，不会钓鱼，就跑过来想给他指点一下。结果，来人一看，傻眼了！原来姜太公用的是直钩！来人就和他说，你这样怎么能钓得着鱼呢？我给你换个钩子吧？可姜太公却说，不用，不用，我来钓鱼，愿者上钩。

　　一段时间之后，渭水河畔的人们都在传说，有个用直钩钓鱼的老糊涂。这件事情渐渐流传开了，终于传到了周文王的耳朵里。

　　文王认为这其中必有蹊跷，直钩怎么能钓得着鱼呢？或许他想钓的是其他东西。于是派人传姜太公来问话。

　　来人见到姜太公的时候，便说文王要传他去问话，可是姜太公看也不看他一眼，自言自语道：钓啊，钓啊，鱼儿不来，虾米在胡闹。来人以为姜太公疯了，但是文王的手下修养好，也没和他计较，于是便回去了，而且把他的那句"鱼儿不来，虾米在胡闹"也带给了文王。

　　文王觉得这话中有话，心想：莫非他认为自己派个小卒子过去，是自己轻视他。于是，又派了个大臣过去。大臣来到姜太公身边之后，姜太公也没给他好脸色看，只甩下了一句"大鱼不上钩，小鱼来胡闹"。

　　文王心想，这也不见，那也不见，难道是要我亲自去找他，想到这一点文王恍然大悟：这钓鱼的老叟必定是位贤人，他整日钓的哪是鱼？他一心想钓的是他周文王啊！

　　于是，周文王吃了三日的斋饭，沐浴更衣之后，亲自来到渭水河畔。姜太公见此，心想文王果然名不虚传，当真是礼贤下士，立马对其行了个大礼。文王执子之手，两眼相看泪眼……

　　从此，姜太公这匹"老马"，开始踏上了助周伐纣的千里征途。

趣味链接

《太公兵法》

　　所谓《太公兵法》即是《六韬》，相传是姜太公所撰，传说张子房得到的就是这部《太公兵法》。其内容借以武王和太公对话的形式，讲述了治军之道。后来，这部兵法就成了兵家必读的经典著作。姜太公也因此被认为是对兵法研究的千古第一人。

孟津观兵

·武王伐纣前的军事演习·

周文王去世之后，次子姬发继位，史称武王。在文王多年的精心治理之下，西周国力昌盛，为此，武王决定兴兵伐纣。而在伐纣之前，为了试探成功的可能性，在孟津举行了一次大规模的军事演习，史称"孟津观兵"。

演习之前，武王发出近百张请柬，相邀众诸侯前来会盟。公元前1059年十月初，军事演习正式开始，由武王和姜太公亲帅甲士三万，虎贲三千以及战车千乘，队伍从头至尾，可达二十多里。全军由镐京出发，向东方的孟津挺进。

武王为了这次演习，可谓是煞费苦心。他知道自己毕竟是初生之犊，人气威望相对于德高望重的父亲来说，都是远远不及的。所以，为了激励士气，完成演习，他做出了两项措施。

一方面，他专门派人制作了一个木制的文王令牌戴在身上，说这次演习是奉了文王的遗命，此次大事自己不敢擅作主张，将先父的灵位带在身上，是为了让文王在天上和他一起监督这次观兵。这样，不但激励了全军的将士，武王本人也觉得胆子壮实了很多。

另一方面，他严明军纪，制订了奖罚制度。虽然这只是一次演习，但是他希望众将士们能够像对待战争一样来实施。毕竟，这次演习关系重大，在一定程度上影响着其他各个诸侯国与之会盟的信心。

于是，将士们上下一心、勇往直前。刹那间，战鼓声、划船声、呐喊声、厮杀声，应有尽有、无所不有……

周军顺利地渡过了黄河，军事演习完美结束，四方诸侯都前来赞贺。正当他们准备为此而庆祝的时候，突然从孟津渡口的四面八方都传来人声鼎沸的声音。原来，各国的诸侯听说，武王要在这里举行军事演习，所以纷纷组织了军队前来助威。

本来，武王发出的请柬不过百张，而前来观兵的诸侯竟有八百多位。想来，是人们都受够了纣王的暴政，都想起兵造反，而武王无疑是带了个头。于是，武王便与八百诸侯在孟津结盟，誓讨商纣。

结盟的大会上，诸侯们的情绪相当高涨。有人提议，现在就去攻打纣王，而武王认为，商朝毕竟是个大国，有数十万大军朝中仍有王子比干等贤臣辅政，现在还不是时候。所以，他劝说大家仍要等待，只要良机一到，他定会摇旗呐喊，带领大家一起攻入朝歌。

众人觉得有理，更加佩服武王。于是，便都班师回朝，静候武王佳音。

此次观兵，虽然没有直接对商纣进攻，但却使周军试验了进攻能力，训练了作战的本领，加强了军队的合作精神，另外还起到了动员各地诸侯联盟起兵的作用。因此，孟津观兵的意义重大，可视为武王伐纣的序幕。

趣味链接

军事演习到底有何作用

军事演习大体上可以分为两种：一种就像上面所说的孟津观兵一样，是为了提高国家的战备水平。另还有一种，叫做联合军演，这种演习的目的，除了有助于发现军队之间的不协调和强化战备水平之外，更重要的是传达一种政治信息，那就是为了表明联合国家之间合作的决心以及增强双边或多边互助合作的信任。

武王伐纣

·商周最后的决战·

孟津观兵之后，武王和各方诸侯的伐纣大计，可谓是万事俱备只欠东风。可是不久之后，这股东风便从商朝的首都朝歌刮了过来。于是，武王号令天下，诸侯大军开始向商都的南郊牧野挺进。

几经波折，武王的大军终于在牧野与四方诸侯会合。于是，武王和众诸侯开始商讨伐纣的对策，结果一直同意姜太公的策略，即先攻心，再攻城。

于是，姜太公秘密潜入朝歌，在朝歌城内，他给年幼的孩子们吃了一种身体会发红并且无害的药物，同时还让孩子们在城中吟唱"殷亡"。小孩子不懂事情，但是觉得很好玩，于是便带着发红的身体在城内四处传唱。结果，人们都以为这些孩子是天神下凡，就认定商朝要灭亡了。这一消息传开之后，朝歌内的军民无不惶恐。

而就在朝歌上下惶恐不已的时候，武王在百万雄师面前发表了鼓舞士气的誓师宣言，他说："古人有云：'母鸡不早啼'，但是现在纣王无道，听信贱妃妲己所言，不仅残害忠良，鱼肉百姓，就连自己的兄长和儿子也不放过，导致天怒人怨。我此次受命于天，前去讨伐，实乃替天行道。所以，在我们进攻的时候，你们一定要向虎豹一样向前冲，绝不能后退。因为我们肩上扛着的不仅仅是自己的生死，更是天下万民的新生。你们要谨记，我们今天的软弱，就是明天的灭亡。你们难道愿意这样吗?""不愿意"、"不愿意"……鼓声震天，周军联盟战意正浓!

武王伐纣的见证物——利簋，其底部镌刻着周武王在讨伐商纣之前占卦问神的铭文，共三十二字。铭文的大意是：武王伐纣，在甲子日黎明，对伐商能否取得胜利进行了卜问，兆象很好。就在当天，周师一举打败了商军。到辛未这天（七天以后），武王在驻军处，赐给有事（官名）利（人名）以金（青铜），利觉得很荣耀，遂铸此簋作为纪念。

武王伐纣的见证物——利簋

在这样的呐喊声中，纣王才开始惶恐，慌忙间召集了自己的鹰犬组织前来抵挡。结果，他还真的招来了七十万的军队。看着自己的护国大军，纣王这才放下心来。看来鹿死谁手还是个未知之数。

本来故事的发展可能会如纣王所料，不管是谁胜谁败，这都将是一个惨痛的结局。然而，令人意想不到的是，商军冲在前面的奴隶们突然临时倒戈，结果武王联军势如破竹，一举将商军打败。纣王见势不妙便逃回宫中，在万念俱灰的情况下，引火自焚于鹿台之上。

统治天下数百年的商朝，就这样烟消云散了，接替它的将会是一个崭新的王朝，史称西周，而西周的第一任君主就是武王姬发，姬发为了怀念自己的父亲，于是又追封他为文王，史称周文王。

趣味链接

武王伐纣和《封神演义》

《封神演义》是一部长篇神话小说，作者是明代的许仲琳。该小说在历史"武王伐纣"的基础上，融入了各路神魔参与商、周双方的战争。最终，以周武王一统天下和姜子牙封神而结束。全书内容，光怪陆离，瑰丽无比，后来被演义成多个版本的《封神榜》而为人们熟知。

周公辅政

·兢兢业业力保周氏天下·

周武王死后，他的幼子姬诵继位，是周成王。因为成王年幼无知，无法管理国家，同时周朝建国不久，国势不稳。于是，在武王临终之前，就将国家大事和幼主一起托付给了他的弟弟周公旦，世称周公。

周公天资聪慧，在武王生前就一直辅佐武王治理朝政。所以，对于管理周朝的事务，显得得心应手。为了周朝的长远发展，他还想尽一切办法网罗人才。据说，有一次，周公正在洗头发的时候，有人来报，说有贤士前来参见。于是，周公就把刚浸湿的头发挽起来出去接待了。等送走了这位贤士之后，原打算接着洗头发的，可是就在这个时候，又有人来禀报。于是，就这样，周公挽着湿漉漉的头发来回跑了好几回。同样的事情还发生在周公吃饭的时候，周公为了不想让来人等候，就立刻将刚吃进嘴里的饭吐了出来，跑出去接待。一顿饭的工夫，来了三次客人，周公就连着吐了三次的饭。后世的成语典故"握发吐哺"就是这样来的。

尽管，周公全心全意地为周朝天下付出，可是他兄弟管叔鲜和蔡叔度却因周公手握大权，而心生嫉妒。竟然在外面造谣，说周公要谋篡成王的王位。结果，周公用自己的行动和真挚的言语，终于说服了群众，这场纷争才渐渐

周公

平息下来。

　　周氏兄弟的不合，恰好被纣王的武庚窥知。于是他便找着机会，把周公的这两位兄弟给拉拢了过来，一起起兵反周。为平定叛乱，周公果断地下令东征。经过三年的征战，终于取得了东征的胜利。这次东征不但剿灭了叛党，而且还扩大了周朝的版图，为周朝以后更好地发展，提供了更加广阔的平台。

　　数年之后，成王姬诵长大成人。周公完成了自己的使命，便将管理国家的大权交还给了成王，自己退居朝臣。为了防止成王贪图享乐，而耽误政事，周公特地写了一篇《毋逸》。

　　周公用自身的行动做了历代大臣的榜样。他曾经制订礼乐，因此被视为中国儒家传统文化的开创者。

趣味链接

曹操的《短歌行》

　　"对酒当歌，人生几何？譬如朝露，去曰苦多。慨当以慷，忧思难忘。何以解忧？唯有杜康。青青子矜，悠悠我心。但为君故，沉吟至今。呦呦鹿鸣，食野之苹。我有嘉宾，鼓瑟吹笙。明明如月，何时可掇？忧从中来，不可断绝。越陌度阡，枉用相存。契阔谈宴，心念旧恩。月明星稀，乌鹊南飞。绕树三匝，何枝可依？山不厌高，水不厌深。周公吐哺，天下归心。"

　　《短歌行》是曹操的代表作之一。作者以周公的典故抒发自己渴望招纳贤才、帮助自己统一天下的宏大抱负和宽广胸怀。

国人暴动

·将暴君赶走·

周朝自从周成王时期以后，国势一直比较稳定。但是后来，随着统治阶级的剥削不断加重，以及战争的频频爆发，人民的不满情绪开始不断增长。尤其是传至第十代国君厉王时期，国内的矛盾更加严重。

那时候，住在野外的农夫叫"野人"，而住在都城里的平民叫"国人"。虽然在称呼上，好像是生活在都城里的人要更加高尚一些，而事实上，这些"国人"的命运却更加悲惨。因为，生活在天子脚下，时常就会受到剥削。所以，周都镐京的国人怨声载道，可是周厉王却熟视无睹。

大臣召公虎看到这种情况，生怕会出现什么乱子。于是便进宫劝谏，可是厉王很幽默地说："爱卿不用着急，寡人自有妙计。"召公虎看着周厉王胸有成竹的样子，以为他真的有应对之策，于是便退下了。

原来这周厉王的妙计，就是利用他的王权下了一道禁止人们批评朝政的命令。为了找到那些在暗地里批判朝政的人，他还从别国找了一个巫师。告诉他，谁要是在背后批判朝政，就立即通知他。这下可便宜了这个巫师，他利用职权，开始对人们进行敲诈，只要遇到不乖乖给钱的人，他就马上到周厉王那里去告状，说他在背后说周厉王的坏话。

经过这么一闹，人民的不满情绪就更加高涨了。可是周厉王却还洋洋得意地向进谏的召公虎吹嘘自己的能耐。

召公虎听他这么一说，就更加着急了。于是说道："大王啊，你不让人们说话，那就相当于堵住了来势汹汹的洪水。河堤加得越高，洪水就会存的越多，终有一天会冲毁了河堤。要是哪一天人民忍不住了，也会出现暴乱的啊！"尽管召公虎说得声泪俱下，可是厉王根本就不听他那一套。无奈之下，召公虎也只能无可奈何地离开。

终于，在公元前841年，国人忍无可忍打进了皇宫。他们搜查周厉王，说是要和他算算总账。可是这个时候的周厉王，早就已经逃之夭夭，再也没有回来。十四年后，周厉王死在了彘这个地方。

周厉王被赶走了，可是朝中不可一日无君。经大臣们商议之后，由召公虎和另一个大臣周公主持贵族会议，暂时代替周天子行使职权，历史上称为"共和行政"。

国人暴动虽然没有直接推翻周王朝，但是他们逼迫着统治者减轻了税赋，在这点上，暴动是成功的。但是也正是这次国人暴动，周王朝开始逐渐地走向衰亡。

趣味链接

国人暴动有幕后黑手

有人认为，国人暴动有幕后黑手，其目的就是想赶走周厉王。他们认为，王宫是个戒备森严的地方，要先攻打这里肯定需要精心的策划。否则，区区国人，怎敢暴动？再说了，那时的军队在哪里，为何不出来护驾？莫非有个非常有权势的人在控制着军队？还有就是周厉王走了，为何还要将自己的儿子留下来？这可能是有人操作的，难道是为了挟天子以令诸侯？当然了，这也不无可能。可是事实的真相，仍需我们继续考证。

召穆公"狸猫换太子"

·为救太子牺牲亲生骨肉·

召穆公，就是前文中劝说周厉王清政的召公虎，"穆"是他的谥号。国人暴动之后，周厉王逃之夭夭，但却留下了太子。于是愤怒的国人，找不到周厉王，便将气全都撒在太子的头上。可太子现在在哪儿呢？

人们不知道从哪里得到的消息，听说太子藏在召公虎的家里，于是就匆匆向召公虎家赶来。人们敬重召公虎是位清廉的好官，常常为人民说话，所以并没有直接冲到他的家里，而只是将他的府邸围了个水泄不通，在大门外叫嚷。

太子也的确是在召公虎的家里。因为周厉王走了，太子无处藏身，心想：要是被愤怒的民众抓到了，肯定不会有好果子吃，想来想去，便逃到了召公虎的家里。原来，太子和召公虎的感情一向很好，在他还是太子爷的时候，召公虎就经常教他知识和治国的道理。

现在，看着愤怒的民众，不但是太子心里着急，召公虎也着急得不得了。因为照现在的情况看来，周厉王是不大可能会回来了，那么太子便是周朝唯一的血脉。他原还打算让太子在他的家里避避风头，可是照目前的情况来看，这里也并非是个安全的地方。假如这些民众要是忍不住冲进来的话，那么太子就凶多吉少了。

在这万分危急的关头，为了平息民愤，为了保住周朝的最后一丝血脉，召公虎做出了一个十分悲壮的决定。那就是让他自己的亲生儿子和太子互换了衣服，来一招"狸猫换太子"，然后将自己的儿子交给民众，替太子受灾。

人们一看到太子出来了，哪里还有"爱幼"的想法，一句话不说，动手就打。结果，穿着太子衣服的召公子，就这样死在了万千民众的铁拳之下。

多年之后，远在他乡的周厉王死了，而周朝也经历了十四年的"共和执政"。这时候，当初的太子已经长大成人了。召公虎心想：周厉王已经死了，人们的气也该出尽了，于是在一个适当的时机向大家宣布，周朝太子仍在人间。

经过一番游说，众诸侯和天下万民都愿意重新接受这位周朝的太子。太子登基之后，便是周朝的第十一任国君——周宣王。

趣味链接

周宣王斗鸡

话说周宣王非常喜欢斗鸡，于是便请来一名高手来训练斗鸡。数日之后，周宣王来问高手，有没有训练好，高手直摇头。周宣王只好扫兴而归，过了些天之后，他又来了，结果又让他失望了。终于在他第三次来的时候，高手说现在可以了，之前鸡的心火太大，现在却气定神闲。虽然看似呆若木鸡，可是一般的鸡都不是它的对手。周宣王一试，果真如此。这个故事说明，斗鸡和做人一样，在很多时候，我们要学的不一定只是技巧，而更多时候，我们应该学会怎样减轻自己的心理负担。

烽火戏诸侯

·周幽王的荒唐事儿·

公元前782年，周宣王逝世。太子宫涅为天子，是为周幽王。此时，因周宣王晚年四处征伐国力已经十分虚弱，渐渐地出现了颓废之势。然而，周幽王继位之后，不但没有奋发图强，反而过着荒淫奢侈的生活，整日沉迷于女色，不理朝政之事。其中最荒唐的一件事情，就是"烽火戏诸侯"。

那时，周朝的一个诸侯国褒国的君主褒垧，见到周幽王如此昏庸，就前来规劝，痛述天下形势，可是周幽王不但没有反省，反而觉得这个诸侯藐视天子权威。一怒之下，就将他关进大牢。

褒垧的儿子听到这个消息之后，非常着急，生怕父亲会出现什么意外，便与母亲商量怎样才能救父出狱。听说幽王是个贪财好色之徒，于是就四处寻访，寻来了一个倾国倾城的美女，并教她宫中礼仪，学会歌舞技艺，献给了周幽王。这名女子便是褒姒。

周幽王看见褒姒之后，非常欢喜，于是便如了褒国的心愿，将他们的君主放了回去。褒姒不但漂亮，而且能歌善舞，幽王是越来越喜欢她。褒姒也很争气，还给幽王生了个儿子，叫做伯服。所谓爱屋及乌，幽王也非常喜欢这位褒姒所生的儿子。后来，为了讨得褒姒的欢心，幽王便将原来的王后和太子一起废除，另立褒姒为王后，伯服为太子。王后遭此厄运，怕自己的儿子宜臼会遭到毒手，就让他去投奔外公申侯去了。

褒姒集万千宠爱于一身，现在又成了一朝国母，本应做梦都会笑的。可奇怪的是，这褒姒进宫以后就从来没笑过。幽王觉得很是纳闷，可是褒姒却对他说，自己生来如此，叫他不必介怀。可荒淫的幽王觉得，这天姿国色的褒姒笑起来，肯定会更加销魂。

于是布告天下：能让褒姒笑的人重赏。结果，各种人争相献艺。可褒姒依然没有一丝笑容。幽王手下有个狗腿子叫虢石父，是个拍马屁的高手，而且歪点子也很多。他给幽王出了个点子，叫做"烽火戏诸侯"。烽火台是传递战报的信号，只要周朝时遇到敌情，便以烽火来通知各路诸侯前来救驾。幽王觉得这个点子不错，于是照做了。

于是，只见镐京的烽火台上狼烟四起，各路诸侯全都带兵前来救驾。可是当他们来到镐京城下的时候，却发现幽王正和褒姒在喝酒看热闹，于是一个个都傻眼了。

看到这个情景，褒姒终于笑了。幽王见褒姒微笑如花，心中大喜，重赏了虢石父。可怜那些诸侯，白忙活了一场，全都赌气回去了。

后来，这个消息被原先太子的外公申侯听到之后，觉得格外气愤，于是，来找犬戎借兵讨伐。而犬戎也早有东侵之意，于是立刻向镐京发兵。幽王见此，赶紧派人去点燃烽火，向诸侯求救。可是诸侯们却以为这又是幽王和褒姒的把戏，结果谁也没理他。于是，镐京被攻破了，幽王被犬戎所杀，褒姒也被抓走。至此，统治几百年的西周天下结束了。

趣味链接

一骑红尘妃子笑

相传，唐玄宗万年，非常宠幸年轻的妃子杨贵妃。因为杨贵妃爱吃新鲜的荔枝，玄宗为了博得美女一笑，便命人骑着快马拼着命赶送，像接力棒一样，一站一站把荔枝运到长安。唐玄宗如此劳民伤财之举不输于"烽火戏诸侯"的周幽王。后来，诗人杜牧作诗"一骑红尘妃子笑，无人知是荔枝来"，说的便是此事。

周平王迁都

· 为躲避犬戎而搬迁 ·

话说，申侯借兵，原来不过是向幽王兴师问罪的，可是他却没想到犬戎人竟然杀了周幽王。眼看着周朝的天下，就要落入他人之手。盛怒中的申侯，才开始渐渐地清醒过来。为了亡羊补牢，于是又派人暗中通知各路诸侯，请他们一起赶走犬戎，保全周朝天下。

于是众诸侯同仇敌忾，又将犬戎给打了回去。不过国不可一日无主，现在该是另立新主的时候了，可是这个时候，又有谁能继任天子之位呢？

因为，这时周朝的政权已经出现了分裂。一方就是申侯以及秦晋所拥护的宜臼，而另一方则是周朝的大臣们所拥护的王子政权。可是现实是枪杆子里出政权的天下，周朝的大臣们当然是没有实力和申侯那一方相抗衡的。于是，宜臼便继位成了周朝的新任天子。

宜臼继位之后的第一件事情，就是将周朝的首都前往了洛邑。有人说，是不是周天子不想再待在这块伤心的土地上呢？毕竟这里有很多不愉快的记忆。这种猜测是毫无根据的，因为周朝自建立以来二百八十余年，首都一直是在镐京，周天子也不会为了一己私欲而就兴师动众，把那么大的一个家给搬了。

而实际情况是，自从犬戎被赶出了镐京之后，依然怀恨在心。他们原先的打算就是侵略周朝，夺其天下。但是这一梦想破灭了，而且是被自己的盟军出卖了。他们的盟军是谁？当然也就是申侯。这种忽上忽下、忽得忽失的感觉太让他们难受了，于是心生记恨，自此犬戎和周朝的梁子算是结下了。他们三天两头派兵来攻打，周天子现在的实力太弱了，根本就无法和犬戎一战。虽说经过几次不大不小的战争，他的王位是没丢，但是也难保先王的命运再次落在他的身上，于是左思右想，最后大彻大悟：我打不起还躲不起吗？

于是，在公元前770年，周平王率领着家众和文武大臣们，一起把家就搬到了周公所营建的洛邑来，从此在此处定居。周朝自迁都之后，国势更是一落千丈，周朝的天下从此就岌岌可危了。

所以，历史上把迁都之前的周朝叫做西周，而动迁之后，便叫做东周。历史进入东周以后，中国的神州大地上，便开始进入了一个"军阀混战"的年代，各路诸侯开始不断崛起，有的甚至开始窥视周朝的天下了。

趣味链接

拥有"双都"的国家——荷兰

世界上大多数国家都是一个首都，但也有少数国家，有两都或三都甚至四都。其中我们最为熟悉的一个就是荷兰。荷兰法定首都是海牙，王宫和中央政府均在此，国际法院也设在这里；行政首都是阿姆斯特丹，它是荷兰经济、文化中心，也是欧洲著名文化艺术城。

第三章
春秋、战国

郑庄公在"太岁"头上动土

·周天子权威不复存在·

历史进入春秋时代，周天子的权威已经不再像西周时期那么至高无上了，周天子脚下的诸侯们都开始注重发展自己的国势，纷纷和周天子叫板。而这其中第一个和周天子翻脸的，就是郑国的国君郑庄公。

郑庄公原来是周宣王的庶弟，在周幽王时期，身为周王室的司徒。后来眼看着西周的衰败，于是就在太史伯的建议下，将郑国的财产、部族、宗族连同商人、百姓迁移到东虢国和郐之间，号称新郑。

在周平王去世、周桓王继位之后，郑庄公不但是郑国的国君，同时也是东周王朝的重臣，当时，可谓是权倾朝野。周桓王虽也看不惯他的样子，可也对他无可奈何。后来有一次，周桓王对郑庄公忍无可忍了，于是便"委婉"地说道：您老人家是先王的重臣，为朝廷辛苦了一辈子，现在你老了，该是享福的时候了。言下之意，便是要罢免他的官职。郑庄公虽然年老，但也不至于糊涂，他听出了周桓王的意思，于是便带着怨恨回到了自己的封国。这样，这本是同根生的两人便结下的仇怨。

后来，郑庄公几次三番不去朝见天子，周桓王就更加生气。一怒之下，便领着蔡国和陈国的军队，前去声讨。蔡国和陈国因为之前在对郑国的战争中吃了亏，这次周天子带头，他们自然高兴前往。

而此时此刻的郑庄公可不是好惹的，既然你周桓王不仁在先，那就不要怪我不义了。于是亲自挂帅，迎战周王的联军。结果周王的联军不是其对手，被打得一败涂地。周桓王眼见不敌，就立刻鸣金收兵。可是就在军队慌忙撤退的时候，郑庄公搭弓射箭。结果，这一箭就把周桓王给射下马来。

郑庄公原打算活捉周桓王的，可是仔细想了想之后，也就作罢了。原来，这郑庄公迎战周桓王已经是无可奈何的事情，他虽然气愤，但也没想着要了周桓王的命。要是真的把周桓王抓来，自己还真不知道该怎么处置，弄不好其他诸侯还会以此为借口，兴兵来擒王。于是，就乘此机会将他放了回去，只要他知道自己不是好欺负的就行了。

自从这一仗之后，周朝天子至高无上的权力便发生了动摇，难以控制天下的局势。诸侯们纷纷地各自为政，为各自利益而不断地展开争霸战争。

趣味链接

郑庄公母子，黄泉相见

郑庄公的母亲武姜，因为生郑庄公的时候难产，所以一直都不怎么喜欢他。尽管郑庄公当上了郑国的国君，可是他的母亲却暗中帮助他的弟弟来篡位。后来，叛乱虽被平息了，可是郑庄公也恨极了他的母亲，放出话说：不到黄泉永不相见。人非草木孰能无情，何况是母子亲情，更是难以割舍，但是自己说话不能不算话。后来在考叔的建议下，母子二人在地道中重逢了。这就是后来"掘地见母"的故事。

秦穆公的相马

·不以出身论英雄·

秦国原来只是一个嬴姓小部落，后来因为秦襄公帮助周平王迁都，而被封为诸侯。然而，秦国地处偏僻，国小民弱，在群雄并起的春秋初期，与其他诸侯国相比，显得微不足道。直到数年之后，王位传到了秦穆公的手里，国势才才开始逐渐强大起来。

据说，秦穆公非常喜欢马，为此还请来了相马的名士伯乐。可是后来，伯乐渐渐老了，于是就提出要退休。秦穆公非常伤心，就说：你要是走了，那今后有谁来为我相马啊？伯乐笑道：大王必担心，我有位好朋友叫九方皋，也是一位相马的高手，我走了之后，您不妨去把他找来。

听了伯乐这么一说，秦穆公于是就把九方皋找来了，要他去相一匹好马。三天之后，九方皋就来了，说他已经找了一匹好马。秦穆公就问：这是一匹什么样的马啊？九方皋答道：是一匹黄色的马。于是，秦穆公就叫人把马牵来了。可让秦穆公意外的是，这并非是如九方皋所说的黄色母马，而是一匹黑色的雄马。秦穆公很生气，也很失望，看来这九方皋并非伯乐所说的那样高明。

于是，他就把伯乐找来，说道：你推荐的朋友不行啊，他连马的颜色都分不清楚，你怎么还把他推荐给我呢？看来你真的是老了！可是伯乐却没有在意，他说：这正是九方皋高明的地方，因为他看的不是马的外在，而是内在的灵性，我敢担保，九方皋向您推荐的那匹马绝对是匹千金难买的千里马！秦穆公一试之后，果然如伯乐所言。

秦穆公从这件事情上得到启发，那就是任用贤人不在乎其外在的东西如相貌、身份等，而取决于他的内在是否真的有本事。

后来，秦穆公听说一个叫百里奚的奴仆很有才能，于是就用五张羊皮把他买了过来，并封他为相。在百里奚的精心辅佐下，秦穆公如虎添翼，将秦国管理得有声有色。结果，秦国后来居上，成为当时的第一强国，而秦穆公就成了春秋时期的一代霸主。

趣味链接

韩愈著《马说》

号称是"文起八代之衰"的韩愈，早年初登仕途，很不得志。为了表达对统治者不能识别人才、摧残人才、埋没人才的强烈愤慨，他写下了流传千古的《马说》，他在书中提出了："千里马常有，而伯乐不常有"的残酷现实，在一定程度上，反映了当时唐王朝统治阶级的昏庸和无能。

齐桓公的崛起

·公子小白的称霸之路·

　　齐桓公是春秋时期齐国的第十五位国君，姜姓，名小白。他在位期间，推行改革，国力逐渐强盛，后来他打着"尊王攘夷"的旗号四处征战，成为春秋时期的第一位霸主。

　　公元前686年，齐国发生内乱，齐襄公被公孙无知所杀，公孙无知自立为王。齐襄公的儿子公子纠和日后的齐桓公——公子小白，为了躲避公孙无知的迫害，随着他们的师傅管仲和鲍叔牙分别逃到了鲁国和莒国。而就在齐国内乱的第二年，公孙无知被杀了，齐国朝中无主。听到这个消息之后，公子纠和公子小白纷纷动身都想赶回齐国继任王位。

　　鲁国为了助公子纠顺利登上王位，一面派兵护送公子纠回国，一面派管仲带兵在半路拦截公子小白。结果，管仲日夜兼程，果然找到了公子小白的人马，于是管仲弯弓射箭，只听见小白大叫一声，管仲扬长而去。公子纠以为小白已死，没有了后患，于是便不再那么慌忙了。

　　其实，这不过是小白的计策而已。当时管仲的一箭并没有射中小白，而他大叫一声不过是将计就计蒙骗管仲。结果，等公子纠回到齐国以后才知道，小白已经赶在他的前面登上了王位。

　　小白继位之后，便成了齐桓公。为了报一箭之仇，他立即下令攻打鲁国，结果鲁国大败。齐桓公不忍亲手杀死自己的兄弟，于是便用书信通知鲁国将其处死，而他的师父管仲则要交到齐国的手中。管仲被送到齐国之后，齐桓公便要将其剁成肉泥，以泄心头之恨。可是鲍叔牙却对齐桓公说，管仲是个治国的人才杀不得，如果君上想成就天下霸业，那么非管仲不可。齐桓公听他这么一说，于是，便依鲍叔牙所言，对管仲委以重任。

　　后来，齐桓公又拜管仲为相，实施改革。在政事上，实行国野分治的方法，国都为国，其他地方为野。经济上，通过减少税收，增加人口的生育水平，从而提高齐国的总体人口数量。军事上，实行军政合一、兵民合一的制度。经过这次改革，齐国国力大为增强，齐桓公开始走上称霸的道路。

趣味链接

管鲍之交

　　管仲和鲍叔牙是对好友。两人合伙做生意的时候，因管仲出资少而分利多，人们都说管仲贪心，鲍叔牙则说，管仲只是太穷了，并非贪心。后来，管仲做生意亏本了，人们又说管仲太笨了，鲍叔牙就向别人解释说，管仲并不是笨，只是他的运气不好而已。管仲三次出仕，结果三次被逐。人们就说管仲是个没有才能的人，可是鲍叔牙却说，他只不过是生不逢时。因此管仲说："生我者父母，知我者鲍叔。"后人即以"管鲍之交"来表示不以物移、坚贞真挚的情谊。

天真的宋襄公

·一个号称仁义的"大草包"·

齐桓公去世后，他的五个儿子为抢夺君位发生了内乱，结果在宋襄公的帮助下，这场内乱才得以停息。天真的宋襄公自认为做了件惊天动地的大事，足以树立自己在诸侯之中的威信。于是便召开诸侯联盟大会，目的在于确认自己的盟主地位。

到了约定的时候，除了齐国之外，其他的国家基本上都来了。事情的发展都在宋襄公的意料之中。可是在确认到底该由谁做盟主的时候，楚成王和宋襄公却争吵了起来。宋襄公非常生气，还要和楚成王争论。可是楚成王已经不耐烦了，于是，只见楚成王的一班随从脱去外衣，露出一身亮堂堂的铠甲，把宋襄公给逮住了。

后来，楚成王觉得抓了宋襄公也没什么用，于是便把他放了回去。从此，宋襄公与楚国之间的仇怨便结下了，只是宋襄公畏惧楚国兵强马壮，一直也没有什么办法。恰好在这个时候，与楚国结盟的郑国也开始反对宋襄公。郑国是一个小国，宋襄公心想楚国我惹不起，难道我还怕你郑国吗？一怒之下，便兴兵讨伐，为自己出出气。

郑国哪是宋国的对手，他敢反宋也是因为有楚国的支持。于是，宋襄公一来，郑国便向楚国求救。

　　楚国没有直接去救郑国，而是统领者大军向宋国的大本营进攻。宋襄公这下着急了，也顾不上攻打郑国，带领将士就往回赶。结果他们赶回去的时候，楚军人马还在他们的对岸。有大臣建议，楚军只是为了给郑国解围，现在我们回来了，不如和楚国讲和算了。毕竟他们兵强马壮，真的打起来我们不一定能赢。可是宋襄公却说，我们是仁义之师，他们虽然人强马壮，可缺乏仁义。不义之兵怎能胜过仁义之师呢？说着，就下令做了一面绣有"仁义"二字的大旗，要用"仁义"来战胜楚国的刀枪。

　　到了第二天，大臣们又来建议，说楚军刚刚渡河，我们等他们的人马过来一半的时候就杀过去，这样定能取胜。可是宋襄公却指着"仁义"大旗，说："那我们还算仁义之师吗？"大臣们汗颜，只有退下。可是眼看着楚军已经全部过来了，马上就要布阵了。大臣们实在是忍不住了，于是就说，大王啊，现在是我们最后的良机了，此时他们正乱作一团，立即出兵的话我们的胜算很大，要是等他们都准备好了，就不好办了啊！可宋襄公却愤怒地骂道："你们就知道出这些歪主意，要记住我们是仁义之师！"

　　片刻之后，楚军布好了阵势冲了过来。结果，宋军不敌，被打得四下逃散。战乱中，手握"仁义"大旗的宋襄公被楚军射中了大腿。

　　于是，天真的宋襄公称霸不成，反被射伤了大腿，他的"仁义之师"也成了贻笑万年的笑柄。

趣味链接

古印度是怎样打仗的

　　虽说宋襄公的仁义战术被人们嘲笑了千百年，但是这种作战方式在古印度却被人们所认同。据记载，古印度最具权威的法典《摩奴法典》还对此进行了明文规定："在打仗的时候，自己要是坐乘车，就不能进攻徒步的敌人。还有就是不能攻击已经受伤的人，或是放下武器的人，连老人、弱者和没有防护的人都不能攻击。谁要是违犯了这些规定，那么就会招来敌我双方的一致谴责。"

流亡公子的漂泊之路

·十九年后终成一代霸主·

晋文公是继齐桓公之后的第二位霸主，而在他登上晋国君主宝座之前，却经历了长达十九年的流亡生涯。

说起晋文公的苦难，最终要归结到他父亲的一个妃子——骊姬身上。当年，他的父亲晋献公还在位的时候，非常宠爱这位骊姬，而骊姬就仗着这份宠爱，想帮助自己的儿子登上晋国国君的宝座。于是，就使用连环计逼死了当时的太子，赶走了晋献公的另外两个儿子——重耳和夷吾。重耳就是晋文公的名字。

重耳逃亡的第一站就是卫国，可是卫国的君主看他一副丧家犬的样子，根本就没有搭理。于是在吃了闭门羹之后，重耳就想到逃往齐国。

当时还是齐桓公在位，当重耳逃到这里来的时候，齐桓公马上派人去迎接他们。在齐国的日子里，重耳享受到了久违的待遇。齐桓公不但为他提供了富足的生活，还将本家的一个美女齐姜嫁给了他。于是，重耳安于现状。

可是，天不遂人愿，重耳的手下还一心想着跟着他干一番大事业。于是，就在一棵大树下，商量着怎样让重耳逃走的事情。恰好，这件事情又被齐姜的侍女听见了，于是就将这件事情告诉了齐姜。虽说齐姜是个女流之辈，但却很有志向，她也赞同重耳"重出江湖"。可是，这时的重耳已经是六十岁的老人了，他习惯了眼前的生活，不愿意再四处奔波。无奈的随从和齐姜，只能用酒把重耳灌醉送出了齐国。

于是，重耳又重新踏上了流亡之路。

晋文公复国图

下一站便是曹国。可是曹国和卫国一样，根本不愿理睬重耳。于是他们又辗转来到了宋国。这个时候，"仁义之师"宋襄公刚被楚国打败，根本就没有能力再管重耳的事情。

之后，他们又来到了秦国。这个时候，晋国已经是晋怀公当政了。晋怀公当年也曾在秦国作为人质，秦穆公对他非常好，还把自己的女儿怀嬴嫁给了他。可是晋怀公后来竟然背着秦穆公，丢下了自己的妻子就跑回去了。

秦穆公很生气，于是当重耳流亡到秦国的时候，秦穆公决定帮助他重夺王位，并将怀嬴嫁给了他。

有了秦穆公的支持，重耳的胆子大了，晋国的大臣们也纷纷开始怀念他了。于是，在公元前641年，重耳在秦国的帮助下重新回到了晋国，成为后来的晋文公。

晋文公继位以后，注意整顿国内政治，发展生产，安定人心，很快就使晋国强盛起来。经过几年征战，成为春秋时期又一位霸主。

趣味链接

"寒食节"的由来

据说，在晋文公流浪的日子里，经常会没有饭吃。有一次，晋文公实在饿得受不了了，于是他的随从介子推便从自己的身上割下一块肉来，给晋文公做汤吃。后来晋文公夺得了晋国的天下，而介子推却隐居山林了。晋文公为了逼他出来，就放火烧山。结果，介子推抱着一棵柳树被烧死了。人们为了纪念他，便在那个月不生明火，都吃冷食。后来一个月渐渐减少到清明节的前一天，就成了现在的"寒食节"。

一鸣惊人的楚庄王

· 他一直在等贤臣的出现 ·

商朝时期，武丁三年没说话，造就了商朝的空前繁荣。而后的楚庄王沉醉了三年，也造就了春秋时期楚国的霸主地位。

楚国在城濮之战中败给晋国后不久，楚成王就被自己的儿子给杀了，他的儿子继位之后，就是楚穆王。楚穆王为报城濮之耻，于是在国内加紧练兵，可是壮士未捷身先死，在他准备大干一场的时候，突然抱病而死。于是他的儿子就继承了楚王的位子，这就是楚庄王。

可是，这位楚庄王好像并没有继承他先王的遗志，在即位后的前三年里，竟然整天喝酒、打猎，不问政事。为了防止大臣们前来打扰，还在自己的宫殿门前挂了个牌子，上面写道：进谏者，杀毋赦。

大臣们无可奈何，可还是出现一个不怕死的，这个人叫武举。楚庄王就对他说："这里没有朝廷，没有政事，有的只有美酒和歌舞，你是来和我一起欣赏歌舞呢？还是来陪我一起喝酒？"武举回答道："都不是，只不过是有人问了我一个问题，我想了好久也想不出答案，于是我想来向大王请教。"楚庄王就说："是吗？那我倒想听听。"武举说："人们在楚国看见一只五彩缤纷的大鸟，可是这只鸟不飞也不叫，请问大王这是只什么鸟？"楚王一怔，答道：

"这肯定是只神鸟，它不飞则已，一飞冲天。"武举听到他这么一说，心里好像有了底，便退下了。

之后，武举又将这件事情告诉了另一个叫苏从的大臣。二人以为大王会有所作为，于是便静候佳音。可是等了很久楚庄王依然没有动静，这下他俩就着急了。

这次，按捺不住的是苏从，他跑到楚庄王的寝宫二话不说就抱头痛哭。这可吓坏了楚庄王，忙问道："你哭什么？"苏从说道："因为我就要死了。"楚庄王摸不着头脑，他接着解释道："大王不理朝政，眼看着楚国就要败在您的手上，楚国没了，我还能活下去吗？"楚王大怒，指着那个牌子说："你不识字吗？"苏从说："微臣识字，可是今日不死，明天还得死，与其这样，还不如大王您给我个痛快。"楚庄王闻此，便要歌姬们退下去，弯腰扶起了苏从，说道："我等的人终于等到了！"

随即，楚庄王传令下去，将武举和苏从提拔到关键职位，然后一边改革政治，一边扩充军队，加强训练军士，准备与晋国决战，雪城濮之战的恨。

尽管这其中还出现了一些意外，那就是越椒作乱。可是在数年之后，楚国在楚庄王的领导下日益强盛，终于在黄河之边打败了晋国，取而代之成为继齐桓公、晋文公、秦穆公之后的第四任霸主。

趣味链接

问鼎中原

楚庄王亲率大军征伐陆浑之戎，周天子派人前去慰问。楚庄王借机询问周鼎的大小轻重。而九鼎是古代象征国家政权的传国之宝。楚庄王此话一出，大有欲取周王朝天下而代之的意思，结果遭到周王使者王孙满态度强硬的严词斥责，楚庄王理屈词穷，于是只好退出。

晏子使楚

·智斗楚灵王·

晏子，名婴，字仲，春秋时代齐国人。一生之中，他连续做过齐灵公、齐庄公、齐景公的正卿，是齐国的三代功臣。关于晏子的故事很多，如挂羊头卖狗肉、二桃杀三士，等等，而下面要说的，是晏子使楚的一段故事。

当时，楚国的国君是楚灵王，他听说晏子是个身高不足五尺的矮子，便想将他羞辱一番。于是他命人将城门的大门紧闭，只在旁边开了一个不足五尺的小门，让晏子从这个和他身高相配的小门中进城。

晏子来到城门外之后，当然知道楚灵王的用心，于是便对守城的将士说道：“这是个狗洞，不是城门。难道我出使的不是楚国而是狗国？”守门的将士无言以对，只好乖乖地打开城门。

楚灵王见晏子顺利过关了，很不服气，于是来到晏子的身边，用手比划着晏子的身高问道：“难道你们齐国没人吗？为什么偏偏要你这样的来啊？”晏子从容不迫地说道：“非也，非也。只不过我们齐国出使有这么一个规矩，有德有才的人，出使贤者为王的国家，没有出息的人，出使庸者为王的国家。我是我们齐国最没出息的人了，只能出使到你们楚国来。”

楚灵王又碰了一鼻子的灰，觉得这晏子不是一个好惹的人。于是，就恭恭敬敬地请晏子入席喝酒。可是就在大家正喝得热闹的时候，奇怪的现象发生了。只见两个士兵押着一个猥琐的身影，从他们饮酒的门前走过。于是，楚灵王便正儿八经地问道："这是怎么回事啊？"士兵回答道："这个人犯了偷窃罪被我们抓住了。"楚灵王又接着问道："堂下的犯人，你是哪里人士？"犯人响亮地回答道："齐国人。"晏子这才知道，这又是楚灵王的把戏。楚灵王就问晏子："晏子大夫，是不是你们齐国有很多这样的人啊？"晏子此时非常愤怒，但他还是强压着自己的火气，说道："齐国的百姓安居乐业，怎会出这样的人？我想这可能和水土有关系，听说'橘生淮南则为橘，生于淮北则为枳'，而正所谓一方水土养一方人，齐国的人来到了楚国便学会了偷窃，可能就是因为，这里的水土容易养出这样的人才来。"于是，楚灵王又讨了个没趣。

经过这次以后，楚灵王再也不敢戏弄晏子了，而晏子也顺利地完成了出使楚国的任务。

回到齐国之后，他便将此事和齐景公说了，晏子分析：楚灵王狂妄无知，能干出这样的事情也反映了朝中无人，于是建议齐景公兴兵讨伐，以壮国势。

不久之后，齐景公向楚国发兵，而结果正如晏子所言，楚国朝中无能人。于是，可怜的楚国就这样成了齐国的踏脚石，齐国的国势变得越来越强大。

趣味链接

晏子的外交"手段"——针尖对麦芒

晏子才智过人，坚持原则且刚柔并济，除了使楚，还出使过吴国、晋国。这位被载入史册的杰出外交官，以"针尖对麦芒"的方式，一次次维护了个人尊严，更为齐国赢得了美誉，而他身上的这种爱国情怀也正是需要我们一直传承下去的。

函谷关前著《老子》

·博学多才的老子·

老子，姓李名耳，字伯阳，又称老聃，是我国古代伟大的哲学家和思想家、道家学派创始人，同时也是世界文化名人，是世界百位历史名人之一。

相传，老子从小聪明好学。长大之后，为了开阔眼界，学习更多的知识，在二十多岁的时候，老子便只身一人来到了全国的政治文化中心——洛阳。结果，他凭借着自己的聪明才学，很快得到了赏识，在当时的"国家图书馆"出任馆长一职。

在这样的环境里，老子如鱼得水，任其遨游。他每天日夜不停地读书，知识不断增长，逐渐成为当时远近闻名的大学者，人们遇到不懂的问题都来向他请教。

相传，在这些前来请教的众人之中，就有一位重量级的人物——孔子。当时，孔子问老子关于礼制问题，他说："现在的环境实在是太乱了，国不像国、家不像家，君不像君、臣不像臣，难道这样是正确的吗？我们先贤的礼制我们不该遵守吗？"老子回答道："孔子啊，你是个聪明的人，但为什么总是这方面钻牛角尖呢？那些圣贤们都死去多少年了，而现在的环境也变了，你非要用以前的东西来约束现在的人，这是不符合时代发展的规律的。你要知道，因地制宜，因时制宜。君子要有适应社会的能力，难道这一点，你还参不透吗？"

孔子身受感化，回来便对他的弟子们说了这件事情，同时还感慨老子的知识渊博，见解深刻。

后来，老子离开了洛阳，因为东周内战，"国家图书馆"已经遭到了严重的破坏，老子认为再待在这里也没有必要了，于是便骑着一匹青牛，向当时较为安定的秦国出发了。

相传，在老子经过函谷关的时候，守关的官员尹喜认出了他。尹喜得知老子即将归隐的想法之后，便对老子说："您是知识渊博的大圣人，这一归隐的话，我们就再也聆听不到您的教诲了，这实在是我们的损失啊。"可是老子淡泊明志，心意已决。但同时也被尹喜的挚诚所感动，于是在临行之前，就将自己的一生所学和其中的感悟，用洋洋洒洒的五千言，写成了《老子》也就是后世的《道德经》，交给了尹喜。

之后，老子便骑着青牛不见了踪影，从此之后，世间再也没有了老子的消息。

趣味链接

老子的哲学思想

老子的思想是我国传统的哲学思想渊源之一，他认为"万物皆有道"，而"道"就是宇宙的本质，世界上万事万物的形成和发展，都是由"道"来转化和生成的，它像天地一样永不停息地运动，它的规律就是自然的规律、社会的规律。这一思想，影响了后世诸多哲学思想的产生，老子也因此而被尊为"中国哲学之父"。

孔子周游列国

·宣传以礼治天下·

孔子名丘，字仲尼，春秋时期鲁国人，是我国古代伟大的思想家和教育家，儒家学派创始人，世界最著名的文化名人之一。

据说，在孔子年幼的时候，就非常聪明好学。在他二十岁的时候，知识就相当的渊博，开始关注国家大事，一心想进入仕途。可当时鲁国的政权却掌握在"三桓"和他们家臣的手中，虽说先后有两次入士的机会，但是眼看着无能为力的政权，孔子选择了放弃。直到鲁定公九年，孔子得到鲁国君主的重用，这才开始了他的政治生涯。

尽管孔子此时已经五十一岁，但也可谓是大器晚成。

孔子在任期间，因为治理有方，取得了卓越的政绩，被提升为大司寇，相当于一朝之相。可是，孔子一心想治理的是鲁国的天下，而非当权者"三桓"的天下。于是为了鲁国，他便想在"三桓"的头上动土，用以加强王权，结果提出了摧毁"三桓"城堡的建议。于是，孔子和"三桓"的仇怨就这样结下了。不久，鲁国举行郊祭，祭祀后按惯例送祭肉给大夫们时，却没有送给孔子，这表明当权者已经不想再用他了，于是孔子被迫离开了鲁国，此后便开始周游列国。

他的第一站，便是卫国。卫国当政的君主是卫灵公，他虽然很尊敬孔子，也按照鲁国的俸禄标准按时给孔子发放粮饷，可是却未曾授予他一官半职。而且这种"光吃饭，不干活"的日子也没有维持多久，因为有人向卫灵公进谏谗言，在被卫灵公怀疑的情况下，孔子离开了卫国。

孔子又先后来到了曹、宋、郑和陈国。当时楚国的当权者觉得孔子是个难得的人才，于是便想招揽过来。可是陈国、蔡国的大夫们怕孔子在楚国得到重用之后，会对他们不利。于是，就在半路截杀，经过蔡、陈联军的围困之后，孔子的弟子自贡找到了楚人，他们才免于一死。

后来，在周游列国之后，六十八岁的孔子在其弟子冉求的努力下，最终被迎回鲁国，但仍是被敬而不用。从此，孔子心灰意冷，不再关心朝政，而专心致力于教育，在七十三岁的时候，因为患病不治而死。

趣味链接

以德报怨

人们常认为"以德报怨"的意思就是说：别人欺负你了，你不但要忍，而且还要用你的爱心来感化他。其实，这完全是被曲解了。因为，孔子的原话是："以德报怨，何以报德？以直报怨，以德报德！"就是说：别人以"德"对你，你才用"德"来回报；可别人要是打了你，你就应该还击。事实上，孔子高大威猛，就因为被人故意省略了一句话，刚烈如火的孔老夫子一下就被扭曲成了一个温婉的受气包形象。

伍子胥一夜白头

·杀父之仇终得报·

　　楚平王时期，楚国的太子建和秦国的公主定有婚约。于是楚平王就让自己的宠臣费无极到秦国为太子建娶亲。费无极是个溜须拍马的人，看见秦国的公主长得好看，为了讨好楚平王，就急忙赶回来报告说："这是个绝代美女，大王可以自己娶了她，再给太子另外娶个媳妇。"于是，楚平王就自己娶了秦国的公主，给太子建另配了妻室。

　　经过此事，费无极更加得到楚平王的宠信，可是他又害怕太子建会报复，于是就在楚平王面前进谗言，说太子因为秦国公主的事情，对楚平王感到不满，要起兵谋反。楚平王半信半疑，就把太子建的师傅武奢找来问话，武奢一听此事，极为不满，他知道这是费无极在从中捣鬼，于是就在楚平王面前痛陈是非。然而，这却导致楚平王的不满，引来了杀身之祸。

　　楚平王知道武奢有两个儿子都是非常厉害的人物，要是他们知道自己的父亲被楚平王杀了，肯定会回来报仇。于是，他就想利用武奢将他的两个儿子引来，斩草除根。

　　武奢的两个儿子，一个叫武尚，一个叫武员，这武员就是伍子胥。武尚生性宽厚仁爱，但武员人桀骜不驯，忍辱负重，是个能成大事的人。得知父亲性命朝不保夕之后，武尚去了，可是武员觉得只是阴谋，于是就带着太子建逃走了。

结果，伍子胥的兄长和父亲就这样被杀害了，伍子胥誓要为他们报仇。可是就在他们逃至韶关的时候，却遇到了阻碍。后来，在扁鹊的弟子东皋公的帮助下，他们才顺利过关。

韶关把守森严，伍子胥无可奈何，正在一筹莫展的时候，遇到了东皋公。东皋公说，我有办法助你逃过去。于是，伍子胥就来到了东皋公的住所。可是一连几日，东皋公都不提过关的事情，这可急坏了伍子胥。他就向东皋公说："我大仇未报，这几天耽搁在此，就好像死去一样，先生还有什么办法吗？"东皋公说："不着急，我自有妙计。"可是，伍子胥怎能不着急呢？结果，一夜白头。而这时，东皋公才说出了自己的计划。原来，他有一个朋友和伍子胥长得很像，于是就想用这位朋友来骗过官兵的眼睛，他们现在就是在等这位朋友的到来。

恰巧，他的这位朋友就在当天来了。东皋公就让伍子胥依计行事，结果真的骗过了守门的将士，顺利过关了。而守城官兵一看自己抓的并非伍子胥，就把东皋公的朋友给放了。

后来，伍子胥来到吴国，帮助公子光夺位，自己也手握重权。之后，又同孙武一道，率兵攻取楚国，可是楚平王已死，伍子胥就挖开了坟墓，鞭打他的尸体，以泄心头之恨。

趣味链接

端午节起源的异说

吴王夫差打败了越王勾践之后，不听伍子胥的劝告而听信谗言，结果放了越王勾践而将伍子胥赐死。于是，在临死之前，伍子胥对身边的人说："我死以后，将我眼睛挖出悬挂在吴京之东门上，我要看看越国军队是怎样打进吴国的。"吴王夫差闻言大怒，便命人把伍子胥的尸体装在皮革里于五月五日投入大江，苏州人为纪念这位忠臣，把此江改为胥江。相传，后世为纪念伍子胥，便将伍子胥的忌日定为端午节。

孙武练兵

·将在外君命有所不受·

孙武，字长卿，后人尊称其兵圣。相传孙武自幼好学，尤其尚武，后来逐渐显现出对军事的爱好和特有的天赋，在伍子胥的推荐下，为吴王夫差所用，著有兵法十三篇。孙武的生卒年不详，但是有关孙武的崛起，那就不得不提他为吴王练兵的故事了。

吴王看过孙武的兵法之后，就问孙武："你的兵法写得很好，但是不知道是否适合我来使用。"孙武说："当然可以，兵法的原理是一样的，无论是任何人用都可以。"于是为了验证孙武的看法，吴王就为孙武操办了一场小型的练兵演习。可是用来练兵的，却是一群宫廷的女子。

孙武毫不介意，仍然信心十足，把这些女子分成两队。让吴王最宠爱的两个宫女分别担任两队的队长，命令所有的宫女每人都拿一支戟。孙武问："你们知道自己的心、后背、左手、右手吗？"众人回答："知道。"孙武说："好，那你们现在就看心所对的方向，命令你们向左，就看左手所对的方向，命令你们向右，就看右手的方向，命令你们向后，你们就朝背后转过身去，大家能够做到吗？"众宫女都应声说："能！"孙武把这些都交代清楚之后，就郑重声明道："现在是在练兵，那你们就要听我的号令，否则就军法处置！"

可是当战鼓一响之后，习惯了轻歌曼舞的宫女们便东倒西歪。孙武没有生气，反而说这是自己的责任，于是又把规定说了一遍，并说现在自己责任尽到了，要是再犯过错的话那就是宫女们自己的责任了。可当战鼓再次响起的时候，宫女们依旧如此。于是孙武便要斩了宫女们的队长，也就是吴王的两位爱妃。

这一下，宫女们慌了，吴王也慌了，都在为两位队长求情。可是孙武军令如山，根本就不听这些，于是一声令下，两位美人就人头落地了。

之后，只要战鼓声一起，孙武要她们向东她们便向东，要她们向西她们便向西。将女兵们训练得有条不紊。于是孙武就对吴王说："大王，女兵已经练好了，请您来检阅。"可是现在的吴王已经失去了观看的心情。

孙武感到非常失望，于是就叹息了一声："原来大王只是喜欢看我的兵书，并不想将我的真实本领用到战场上啊！"吴王听此话之后，觉得浑身一震，心想这孙武全心全意地为我练兵，不惜斩我爱妃而得罪我，这是一位难得的大将啊。于是，转怒为喜，任命孙武为将军。

孙武上任之后战无不胜，与伍子胥率吴军破楚，五战五捷，率兵六万打败楚国二十万大军，北威齐晋，南服越人，使得吴国一举成为中原霸主。

趣味链接

《孙子兵法》

"兵圣"孙武是著名的军事家，其作品《孙子兵法》成为最著名的兵学典范之书。后世出现的孙膑同为杰出的军事家，其著作《孙膑兵法》虽然部分失传，但其传奇美誉绝不逊于孙武。对于孙武与孙膑的关系，《史记》中记载："孙武既死，后百余岁有孙膑"，已点明了孙膑是孙武的后代。在古代人们常称有才之人为"子"，孙武和孙膑都称为"孙子"，史学家为了区别两人著作，把孙武的兵书称为《吴孙子兵法》，孙膑的成为《齐孙子》，后人逐渐淡化区别，统称为"孙子"。

卧薪尝胆

·勾践忍辱负重雪恩仇·

春秋末期，吴越两国长年争战。吴王阖闾被越王勾践所杀，吴王夫差继位之后，为报父仇，相邀越王一战。勾践不听谋士范蠡的劝告，迎战夫差，结果兵败如山倒，退于会稽山下。在范蠡的建议下，向吴王求和。

吴王夫差狂妄自大，接受了勾践的求和，并将勾践夫妇和范蠡掳到吴国当人质。夫差为了羞辱勾践，就在阖闾坟墓旁边建了一间石室，而勾践夫妇就住在这间石室里面。每当夫差出行的时候，就让勾践为其牵马。而勾践忍辱负重，一直任劳任怨。

后来，一次夫差染病了，勾践为了观察夫差的病情，竟然亲口尝其大便，之后便高兴地对夫差说："大王的病在近期就可痊愈。"事后，果真如勾践所言，夫差的病好了。这一次，勾践彻底打动了夫差。于是，勾践就这样被放回越国了。

勾践回国之后，立志雪耻。为了防止被眼前的安逸消磨了志气，勾践在吃饭的地方挂上一个苦胆，每逢吃饭的时候，他就先尝一尝苦味，然后就问自己："勾践，你忘了你曾受的耻辱吗？"此外，他还把舒适的被子都撤去，全都换成柴草。这就是后人传诵的"卧薪尝胆"。

　　勾践为了越国的发展，做出了很多有效的措施。为了鼓励人民耕种，勾践亲自参加耕种，还让自己的夫人织布。为了增强兵力，勾践还鼓励生育，制定了奖励生育的制度。命令文仲管理国家大事，范蠡秘密训练军队。这样，越国渐渐富强起来。

　　数年之后，越国人强马壮，趁吴王到北部黄池会合诸侯的时候，向吴国发兵。此时，吴国的精锐部队全都跟着吴王赴会去了，留下的都是些老弱残兵。结果吴军大败，同时身在吴国的太子也在战争中被杀。夫差着急了，于是马上派人向越国求和。勾践鉴于吴军正与其他各国会盟，担心会有意外，于是就接受了夫差的求和。

　　后来，越国又乘着吴国和齐、晋两国交战的机会，向吴国发兵。结果，吴国的疲惫之师不敌越军，吴国的都城也被包围三年。在万般无奈的情况下，夫差又向勾践求和。可是，勾践忍辱负重多少年，等的就是这么一个机会，他又怎能轻易地放弃？于是，毅然拒绝夫差。而这时候，夫差才悔不当初，羞愧难言的他，只好自杀了。

　　灭掉吴国后，越王勾践联合诸侯会盟于徐地，一跃成为众诸侯之间的霸主，周天子也承认了他的领袖地位。

趣味链接

西施

　　西施是我国古代的"四大美女"之首，她本叫夷光。越王勾践卧薪尝胆后，图谋复国。在国难当头之际，西施忍辱负重，与郑旦一起由越王勾践献给吴王夫差，成为吴王最宠爱的妃子。勾践能够不死回国，这其中西施功不可没。后来，吴国终被勾践所灭之后，西施与范蠡归隐山林，不知所终。

范蠡

· 功成身退的智者 ·

范蠡的人生，大致可以分为两个部分，其一是他的政治生涯，其二是他的从商生涯。而这一弃政从商的重要转折，就是在越王勾践当上中原霸主前后。

范蠡号称是当时天下第一谋士，在勾践称霸之前，范蠡一直在他的身边为他服务。在这半生的政治生涯里，他曾为勾践策划过很多计谋，如前文所说的勾践求和；用美女西施来迷惑夫差；回国之后，为越国发展而制定的"十年生聚，十年教训"计划等。而在勾践灭吴，登上了中原霸主的宝座以后，聪明的范蠡警觉地嗅到了危险的气息。于是，功成身退，隐居世外。

在他临走之前，他还写了封信给他的老战友文仲，信中说："狡兔死，走狗烹，飞鸟尽，良弓藏。越王为人，长颈鸟啄，可与共患难，不可与共荣乐。先生何不速速出走？"然而，文仲没有听信范蠡的劝告，终于等到了勾践的一把宝剑，而这一把剑，就是当年夫差赐伍子胥自裁的那一把。文仲心灰意冷，后悔没有听信范蠡的劝告，于是就用这把剑自了了，没有逃脱厄运的不仅仅是文仲，还有和勾践一起受辱于吴国的夫人。可见，范蠡未卜先知，不愧为天下第一谋士。

弃政之后，范蠡便来到了一个叫陶的地方，开始了他的经商生涯。因为早年从事过账房工作，所以对于理财经商，范蠡很有一套。他认为：其一，供应的货物和人们之间的需求量决定着货物的贵贱、生意的好坏，因此要随时掌握社会余缺及需求。比如干旱则备车乘，水涝则备舟楫。其二，农、工、商三业之间有必然的联系。比如米谷价格，谷贵损害工商者的切身利益，谷贱挫伤农夫的生产兴趣，损害工商则没有钱财出处，挫伤农夫的生产积极性则地就要荒芜，而米谷价平，则农工商都有利。其三，积贮之理，务必妥善保管，还要及时周转。以物易物，勿使容易腐败的东西积压太久。其四，倘知何物有余，何物不足，便知孰贵孰贱。物贵到极点就会贱，物贱到极点就会贵。物贵时，要及时卖出，物贱时，要及时买进，让钱财如流水一样通行无阻才是最重要的。

结果，范蠡因为经营有道，在陶这个地方变成了富甲一方的大财主，世称陶朱公。这陶朱公就成了后世商人的保护神，也是我国开始经营商业、有史可考的第一人。

关于范蠡的传说很多，但凡是他的故事，都是一番轰轰烈烈的大事。直至今日，民间还流传着很多关于他的传说。

趣味链接

鸟尽弓藏，兔死狗烹

范蠡留给文仲的信传至后世，便浓缩为了"鸟尽弓藏，兔死狗烹"这八个字，用来比喻成大事之后，那些曾经的有功之人遭到无情的杀害。其实，在历史上，大多数的统治者都是可共患难而不可共富贵的，如勾践杀文仲，刘邦杀韩信，朱元璋杀常遇春，等等。身为人臣，最大的忌讳就是功高盖主，而世人却看不透这个道理，能够像范蠡这样及时抽身的人，大抵也不过只有一个罢了。

马陵之战

·孙膑计除庞涓·

公元前 341 年，庞涓领兵讨伐韩国，韩国求救于齐国。齐国为解韩国之困，命令田忌为将，孙膑为军师，进攻魏国。庞涓闻讯而回，因为记恨齐国一再干预魏国的大事，于是在回经马陵之时，向齐军发动攻击，历史上就将这场战争记载为"马陵之战"。

作为敌对双方将领的孙膑和庞涓，虽然现在各为其主，可是在此之前，他们曾是一起学艺的师兄弟。而且在他们之间，有着说不清的恩怨。

据说，孙膑原本叫孙宾，之所以后来改了名字，也完全是拜他的师兄庞涓所赐。原来，他们还在鬼谷子那里学习兵法的时候，孙宾因深得《孙子兵法》的奥妙，才能远在庞涓之上，庞涓因此十分嫉妒，总想除之而后快。后来，庞涓到魏国做了将军，就用计把孙宾骗到了魏国，剜掉了他的两块膝盖骨。孙宾就这样成了残废人。

这时，齐国的大将军田忌听到这个消息之后，觉得孙宾是难得的军事奇才，于是就用计把孙宾"偷"回了齐国。经田忌的推荐，孙宾就做了齐国的军师。

几年之后，魏惠王派庞涓去攻打赵国，赵国不敌，向齐国求救。而经孙宾献计，齐国没有直接解救被围的赵国，而是避实就虚，攻击魏国的老巢。这就是历史上有名的"围魏救赵"的故事。到了这个时候，庞涓才知道孙宾没有死，而且还把名字改成了孙膑。

可是现在，庞涓再想对付孙膑就没那么简单了。于是在多年之间，齐国和魏国也没有发生任何的战事。直到数十年之后，庞涓兴兵攻韩，这两个冤家对头才再次碰面。这就是前文所述，庞涓与孙膑在马陵的对决。

当时，孙膑见魏军来势凶猛，且敌我力量悬殊，于是放弃正面进攻，决定采用欲擒故纵之计，命令军队由外黄向马陵方向撤退。马陵位于鄄邑北六十华里处，沟深林密，道路曲折。孙膑就在此设下埋伏，等候庞涓的到来。

为了诱敌深入，在撤退的途中，孙膑命令兵士第一天挖十万个做饭的灶坑，第二天减为五万个，第三天再减为三万个。庞涓见此，认为齐军畏惧，已经开始有士兵逃跑。大喜之下，就亲自率兵日夜追赶。天黑之时，他们终于赶到了马陵。当他们进入密林之后，发现在一块空地之上，只有一棵大树竖立其中。在火光的照耀下，庞涓才发现这棵大树上竟赫然刻着八个大字：庞涓死于此树之下！庞涓顿悟中计，可是就在这个时候，树林之中就已经射出了千万支箭来，魏军阵容大乱，死伤无数。庞涓自知厄运难逃，于是拔剑自刎。

经此一战，孙膑扬名天下，而他对付庞涓的那一招也随之流传于世，被称之为"减灶之计"。魏国开始由盛转衰，齐国却因得到孙膑这样的军事奇才而逐渐兴盛。

趣味链接

田忌赛马

孙膑被救回齐国之后，已经是个残废人，虽然有田忌的大力推荐，可是齐威王却不以为然。后来，经过一次赛马，孙膑才有机会得到齐威王的赏识。当时，田忌的马并没有其他人的强壮，可孙膑献计：用田忌的下等马对付他们的上等马，上等马对付他们的中等马，中等马对付他们的下等马。结果，三局两胜。田忌觉得这是个机会，就把孙膑献计的事情告诉了齐威王。这时，威王才意识到孙膑的确是个人才，随后向他请教兵法，后来委以重任。

长平之战

·赵括纸上谈兵·

长平之战发生于当时最有可能统一全国的秦、赵两国之间，结果以数十万赵军全军覆没而告终。经过这场战争，赵国数十年一蹶不振，而秦军却因大获全胜，增强了国力，加速了统一全国的进程。

说起这场战争，最初是因为韩国的一块领地上党郡而打起来的。当时，秦国攻打韩国，占领了韩国的野王，切断了上党郡和韩国国都之间的联系，上党郡岌岌可危。可是上党郡的韩军因恨透了秦军，不但没有向他们投降，反而把上党郡献给了赵国。

赵王当然是欣然接受了，可是秦王火了，于是就命人去攻打。结果，驻守上党郡的赵军不敌，被逼退守长平。眼看着长平危急，赵王就派廉颇前去支援。廉颇是名资深老将，观察了当时的地形之后，就采取了筑垒坚守、拒不出战、以逸待劳的战略，想把远来的秦军拖垮。结果，这一拖就是三年，始终没有分出个胜负来。

秦国看到这种形势很是着急，毕竟这样拖下去对自己是十分不利的。为了打破这种僵局，他们便在廉颇身上打主意。于是，秦国收买了赵王身边的小人，让其四处散播谣言，说廉颇已经准备投降了。结果，赵王信以为真，于是就派赵括把廉颇换了回来。

赵括是赵国先前的大将军赵奢的儿子，尽管自小熟读兵书，对于行军打仗说得头头是道，但是却没有什么真才实学。赵括被任命之后，赵括的母亲就找到了赵王，说自己的儿子不是块打仗的料，要赵王收回成命。可是赵王哪听她妇人之见。后来，丞相也来进谏，可赵王是吃了秤砣铁了心，根本不理他。

于是，赵括便雄赳赳、气昂昂地来到了长平。秦王一听赵括来了，非常开心，又秘密把名将白起派了过来。赵括上任之后，便改变了廉颇原来的作战方针，坚决要和秦军正面冲突。白起老奸巨猾，故意打了几阵败仗，引赵括前来追杀，却在赵军追赶途中的两侧设下了埋伏。赵括不知是计，带着赵军拼命追赶，结果被白起事先埋伏精兵从侧面截断。赵军就这样被分成了两段，作困兽之斗。无知的赵括这才知道秦军的厉害，可是现在知道未免为时已晚。

赵括被困数十日之后，内无粮草，外无救兵，无奈之下，只有带兵突围。可是，此时的赵军身心疲惫，哪里是秦军的对手。经过一场不算激烈的战争之后，赵括战死了，而他带领的四十万赵军全都被白起活埋了。

经此一役，赵国的国势大大衰弱。不久之后，便被秦国灭了。而纸上谈兵的赵括，也因此成为贻笑千年的笑柄。

趣味链接

诸葛亮挥泪斩马谡

在我国的历史上，能和赵括相提并论的，还有一个就是三国时期的马谡。这马谡本来也算不上什么大人物，可是一部《三国演义》的小说，一出《空城计》的戏曲，使得他以眼高手低、夸夸其谈的形象植根于人们的心目中。最终，因为痛失街亭，在诸葛亮含泪挥刀下，马谡名留千古。

信陵君盗兵符

·侯嬴献计夺兵权·

信陵君姓姬，名无忌，战国时代魏国的王室贵族，是当时有名的政治家、军事家。他和赵国平原君赵胜、齐国孟尝君田文、楚国春申君黄歇并称为"战国四公子"。而后世的人们说起这四个人的时候，又觉得其他三人的名气和威望不及信陵君。这其中和信陵君窃符救赵的事情，有着抹不开的关系。

公元前257年，赵国国都邯郸被秦军所困，无奈之下，赵国的平原君便向魏国求救。赵魏本有姻亲，平原君的妻子正是信陵君的姐姐。魏国接到赵国的求救信号之后，果然立即出兵了。可是秦王一看魏兵来了，就开始吓唬魏王："你要是敢和我作对，我马上就灭了你。"结果，魏王被吓住了，于是就让领兵的将军晋鄙把军队驻扎在邺，处于远处观望之势，实际上没有救赵之心。

平原君又不是傻子，一看到这种状况便着急了，于是就开始责备起信陵君来，毕竟信陵君的姐姐还在赵国，就算魏国不念赵国的存亡，信陵君也该念及骨肉亲情吧？信陵君一听头都大了，他虽是一心想帮助赵国的，可是怎奈魏国却不是他信陵君当家。万般无奈之下，他凑齐了一百辆战车，准备和秦国单挑。

这个时候，信陵君手下一名叫做侯嬴的门客却提出了反对的意见，他认为这样于事无补，用百辆战车来和秦国一战，无异于以卵击石。信陵君心乱如麻，难道真要他眼看着赵国灭亡，看着自己的姐姐惨死不成？原来，侯嬴早就有了应对的计策，那便是盗取魏王的兵符，让晋鄙出兵。

于是问题出现了，首先，怎么样才能拿到兵符？其次，就是就算拿到了兵符，晋鄙要是不出兵怎么办？

对于这些问题，侯嬴早就有了打算，他说当今魏王的枕边红人如姬，因为当年自己的父亲惨遭杀害而郁郁寡欢，信陵君要是帮她报了杀父之仇的话，她肯定会为他偷到兵符。另外，为了防止晋鄙不听使唤，他还向信陵君保举了一个名叫朱亥的大力士，在关键时刻让朱亥击杀晋鄙，夺取兵权。

信陵君依计行事，结果如姬真的为他偷到了兵符。可是到了邺的时候，晋鄙却对信陵君产生了怀疑，于是朱亥看着信陵君的眼色，一举击杀了晋鄙。

晋鄙一死，全军上下自然听从手持兵符的信陵君号令。于是，信陵君精选士兵八万开往前线。与此同时，楚国也派出春申君黄歇救援赵国，在楚、魏、赵三国的联合下，才将秦国击溃，解除了邯郸之围。从此，信陵君名满天下，可魏国他是再也回不去了，于是便交还了魏国的兵权，常年留住在赵国。

趣味链接

鸡鸣狗盗

相传，齐国的孟尝君喜欢招纳各种人做门客，当时号称是宾客三千，也是一位名满天下的人物。一次，为了摆脱秦王的软禁，就让他的手下做出了"鸡鸣狗盗"的事情，所谓"鸡鸣狗盗"，便是偷东西，学鸡叫。世人皆称，孟尝君手下都是能人，可是唐代的韩愈却以此事而感到不齿。他认为孟尝君浪得虚名，手下尽是些鸡鸣狗盗之士，借以讽刺朝中那些没有本事而徒有虚名的人。

墨子

·一场演习平战乱·

墨子，姓墨，名翟，战国时期著名的思想家、军事家、社会活动家，墨家学派的创始人。他主张"兼爱、非攻"的和平、平等思想，于是，当他听说楚国要攻打宋国的时候，便急忙前去劝阻。

墨子来到了楚国之后，便诚恳地对楚王说："楚国土地广阔，方圆五千里，物产丰富，宋国土地不过五百里，地瘦民穷，物产也不丰富。大王为什么有了华贵的车马，还要去抢人家的破旧车子呢？为什么要扔了自己的绣花绸袍，去抢人家的破衣烂袄呢？"

楚王听了之后觉得他说得很有道理，但是却并未打算放弃攻打宋国的计划。原来，楚国出了一个能工巧匠叫做公输班，也就是后世所说的鲁班。他为楚王献上了一种攻打城池的新工具叫做云梯。这云梯因为很高，看起来可以深入云端，因而得此名。而楚王坚持要攻打宋国的另一目的，也是想拿宋国"试刀"。

了解到这个情况之后，墨子便说，我看这云梯也不见得好使，如果大王不信的话，我们可以进行一次简单的演习。

楚王对墨子的话颇感兴趣，于是便叫来了公输班，让他操作云梯和墨子较量一下。于是，墨子把自己的腰带解下来，在地上围成城墙的形状，拿些筷子什么的当做守城的器械。公输班拿些小木条、小木块代替云梯、撞车、飞石等，当做攻城的武器。尽管公输班组织了一次又一次的进攻，可是都被墨子用防御的武器击退了。结果，公输班进攻的办法都用完了，但是墨子的防御措施还有不少没用上。

公输班因为新发明没有起到理想的作用，感到非常生气，于是丢下话来："别高兴得太早，我自然还有对付你的方法，只是我不说。"墨子微微一笑，说："你对付我的方法还是不管用，只不过我也不说。"这样一来，倒把楚王弄糊涂了，忙问怎么回事？墨子便回答道："公输班对付我的办法就是杀了我，这样就没有人能够破他的云梯了。我对付他的办法就是在我来之前，已经吩咐我的三百弟子前去了宋国，所以就算我死了，他的云梯还是不管用。"

楚王听了墨子的话以后，彻底泄气了，于是攻打宋国的计划也就泡汤了。就这样，墨子破了公输班的云梯，而阻止了楚、宋两国之间的战争。

趣味链接

木工的祖师爷鲁班

鲁班出生于世代工匠的家庭，据说他从小就很聪明，曾跟随家里人参加过许多土木建筑工程。后来发现由于缺乏相应的工具，人们的工作效率非常低。于是，在他的潜心研究之下，发明了很多一直沿用至今的木工工具，如曲尺、墨斗、刨子、凿子等。由于成就突出，后世的建筑工匠们就把他尊为"祖师"。

完璧归赵

·蔺相如力抗秦昭公·

战国时期，赵国不知从哪里得到了一块美玉，叫做和氏璧。结果，这个消息不胫而走，传到了秦国的大王秦昭公耳朵里。于是，秦王就派人到赵国，说愿意用十五座城池来换这块美玉。

赵惠王一听很是着急，他知道秦国是虎狼之国，要是把和氏璧交给了秦王，秦王肯定不会给他十五座城池，可要是不给的话，就会得罪秦国。就在这个进退两难的时候，赵王手下一个叫做蔺相如的人说，自己愿意带着和氏璧前往秦国，而且不会让秦王占了便宜。赵王没有更好的办法，于是便让蔺相如带着和氏璧出使秦国。

秦昭公拿到了和氏璧之后，笑得合不拢嘴，可是却只字未提要给十五个城池的事情。蔺相如一见如此，便对秦昭公说，这和氏璧堪称完美，可是却有一点美中不足之处，我来指给大王看。秦王信以为真，把玉璧交给了他。蔺相如一拿到玉璧，就往后退到一根大柱子旁边，不卑不亢地说："赵王诚心诚意派我把和氏璧送来，可是秦王却没有交换的诚意，既然如此，我便将和氏璧带回去。大王您要是硬来，我就将我的脑袋和这块玉璧一同撞碎！"说着，举起玉璧，就要往柱子上撞。

　　秦王生怕蔺相如一时冲动，就连忙赔礼道歉，并叫人拿过地图来，说要把给赵国的十五座城池指给蔺相如看。蔺相如知道这是秦王的缓兵之计，想趁他看地图的时候，抢走和氏璧。于是，他便要求秦王沐浴斋戒三日，以示诚意，才肯将和氏璧给他。秦王无可奈何，只好答应。

　　蔺相如和随从回到住处后，就对随从们说，秦王毫无诚意，必定不会信守诺言，要是把和氏璧给他，不但什么都得不到，弄不好性命也得丢在这里。于是，就命其中的一个人打扮成买卖人的模样，带着和氏璧从小路回到了赵国。

　　三日之后，秦王举行了隆重的仪式准备接收和氏璧。可是这个时候，蔺相如却对秦王说："秦国自穆公以来有二十多位君主，可没一个是讲信用的，我担心被大王欺骗，已经把和氏璧送回赵国去了。"秦王大怒，就要斩了蔺相如和他的随从。可是蔺相如却从容不迫地说："赵国是弱国，不敢欺瞒秦国，只不过秦国要是想强抢和氏璧的话，那么赵国的子民必定誓死相抗。若您真心诚意交换，不妨先割给赵国十五座城，赵国得到十五座城以后，绝不敢不把璧交出来。"

　　秦王非常愤怒，可是见蔺相如视死如归的样子，心想杀了他也没用，还落下了个恶名。于是就把蔺相如放回去了。

　　蔺相如"完璧归赵"，既保住了和氏璧，又不至于让秦国有借口攻打赵国，因而声名鹊起，被全国人民所称颂。

趣味链接

和氏璧

　　相传，和氏璧在被雕琢之前是一块毫不起眼的璞石，楚国一个叫卞和的人得到之后，看出了它的潜在价值，于是便将它献给了楚王，可是楚王的工匠有眼无珠，说它不过是块石头，结果，楚王就以欺君之罪斩了卞和的左腿。后来新王继位之后，卞和又去献宝，可又被斩去了右腿。到楚文王即位后，卞和不敢再献宝了，整日在城门脚下痛哭，可恰好被楚文王看见了。楚文王问清了缘由之后，便命人剖开璞石，发现果然是内有乾坤，仔细雕琢之后，才成了后来的和氏璧。

商鞅变法

· 秦国开始走向繁荣富强 ·

战国时期，秦国在孝公继位之前，因为地理偏僻，无论是在经济上还是政治上都远比不上赵、韩等国。秦孝公为了改变这种贫穷落后的面貌，决定广泛招揽人才，寻求富国之路。

一个叫商鞅的人听到这个消息之后，就满怀希望地前来晋见。他见到秦孝公之后，和秦孝公大谈改革之道，深得秦孝公之心。一番商讨之后，秦孝公决定破格录用商鞅，让他实行变法。然而，当时秦国的贵族们却害怕变法之后会损害到他们的利益，于是坚决反对。他们的借口就是法律源自先祖的规定，怎能说改就改？而商鞅针对当时秦国的国情和当时的"国际形势"进行了深刻地分析，最终将贵族们的观点一一驳倒。秦孝公便授予商鞅改革的大权，在全国推行变法。

商鞅认为，变法固然重要，但是更重要的是，让人民相信新法会被彻底实施。为此，商鞅在都城的南门竖了一根三丈来长的木头，并在城门上张贴告示，上面写着：谁要是能把这根木头扛到北门去，就给他十金的奖赏。

不一会儿，这里就聚集了很多人，大家议论纷纷，可是没人动手。商鞅有点着急，于是就把赏金加到了五十金。五十金对于一个普通的农民来说，可是一个大数目啊！正所谓"重赏之下，必有勇夫"，结果终于一个人走上来，把这根木头扛起来从南门往北门走。一路上，很多群众都在围观，看他是不是真的能得到五十金的奖励。到了北门之后，商鞅果真说到做到。这时，人们都开始相信商鞅了，很快，这件事情就传遍了全国。

商鞅眼见时机成熟，于是就将新法颁布下来。新法的内容主要包括两个方面：经济上，鼓励人民开荒为田，废除井田制，实行土地私有化；推行重农抑商的政策，规定生产粮食和布帛多的，可免除本人劳役和赋税，要是因重商而轻农或懒惰而导致贫穷的人，全家都要罚为做官府的奴婢；统一度量衡，从而确保国家的赋税收入。政治上，把秦国的首都从雍城迁到咸阳；把全国分为三十一个县，由中央直接委派专人进行管理。实行军功爵制，废除了旧世卿世禄制，今后将根据军功的大小授予爵位，官吏从有军功爵的人中选用。

经过商鞅变法以后，秦国开始逐渐强大起来。到了战国后期，秦国已经成为诸侯国中最强大的国家，为后来秦始皇统一六国奠定了坚实的基础。

趣味链接

车裂之刑

商鞅变法虽然使秦国强大起来，可是严重地损害了秦国贵族们的利益。秦孝公死后，商鞅失去保护的屏障，遭到贵族们的诬害，结果被车裂而死。所谓车裂，就是把人的头和四肢分别绑在五辆车上，套上马匹，分别向不同的方向拉，这样把人的身体硬撕裂为五块。有时也不用车，而是用马或是牛直接来拉，是一种十分残酷的刑罚。

精明的 吕不韦

·人生最重要的一次"投资"·

　　吕不韦，姜姓，吕氏，名不韦，是战国末年著名的商人、政治家、思想家。他原是个富甲一方的商人，后来成为秦国重臣，把持秦国朝政数十年。而这一重大转变，就源自他最成功一次的"投资"。

　　吕不韦当年四处经商，一次来到赵国的首都邯郸，无意间遇到了作为赵国人质的异人，也就是秦国太子安国君的儿子。吕不韦认为"奇货可居"，于是就主动和他结交。当时，异人在邯郸的生活非常清苦，又因为秦、赵两国之间的战争连生命安全也时常受到威胁。于是吕不韦就常常资助他的生活，还把自己心爱的一位美女送给了他。

　　从此，吕不韦和异人就成了好朋友。一次，吕不韦和异人喝酒的时候，吕不韦就对异人说："你们秦王宠爱华阳夫人，可是华阳夫人不能生育是天下皆知的事情。要是你能讨得华阳夫人的欢心，别说逃离赵国，就是将来有一天荣登大宝也不是件不可能的事情啊！"异人听到这话，心里也很是激动，可是马上又黯淡下来，说："你说的一点也不错，可是我无钱又无势，怎样讨得华阳夫人的欢心呢？"吕不韦马上正色道："我吕不韦有的就是钱，要是我能帮得上你的话，你尽管开口。"异人感激涕零，于是许诺，要是他能得天下的话，一定不会亏待吕不韦。

于是，吕不韦就假借经商来到了秦国，买了许多珍珠宝贝，送给华阳夫人和她姐姐。华阳夫人的姐姐收了礼物后，答应做异人的说客。她对华阳夫人说："妹妹你现在年轻美丽是非常得宠，可是你不能生儿育女，等你到你人老珠黄的时候，可怎么办啊？"华阳夫人觉得有理，于是就问姐姐是不是已经有了什么良策。姐姐便说："我的确是有一个好办法，那就是认异人做个干儿子，然后再让他做安国君的继承人。这样你终生将享受荣华富贵。"华阳夫人听后，深有同感，于是就千方百计在安国君说异人的好话。后来异人被赵国送回了秦国，就成了

吕不韦

安国君的继承人。

秦昭王去世之后，安国君继位不久也死了。于是，异人就成了秦国的王，即秦庄襄王。庄襄王一继位就立马封华阳夫人为太后，而吕不韦这时也被封为秦国的国相。

吕不韦任国相期间，对内发展生产，整军备战，对外则保持了扩张的势头。在他的扶持下，秦国的国力日益强盛，统一天下已经成为不可避免的大趋势了。

趣味链接

《吕氏春秋》

《吕氏春秋》又名《吕览》，是吕不韦的三千门客所作，全书内容以儒、道思想为主，又汇集名、法、墨、农及阴阳等众家之言，构成一个独特的统一体系，其中保存了许多先秦学说，古史旧闻及天文、历算、音律等方面的古史资料，是杂家的代表之作。

荆轲刺秦王

·壮士一去不复返·

战国末年，秦国攻克赵都邯郸之后，紧接着挥军北上，兵锋直指燕国南界，燕国的天下岌岌可危。就在这时，燕国的太子丹，为了阻止秦军来犯，决心寻求一名刺客来刺杀秦王。

不久后，他物色到了一个合适的人选，名叫荆轲。为了能够接近秦王政，荆轲建议带着樊于其的人头和燕国督亢的地图献给秦王，然后借机行刺。原来，樊于其曾经是秦国的将军，后来在与赵国的一场战争中，败给了赵国的李牧，因为害怕秦王怪罪，便逃到了燕国。秦王因此非常气愤，便昭告天下：凡是杀樊于其者得秦王重赏。

太子丹不忍杀樊于其，于是荆轲就在私下里找到了他，并告诉他实情。樊于其明白了事情的原委之后，便一剑割下了自己的脑袋。

于是，荆轲带着樊于其的人头和燕国督亢的地图去拜见秦王。据说，他在离开燕国的路上，反复吟唱着一首"风萧萧兮易水寒"的词曲。

秦王政得知有人提着樊于其的人头来见他，自是非常高兴，便召来人前来进见。于是，荆轲就这样来到了秦王的身边，在献出了樊于其的人头之后，他又献上了督亢的地图，就在地图慢慢被打开的时候，突然出现了一把匕首。

这把匕首是太子丹为荆轲精心准备的，不但锋利无比而且有剧毒，只要一碰到秦王的身体，秦王就会立马倒地身亡。

可是秦王不是傻子，一见到匕首之后就吓得跳了起来。尽管荆轲抓住了他的袖子，可是秦王的力气实在是太大了，袖子被他挣断了。于是，荆轲不停地向前追，而秦王不停地往后退。退到退无可退的时候，秦王就绕着柱子跑，两个人像是马灯似的直转悠。

而在秦王身边的官员全都手无寸铁，而台阶下的武士，按秦国的规矩，没有秦王命令是不准上殿的。

荆轲刺秦王

这时，官员中有个伺候秦王的医生，急中生智，拿起手里的药袋朝荆轲扔了过去。结果就在荆轲一扬手的瞬间，秦王拔出宝剑，砍断了荆轲的左腿。而就在荆轲倒下去的一刹那，将手中的匕首使劲朝秦王政掷过去，只听"嗡"的一声，匕首射在铜柱上，直冒火星儿。

秦王政见荆轲没有了武器，于是便又上前给了荆轲几剑。荆轲眼见着自己失败了，不怒反笑，大笑不止，结果就在这大笑声中，被冲上来的士兵结束了生命。

趣味链接

张艺谋·《英雄》

我国著名导演张艺谋，曾以"荆轲刺秦王"为原型，拍摄了一部讲述刺秦的电影《英雄》。剧中一个叫无名的英雄一心刺杀秦王，在得知秦王政要统一天下的大志之后，毅然放弃了刺杀的机会，因为他明白，统一是大势所趋，更是避免天下战乱的最佳方式。从这部电影看来，张艺谋对于荆轲刺秦王有着另一层更为深刻的理解。或许，荆轲也有着不为人知的另一面。

第四章
秦、两汉

秦始皇一统天下

·建立了我国历史上第一个大一统王朝·

  秦始皇姓嬴，名政，十三岁继承王位，二十二岁开始亲理朝政，铲除了把持朝政的吕不韦、嫪毐等人后，重用李斯、尉缭等贤臣，从此，先后消灭了韩、赵、魏、楚、燕、齐六国，在三十一岁之时，建立了有史以来的第一个大一统王朝——秦朝。

  作为战国晚期最有实力的国家，秦始皇亲政之始，就是开始了统一全国的规划，他听取李斯的建议，采取由近及远、逐个击破的作战方针。可是实施这个作战计划之初，就发生了一点儿意外，那就是韩国的一个叫腾的郡守投靠了秦国。腾对韩国了如指掌，秦始皇在他的帮助之下，于公元前230年，轻而易举地攻破了韩国。

  之后，秦始皇便按照原计划进攻赵国，当时六国当中，赵国实力雄厚，又有名将李牧坐镇，所以，秦始皇在进攻赵国的时候，非常不顺利。尽管多次出兵，可往往都是无功而返。在公元前229年，秦始皇趁赵国发生大地震和大灾荒，再次向赵国发动了进攻。可是，赵国的城池却因李牧的存在而固若金汤，结果这场战争僵持了一年，也丝毫未见任何转机。后来，秦军使出"反间计"说李牧要造反，赵王信以为真，派人将李牧暗杀。李牧一死，赵国再无良将。终于在公元前228年，赵国都城邯郸被秦军攻破，赵王被迫降秦。

秦国在灭了赵国之后，与之临近的燕国惊慌不已，于是燕太子丹命荆轲刺秦王。荆轲失败之后，秦国向燕国发兵，尽管没有直接灭了燕国，可这时的燕国已经是名存实亡。

统一了北方，秦始皇开始南征，首先进攻的就是魏国。魏国不敌，向齐国求救，可是齐国却置之不理。于是在公元前225年，秦国将领王贲攻入魏国首都大梁，生擒了魏王。

秦始皇并没有因为楚国没有助魏而放弃攻打，在灭魏之后，命令李信和王翦率二十万军队进攻楚。老将王翦认为，楚国仍有一定的实力，二十万军队不足于取胜，可是秦始皇不听，王翦一怒之下就告老还乡了。结果，李信所带领的二十万军队被楚将项燕打败。这时，秦始皇才知道王翦的看法是很高明的。于是，就找回了王翦让他率领着六十万大军攻楚。经过数日的激战之后，楚军死伤殆尽，楚将项燕也力战而亡。

曾经辉煌一时的战国七雄，现在只剩下了秦、齐两家，而秦始皇灭齐，已经是势在必行的事情了。原本，从春秋到战国中期，齐国一直是个较为强大的国家，可是在公元前284年，因为燕、赵、韩、魏、楚五国攻齐，尤其是燕将乐毅横扫齐国，令齐国差点亡国。之后，齐国一直没有复强。所以，在秦军打来的时候，齐国未做任何抵抗就投降了。

至此，战国时代正式结束，取而代之的是一个全新的、前所未有的王朝。

趣味链接

"皇帝"的称号从何而来

使用"皇帝"称号的秦始皇是千古第一人。因为他完成了中国历史上未有过的统一，所以他自认为功劳胜过先贤"三皇五帝"，于是取众贤的合成，称为"皇帝"。我国的历史也因出现了这个从未有过的"皇帝"而改写，明代思想家李贽更誉其为"千古一帝"。

孟姜女哭长城

· 传说长城因此倒了八百里 ·

战国时期，燕、赵、秦三国经常受到匈奴的骚扰，为了保障自己的安全，三个国家都在和匈奴交界的地方修筑了长城。秦始皇统一全国之后，就派大将蒙恬将原先三国的长城连接起来，用以加强北方防御。民间流传孟姜女的故事，就是从这个时候开始的。

相传，一户孟姓的人家没有子女，后来在自家种的瓜中得到一个可爱的小女孩，老两口非常喜欢，就把她当成自己的女儿来养，还为她取名为孟姜女。

等到孟姜女长大之后，秦国就开始在抓壮丁修长城了。有个叫万喜良的书生，为了躲避官兵的搜捕，就逃到了孟家女的家里。恰巧被孟姜女撞见了，就问他是谁，要是不说的话，她就报官。于是，万喜良便一五一十地回答了。后来，孟姜女的父亲见万喜良长得眉清目秀，又知书达理。于是，就想将孟姜女嫁给他，孟姜女没反对，万喜良也乐意。于是，择了个良辰吉日，便将二人的喜事给办了。

可是，就在小两口的甜蜜生活才开始的时候，一伙衙役突然闯了进来，二话没说，就把万喜良拉去修长城了。

万喜良被抓走之后，孟姜女就一直在家哭，哭啊，哭啊，就哭了一年。可是，万喜良连个来信也没有。孟姜女放心不下，于是收拾了行装，便要去长城寻找丈夫。她爹妈看她那执拗的样子，拦也拦不住，就答应了。

从此，孟姜女就踏上了千里寻夫的道路。有一天，她觉得自己已经走得很远了，于是就问一个白发的老人："这儿离长城还有多远？"老人说："远得很啊，离这里至少十万八千里。"孟姜女心暗下决心："就是长城远在天边，我也要走到天边找我的丈夫！"

不知道过了多久，孟姜女终于走到了修建长城的地方，于是她就向那里的工人打听：您认识一个叫做万喜良的吗？可是，打听一个又一个，人家都说不知道。邻村一个修建长城的人认出了孟姜女，便对他说：万喜良不在这里，我带你到和万喜良一块修长城的邻村老乡那里去问问。结果，那个邻村的人吞吞吐吐地说：万喜良上个月就已经累死了。

孟姜女悲痛万分，不禁地大哭了起来，哭啊，哭啊，直哭得风云变幻，忽然间，只听得一声巨响，仿佛天崩地裂。原来是长城倒了，倒了八百里。

虽然这只是个传说中的故事，可是故事里面透露着无尽的辛酸。秦始皇的残暴统治使得天下出现过无数的"万喜良"，而"孟姜女"最终哭倒的将不会是长城，而是秦王朝的大好河山。

趣味链接

焚书坑儒

秦始皇在位期间，不但大肆剥削劳动人民导致天怒人怨，而且还为了麻痹人们的思想而焚书坑儒，结果毁掉了许多典籍，造成了中国文化史上难以弥补的损失。所谓天作孽犹可恕，自作孽不可活。他这样残忍专制，就注定了秦朝天下的灭亡。

李斯留书《谏逐客令》

·劝说秦王政废除外逐客卿之令·

李斯，字通古，战国末年楚国上蔡人，曾经师从荀子学习帝王之术。学成之后，他就来到了当时实力最为强大的秦国。

在秦国的前一段时间，李斯在丞相吕不韦手下做客卿，因为才华出众，被吕不韦授予秦国的官职。可是，吕不韦把持朝政多年，秦王政对其非常不满，于是在亲政之后，便逼死了吕不韦。吕不韦一倒台，秦国的一些贵族、大臣议论起来，说列国的人跑到秦国来都目的不纯，秦王政深有同感，于是下了一道驱逐外族的逐客令，而李斯也在其中。

李斯倍感无奈，为了让秦王政收回成命，特意写了一封信呈给秦王，这就是有名的《谏逐客令》。他在信中说："我听说秦国的大臣们要驱逐外来的客卿，但我反观秦国的历史觉得这是没有道理的。从前秦穆公求贤人，从西方的戎请来由余，从东方的楚国请来百里奚，从宋国迎来蹇叔，又任用晋国的丕豹、公孙支。正是有了这五个客卿，秦穆公才兼并了二十国，称霸西戎。到秦孝公时期，他重用了魏国的商鞅推行变法，这才使得秦国国富兵强。为了拆散六国的合纵连横，秦惠王用的是张仪；而为了削弱贵戚力量，加强王权，秦昭王用的是范雎。这四代君王都是由于任用客卿，对秦国才作出了贡献。客卿难道都是罪大恶极的吗？如果这四位君王也下令逐客，只怕秦国就没有现在这么强大。"

此外，李斯还说，秦王的珍珠、宝玉并非全都产于秦国，美女、好马、财宝也都是外来之物。秦国如果只要自己的东西，那么将会失去很多好东西。如果说，秦王舍不得将那些好东西抛弃，却为何偏偏要将客卿们全都赶走？难道大王看重的只不过是一些外表华丽的东西，而不重视有着真才实学的人才？要是这样的话，其结果只能是加强了其他各国的力量，而不利于秦国的统一大业！

秦王政看了李斯的信之后，觉得很有道理，于是连忙派人把李斯从半路上接回来，恢复他的官职，同时还取消了逐客令。

得到了秦王政的赏识之后，李斯充分显示出了他的政治才能和军事才能，为秦国统一全国作出了不可估量的贡献，同时在促进秦朝经济和文化发展等方面也屡建奇功。唯一美中不足的是，他后来推行"焚书坑儒"成了一个备受争议的人物。

趣味链接

郑国渠

郑国渠西引泾水，东注洛水，长达三百余里，泾河从陕西北部群山中流出，流至礼泉进入关中平原，不仅可以最大限度地控制灌溉面积，而且还形成了全部自流灌溉系统，可灌田四万余顷。而这样一项的宏伟工程，就是在战国末期，韩国怕被秦国灭掉而派到秦国的水工郑国鼓动修建的，目的在于削弱秦国的人力和物力，牵制秦国的东进。

大泽乡起义

·历史上的第一次农民起义·

公元前 209 年，陈胜、吴广在大泽乡举行了有史以来的第一次农民起义，为以后各地反秦势力的崛起打响了第一枪。

在这一年的七月初，阳城的两个官兵，押着九百名民夫送到渔阳去防守。为了偷懒，这两个官兵就从壮丁中挑了两个个头大的，帮他们管理其他人。这两人一个叫陈胜，一个叫吴广。

当他们到达大泽乡的时候，正赶上倾盆大雨，无法前进，众人只好安营扎寨。夜晚的时候，陈胜就和吴广商量，这里离渔阳还有好几千里，现在又连下大雨，看来我们是不能如期达到了。可是这秦王的法律太严格，我们误了时间就得被斩首。难道我们就这样赶过去送死吗？

吴广听了也很是忧愁，于是建议逃跑。可是陈胜却说，跑了被抓是死，造反也是死，与其这样，倒不如大干一场。天下的百姓受够了秦国的苦，这秦二世本也不该当皇帝的，太子扶苏才是天下之主；还有楚国的大将军项燕，非常受人民爱戴，现在是死是活还是个谜。要是咱们借着扶苏和项燕的名义，号召天下，天下的人们一定会来响应我们。

吴广非常赞成陈胜的主张，为了让大伙儿相信他们，他们将一条写着

"陈胜王"的白布条塞进鱼嘴里。当人们剖开了鱼肚，发现了这块绸子上面的字时，感到十分惊奇。

到了半夜，吴广又偷偷地跑到营房附近的一座破庙里，点起篝火，装狐狸叫，让人们误以为是狐仙在作怪，接着喊道："大楚兴，陈胜王。"

第二天，大伙儿看到陈胜，因为最近的这些怪事，再加上陈胜平日待人和气，就开始对他非常敬畏。

一天，吴广趁两个军官喝醉了酒时，故意对他们说，反正误了期，就让大家散伙回去吧。那营尉一听这话，就怒不可解地拿起军棍责打吴广，还拔出宝剑来威吓他。吴广乘其不备，将宝剑夺了过来，顺手将他砍翻在地。这时，陈胜也赶上去，把另一个营尉杀了。

陈胜不失时机地对大伙儿们说："男子汉大丈夫不能白白去送死，死也要死得有个名堂。王侯将相，难道是命里注定的吗？我不服，你们服吗？"

大伙儿一齐高喊说："不服，我们不服，你带着大伙儿干吧！"

陈胜叫弟兄们搭个台，做了一面大旗。旗上写了一个斗大的"楚"字。九百多条好汉，就以两个营尉的头对天起誓，同心协力，推翻秦朝，他们公推陈胜、吴广为首领。这九百多人就是民间的第一股反秦势力，历史上将这次起义也成为"揭竿而起"。

趣味链接

苟富贵，无相忘

陈胜少时曾对身边的同伴说：苟富贵，无相忘。意思是哪天我发达了，是不会忘了你的。然而，可在陈胜称王之后，却变得自高自大、嚣张跋扈。以前的穷朋友前来看他，说起了他当年贫贱时的事情，他觉得这是在丢他的脸，于是就将这个穷朋友给斩了，吓得以前的朋友都逃走了。不仅如此，他为了提高自己的权威，不惜对自己部下任意杀戮，结果闹得众叛亲离，从而削弱了起义军的力量。

指鹿为马

·赵高阴谋篡位前的闹剧·

秦二世胡亥做了皇帝之后，赵高为了铲除异己，便对胡亥进谏谗言，借机杀害了大批忠良之士，这其中，就包括丞相李斯。李斯一死，赵高就做了丞相，成了秦朝政权的大独裁者，其族人、亲信也都被安插在重要的位置。

后来，野心勃勃的赵高，对于丞相的位置还不满足，竟然想篡夺皇位。可是，他不知道在朝中有多少人站在自己这一边，不知道还有多少人敢和自己作对。于是，他想出了一个办法，准备试一试自己的威信，同时也可以摸清敢于反对他的人。

在一次上朝的时候，赵高命人牵来了一只鹿，便对秦二世说："陛下，我献给您一匹千里马。"秦二世虽然昏庸，但是还不至于瞎了眼，心想：这明明是一头鹿啊！于是，便笑着对赵高说："赵丞相你弄错了，这哪里是马，分明是头鹿嘛？"赵高面不改色心不慌地说："请陛下看清楚了，这的的确确是一匹好马。"可秦二世怎么看都不像，就将信将疑地说："马的头上怎么会长角呢？"赵高一看时机到了，就说："陛下，你要是不相信微臣的话，你可以问问诸位大人，这到底是鹿还是马？"

大臣们一听，知道赵高要搞什么鬼。于是，那些胆小怕事不敢得罪赵高

指鹿为马

的人，都低下了头，不敢说话。而那些平时就给赵高拍马屁的人，就一个劲儿地说是马。当然也有一些正直的人说这就是一头鹿，可是这样的人实在不多。

看到这样的情况之后，赵高觉得他当皇帝的机会到了，那几个为数不多的忠良大臣，也被他通过各种手段，纷纷治了罪。

不久之后，赵高就找了个机会，派人把秦二世给杀了。可是他怕大臣们不服，终于没有敢自己即位做皇帝，而是把二世皇帝的侄儿子婴抬出来继承了皇位。

子婴继位以后，表面上对赵高臣服，但是在内里却想除掉这个大奸臣。后来，子婴在完全得到赵高的信任之后，借机派亲信太监韩谈把赵高骗进宫来给杀了，并且灭了他的三族。野心家赵高终于得到了应有的惩罚。

趣味链接

卡里古拉

卡里古拉是罗马继屋大维之后，出现的第二位暴君，相传他在位期间，也曾干过"指鹿为马"的事情。他曾牵着一匹马到元老院，说要提名这匹马为元老之一。他的意思和赵高一样，就是向元老院发出挑战，结果元老们不敢反对，纷纷要求离开元老院，不愿与其为伍。

霸王起兵

·瓦解了秦王朝的天下·

秦朝末年，各地都举起了反对暴秦的义旗，吴中的项梁、项羽也乘机杀了会稽郡守殷通，率领着吴中的八千子弟起兵响应。

项梁是楚国大将项燕的儿子。楚国被灭亡后，项燕兵败自杀，项梁一直想恢复楚国。项羽是项梁的侄子，从小父母双亡，是项梁一手抚养长大的。据说，项羽自小熟读兵书，对兵法很感兴趣。有一次，项梁叫他练功，可是项羽不愿意，他说功夫练得再好，厉害的也只是一个人，他要练就练能通统领天下兵马的功夫。项梁觉得他很有志向，于是就教他兵法。

项氏叔侄起兵不久，秦将章邯就率军攻打陈胜的起义军。项梁连忙带兵前去营救，结果在定陶的一场大战中，项梁兵败被杀。于是，项羽、刘邦、吕臣等将领只好退守到彭城一带。

章邯杀死项梁以后，就会军渡过黄河，接着对自称赵王的赵歇发动进攻。结果，赵歇不敌，被逼退守到巨鹿。章邯派部将王离等人紧跟其后，将巨鹿团团围住了。情急之下，赵歇派人向楚怀王和其他反秦势力求救。于是，楚怀王命宋义为主将，项羽从旁协助，北上救赵。

然而，当宋义带兵进到安阳后，看到秦军声势浩大，就作壁上观，驻扎下来不再往前走了。项羽见形势非常危急，就向宋义建议急速渡河，与赵军内外夹攻。可是宋义根本就不理他，还说他不懂用兵之道。项羽知道宋义不敢与秦军一战，气愤不过，就出去了。宋义为了警告项羽要服从他的军令，还在帐前下了一道命令："不服军令者，斩！"

结果，项羽忍无可忍。一天早上，他冲进主将的营帐，二话不说，一剑砍劈下了宋义的脑袋，然后向全体将士宣布说：宋义想要降秦，因此数日不战，我已经接到怀王的指令将他斩了。宋义一死，项羽就成了军中的主将，于是率领兵渡河，解救巨鹿之围。

渡河后，项羽让每个士兵身上带三日的干粮，砸了做饭的锅具，凿沉了渡河的船只，要和秦军决一死战。很快，项羽指挥楚军包围了王离的军队，同秦军展开了九次激烈的战斗。楚军奋勇争先，以一当十，终于把秦军打败，活捉了王离。"巨鹿之战"中，项羽率楚军击溃了秦军主力，扭转了整个反秦战争的局势。

而经此一战，项羽名震天下，各方的反秦势力相继前来归附。可后来，项羽杀了楚怀王，而导致人们的不满，实在是一个不明智的决策。

趣味链接

作壁上观

赵歇被困巨鹿，前来救援的各路兵马扎下营垒，按兵不动。当项羽率先与秦军激战的时候，他们仍是袖手旁观，坐山观虎斗。因此，司马迁在《史记》中描写道："及楚击秦，诸将皆从壁上观。"壁，就是营垒的意思。后"作壁上观"就被用来比喻坐观成败，不肯出力帮助争斗者中的一方。

沛公斩白蛇

·刘邦是这样起兵的·

刘邦，字季，号沛公。秦朝末年，他在沛县起兵反秦，后与项羽争夺天下，是大汉王朝的建立者，史称汉高祖。

据说，刘邦自小不爱读书，也不喜欢从事生产，是个小地痞一样的人物，可是他有一个优点，就是豁达大度、好义爱仁。所以，尽管他并不怎么优秀，但在当地的人缘却很好。刘邦长大后，试着到官府去求职，最终当上了泗水亭长这样一个芝麻绿豆大的官儿，并因此结识了很多人。

有一次，刘邦押着一批民夫到骊山去。可是一路上，总是有人不断逃跑。后来，有人在逃跑的时候被刘邦抓住了，那人就说："大人啊，人们都说到了骊山的人去了就回不来，我知道您心地善良，您放了我吧。"刘邦听他一说，非常怜悯他。于是就放了他，叫他带着大伙儿一起逃跑。很多人看到刘邦如此仗义，不肯离开他，愿意跟他一块儿寻找出路。于是，刘邦便带领大家逃亡。

相传，在他们逃亡的途中，遇到了一条拦路的大蛇，通体雪白。刘邦为了能使人们顺利前进，就带着佩剑，前去斩了它。此后，就常听人说，有个老妇人经常在刘邦斩白蛇的地方哭泣，说自己的儿子白帝，也就是那条白蛇，被他的死对头赤帝给斩了。

很快，这件事情就在民间流传开来。人们都认为刘邦是赤帝转世，开始对他非常尊敬，很多有志之士也前来投奔他。

后来，陈胜、吴广起义后，天下响应，各地百姓都杀了地方长官来接应起义军。当时沛县的县令看到这种情况以后，感到非常害怕，打算投降陈胜的起义军。可是他手下的官吏萧何和曹参却怂恿他乘机起事，县令就听他们所言，并派樊哙联络刘邦。刘邦带领手下来后，县令却后悔了，担心刘邦兵变，于是闭城坚守，并要捕杀萧何、曹参等人。萧、曹等投靠刘邦。于是，刘邦就说："秦朝的天下就快完了，沛县早晚会被义军攻破，大家不如先把县令杀了，响应陈胜起义，这样才可以保住你们的家人老小。"城中的百姓听信了他的话，于是就依他所言，开门迎刘邦进城。

刘邦就在沛县，祭告炎帝和蚩尤，用牲血祭旗祭鼓，揭竿起兵，响应天下起义大势。在萧何、曹参、樊哙等人的建议下，开始以沛公为号，广招天下兵马。他们很快攻下了胡陵和方与，然后据守丰邑，以丰邑作为反抗秦朝暴政的根据地。后来，刘邦率兵投奔了项梁和项羽，成为秦末战争中的一支重要军事力量。

趣味链接

流氓皇帝

根据《史记》所载，刘邦原只是个地痞流氓，平时好吃懒做不事生产，又喜欢喝酒，贪恋美色，他的父亲都嫌弃他。然而，在秦末大乱之际，刘邦以一个这样的地痞流氓身份开始混起，最终取得天下。他逼着骁勇无敌的项羽自刎，让韩信、彭越、英布等一代英杰为其所用，功成之后，又兔死狗烹，将其斩于刀下。这一段历史，让人颇为感慨。

鸿门宴

·项羽为杀刘邦而准备的晚餐·

秦朝末年，刘邦和项羽各率义军反秦，并在楚怀王面前约定：谁先进入咸阳，就立谁为王。相较项刘的实力，项羽的实力远胜刘邦，关中王本应是他的囊中之物。可是，刘邦却趁项羽在巨鹿力战章邯的时候，先行一步，进入关中。项羽勃然大怒，引兵驻扎在新丰鸿门，紧逼咸阳城下。

这时，项羽的叔父项伯听说要杀刘邦，他担心自己的好友张良受到连累，就连夜来到刘邦的军中，让张良逃走。张良将情况告诉给了刘邦，刘邦担心不已，就在张良的陪同下，会见项伯，再三说明自己没有反对项羽的意思，请项伯帮忙在项羽面前说句好话。为了让项伯相信，他还说以后等他们都有了子女，就定为亲家。项伯答应替他说服项羽，并且叮嘱刘邦要亲自向项羽赔罪。

第二天一大早，刘邦带领张良等一百多人来到鸿门，当面向项羽谢罪，为以防不测，还带了勇猛无比的樊哙。刘邦一见项羽，便痛哭流涕道："项王明鉴，您为破秦立下了汗马功劳，我怎敢和您争夺关中王？我虽然先入了关，但除了与民约法三章外，其他的什么也没做，为的就是让您来接收啊！再说了，我有幸能和项王结为异姓兄弟，我又怎能做出这等不顾兄弟情义的事情，让天下人来耻笑我。请将军不要听小人之言，一定要明察实情。"

项羽听后，颇为高兴，朗声大笑说："我原来并没有怀疑你，只不过曹无伤前来告密说你谋反，我这才怀疑你的。"说完，便让刘邦坐下来和他一起饮酒。

项羽身边有一个极为厉害的谋士叫范增，刘邦能骗得过项羽，但是骗不过他。于是，当范增发现项羽已无杀刘邦之心的时候，便让手下一名叫项庄的武士上殿舞剑助兴，借机刺杀刘邦。项伯见到项庄舞剑志在沛公的时候，便拔剑与其对舞，实则暗中保护刘邦。张良也是位极为厉害的人物，他看出范增今天志在铲除沛公，于是便让刘邦假借上厕所逃了回去。

估计刘邦已回到灞上，张良这才面告项羽："沛公不胜酒力，不能面辞，特委托我献给将军白璧一对，献给范将军玉斗一对。"当项羽问起刘邦为何不辞而别时，张良说："将军与沛公情同手足，当然不会加害沛公。只是将军部下与沛公过不去，总要设法加害。沛公若死，天下人必耻笑将军。为将军着想，沛公才不言而去。"项羽无话可说。

范增一听，当场摔碎了那对玉斗，说了一句："竖子不足与谋!"后来，刘邦率军在垓下打败了项羽，项羽在悲痛万分的情况下，自刎于乌江之边。

趣味链接

衣绣夜行

项羽攻占咸阳后，自封为西楚霸王，定都彭城。但是有人劝说，关中是个易守难攻的好地方，为何不将首都定在这里呢？可是项羽的目光非常短浅，说道："富贵不归乡，如衣绣夜行，谁知之者!"意思就是说，我现在功成名就不回老家，就好比是穿着好看的衣服在晚上走路，谁看得见啊？后来，人们就用"衣绣夜行"来形容有了显耀地位却不为人所知。

残暴的 吕后

· 为政权夺宠杀忠良 ·

吕雉是汉高祖刘邦的结发妻子，人称吕后，她先后用计铲除了韩信、彭越等人，刘邦死后，吕后又篡夺了朝政大权，设计对刘姓的子孙下毒手，先后杀死了赵隐王刘如意、燕灵王刘建等刘邦的八个儿子。其中，吕后杀害赵隐王刘如意和他母亲戚夫人的手段最为残酷，简直令人发指。

原来，刘邦在世的时候，戚夫人非常得宠，她所生的儿子刘如意，在性格作风方面也很像刘邦，是刘邦最喜欢的一个儿子。刘邦在位时，曾多次想废掉太子刘盈，改立刘如意，只是由于大臣们的反对，才没有办成。刘邦死了以后，戚夫人母子两人失去了保护的屏障，吕后就把戚夫人打入冷宫，在她脖子上套个囚犯的铁箍，穿上囚犯的衣服，罚她一天到晚舂米，舂不到一定的数量，就不给饭吃。吕后又把赵隐王刘如意从封地上召到京城里来，准备杀害他。汉惠帝明白吕后的心意，就把刘如意接到皇宫里，暗中保护，令吕后一直未能得手。

可是后来，吕后还是找到了机会。那一天，汉惠帝清早起来去打猎，刘如意因为睡懒觉，没有起来跟着去。吕后就派人送去毒酒，把刘如意害死了。刘如意死后，吕后叫人砍断戚夫人的手脚，挖掉眼珠，刺穿耳朵，灌了哑药，扔进了厕所，管她叫做"人彘"。不久，吕后就让汉惠帝来欣赏自己的"杰作"，结果汉惠帝吓得号啕大哭，因此而卧床一年之久。此后，汉惠帝便一天到晚饮酒作乐，不再管理国家大事，几年之后，就郁郁而终了。

汉惠帝死后，因为没有子嗣继位，吕后就叫人抱来一个宫中美人生的婴儿，假称是皇后所生。于是，这个婴儿做了大汉朝的皇帝，史上称为少帝。少帝只是个傀儡，朝政大权全都掌控在吕后的手里。

此后，吕后为了巩固自己在朝中的地位，就想将吕氏的侄子安排在朝中的重要位置。她想征求右丞相王陵的意见，可是却遭到王陵当面指责。于是，没过几天，王陵便被吕后诬陷，罢免了右丞相的职务，左丞相陈平升取而代之，而左丞相的职位，则是由吕后的亲信审食来继任。

接着，吕后大封吕氏族人。她的侄子吕台被封为吕王，把济南郡作为他的封国，又封吕产为梁王，吕禄为赵王，吕台的儿子吕通为燕王，共封了六个吕家的人为列侯。朝中的大臣们都是敢怒而不敢言，只得由她任意妄为。

等到少帝长大的时候，吕后担心他会对自己构成威胁，就杀了他，又找了个名叫刘弘的小孩来做皇帝，依旧由她执掌朝政大权。刘氏天下，至刘邦死后，可以说是名存实亡了。

趣味链接

中国历史上的当家女人

我国历史上，除了母系社会以外，当家做主的有三个女人，她们分别是汉朝的吕后、唐朝的武则天和清朝的慈禧太后。吕后临朝称制，开创了封建社会女性专政的先河。武则天创造了一朝盛世，是中国历史上名副其实的女皇帝。慈禧太后，垂帘听政，把持朝政数十年，而且在她的手上，断送了清朝的大好江山。纵观三人，各有千秋，而世人较为推崇的还是武则天。

韩信

·寻寻觅觅求明主·

韩信，淮阴人，项刘争霸天下的关键人物，曾封土列侯，是我国历史上著名的军事家、战略家。

据说，韩信常在身上悬挂一把佩剑，四处寻找明主。有一次，几个地痞流氓看见了韩信，就故意来羞辱他，说道："听说你很有本事，整天和别人说领兵打仗的事情，那么现在你敢用你的佩剑把我杀了吗？"韩信没理他们，可是流氓却不肯罢休，拦住了韩信，将他痛打了一顿，还压着他的头从自己的胯下钻过去。韩信真想一剑杀了他，可是想到自己壮志未酬，于是就没有反抗。

之后，韩信便遇到了项梁。项梁死后，韩信便又跟着项羽。可是项羽却很看不起韩信，认为他曾经从别人的胯下钻过，没有什么真本事。后来，韩信多次献纳奇计妙策，均不被采用，韩信很失望，一气之下投奔了刘邦。可是由于他出身低微，同样没有得到刘邦的重视，只是任他为治粟都尉。结果，韩信以为刘邦不肯重用他，于是又失望地离开了。

萧何是一个善于识别人才的人，他与韩信谈过几次话，发现韩信是一个很出色的将才，一听韩信走了，立即策马去追。于是，就有人对刘邦说："丞相萧何跑了。"刘邦震怒不已。

过了一天，刘邦又见萧何回来了，心里又气又高兴，就责问萧何说："你跑了为什么还跑回来啊？"萧何说："我哪里会跑啊？只不过是去追回韩信了。"刘邦又骂道："逃走的将军有十来个，没听说你追过谁，为什么单单去追韩信？"萧何答道："那些逃跑的都是些庸才，追回来也没用。而韩信不一样，他是天下无双的英雄才士。如果只想做汉中王的话，没有韩信也可以，但要是想夺取天下的话，没有韩信则万万不能。"

刘邦非常了解萧何，他知道要是韩信没有真才实学的话，萧何不会这样大力推荐。于是，就举行了一个盛大的仪式，拜韩信为大将军。

韩信做了大将军后，有了充分施展才华的平台，他对刘邦说："项王虽然称霸天下，但违背誓言，杀了义帝，诸侯心里不服，而且楚军残忍，所到之处，全部夷为平地，遭天下人怨恨，早已失去人心。而大王您不同，您入关之后，一点没有侵犯秦地百姓，而是约法三章，深得民心。现在您被赶到汉中，秦地百姓没有不感到遗憾的，如果大王起兵，必定是民心所向，大势所归。"刘邦听完韩信对形势的分析，真后悔没早点发现这个人才。

后来，韩信明修栈道暗度陈仓，一举拿下了三秦，又巧施妙计大破项羽，为刘邦夺得天下，立下了无与伦比的功劳。

趣味链接

"三不杀"之约

据说，刘邦和韩信曾立下"三不杀"之约，即是见天不杀，见地不杀，见铁器不杀。言下之意，就是无论韩信以后犯下什么样的过错，刘邦也杀不了他。后来，吕后杀韩信时，就用一个布袋子将韩信装起来，再将布袋子吊起来。这样，韩信就见不到天，见不到地了。然后用竹签子捅他，结果韩信就这样被捅死了。

萧何的结局

·战战兢兢地走完了一生·

萧何是辅佐刘邦打天下的重要功臣，大汉王朝的第一任宰相。然而在刘邦得天下之后，诛尽了有功之臣，而唯独却没有杀萧何。这是为什么呢？其实，这并不是刘邦没有杀他之心，只不过萧何知道伴君如伴虎，所以每一步都走得小心翼翼。

韩信被杀之后，萧何更得刘邦的器重，除了给他加封以外，还派了一名都尉率领着五百士兵，日夜保护着他的安全。别人都说刘邦对萧何不薄，萧何自己也很是开心。

可是就在这个时候，一个叫召平的人却对萧何说，他就要大祸临头了。萧何感到很是疑惑，就问其原因，他说刘邦现在派人保护是假，监视是真，因为韩信谋反，刘邦现在已经不相信他们了。现在解除危机的方法，就是将全部的家财捐为军用，这样你两手空空，刘邦才不会怀疑你。

于是萧何照做了，结果刘邦果然很开心，还和萧何谈起当年一起征战的事情。可是，这种轻松的关系没有维持多久，又发生了另一次意外。

当时，英布谋反，刘邦正率领着军队在打仗。萧何每次派人为其送去物资的时候，刘邦总是问萧何最近在做什么？来者回答说："丞相无非是做些安抚百姓的事情。"刘邦每次听到这个答案，总是沉默不语。

后来这件事情被萧何的一个门人听见了，就对萧何说，他这样可能会给你带来杀身之祸。萧何问其原因，门人就将这件事情说了，并且分析道："你身为国家的丞相已经很多年了，这些年来，您一直还在为人民办事，可现在皇帝却在外面打仗，他几次问你现在做什么，就是害怕你趁机谋反啊。"萧何听了沉默不语，为了能消除刘邦的疑心，萧何便有意用贱价强卖农民的土地，结果人民都开始抱怨萧何。

刘邦从前线回来之后，听说了这件事情之后，就和萧何说："你就是这样给我管理百姓的啊，看来你也是老了。"虽然，刘邦嘴上是在叹息，可是心中却是窃喜。

经过这一年之后，萧何变得更加小心翼翼。可在晚年的时候，萧何因为刘邦病重而为民请愿，被刘邦关进了监狱，幸亏有忠臣冒死进谏才保住了萧何的老命。

萧何的一生，可谓是战战兢兢、诚惶诚恐，虽然安享了晚年，可是那种担惊受怕的日子，想必也是不好过的。

趣味链接

萧何为什么是大汉王朝的第一功臣

刘邦夺得天下之后，对众将士论功行赏，可是头功却给了未曾立过任何战功的萧何。很多人感到不解。于是，刘邦就说，在我们打仗的时候，萧何为我们安抚百姓，赢得人心，还为我们及时输送粮草。由于萧何的存在，为我们的战争打下了坚实的政治基础和经济基础，这一点是谁也比不上的。因此，汉朝建国的时候，萧何被封为一人之下万人之上的一朝宰相。

晁错削藩

· 引发 "七国之乱" ·

汉朝在汉景帝时期，同姓诸侯势力强大，往往不受朝廷约束，对汉室的中央集权构成严重的威胁。御史大夫晁错见此，便向汉景帝建议削藩。

汉景帝有些犹豫，害怕激起诸侯造反。可晁错说："陛下是多虑了，如果诸侯存心造反的话，就是不削藩将来也会反。现在造反，祸患还小，等将来他们势力雄厚了，再反起来，祸患就更大了。"汉景帝思索良久。终于，"削藩"在汉景帝的默许下，开始执行。

公元前154年，吴王联合楚、赵、胶西、胶东、淄川、济南六个诸侯王发动叛乱，将大军打到了天子脚下。历史上将这次叛乱就称之为"七国之乱"。

七国联军的声势浩大，汉景帝见了，不禁有些怕了，于是他连忙命令周亚夫为太尉，统率三十六名将军去讨伐叛军，保卫汉室正统。

朝廷上有个非常嫉妒晁错的人，觉得这次或许是个除掉晁错的良机。于是，在朝中向汉景帝进言，说这次七国发兵完全是晁错的"削藩"引起的，只要杀了晁错，免了诸侯起兵的罪，恢复他们原来的封地，诸侯们就会平息心中的怒火而撤兵。

这个时候，汉景帝已经六神无主了，竟然听信了这番话，心想："如果他们真能够撤兵，我又怎会舍不得晁错一个人呢？"于是，就将晁错骗入宫中，抓起来给腰斩了。

晁错一死，汉景帝就立马派人下诏书要七国退兵。可七国没有一个听他的，吴王刘濞他们已经连接着打了几个胜仗，夺得了不少地盘，听说要他们拜受汉景帝的诏书，吴王刘濞觉得非常可笑，于是就对来人说道："现在我也是个皇帝，为什么要下拜他？"汉景帝听到后，十分愤怒，这才明白错杀了晁错。

幸亏周亚夫很会用兵，他先把带头叛乱的吴、楚两国打败，这两国一败，其余五个国家也很快垮了。不到三个月时间，七国的叛乱就被平定了。

平乱之后，汉景帝仍旧封了七国的后代继承王位。可是，经过这场战争，诸侯的实力已经明显下降了，无法再威胁到汉室正统，汉朝的中央政权终于巩固下来。

趣味链接

我自横刀向天笑

纵观中国历史上的改革，几乎每一次都是要流血的。于是，商鞅被车裂了，吴起死于铁锥之下，晁错也被腰斩了……到了清朝时期，谭嗣同深知这个道理，于是当康有为叫他一起逃走的时候，他却甘愿为"戊戌变法"而牺牲。在死前，他写下了"我自横刀向天笑"的豪迈诗句。

飞将军 李 广

·受屈引颈自杀·

唐诗里面有一句叫"但使龙城飞将在,不叫胡马度阴山。"这里的"飞将"指的就是汉朝的"飞将军"李广。李广自幼善战,十七岁就投身军中,在汉文帝时期就做了将军,可是生不逢时,一生都没有被封侯。

在汉景帝时期,李广被派到上郡任太守。一次,汉景帝派了一名宠信宦官到李广军中,这名宦官带了几十人出游,不巧在路上遇到了三名匈奴骑士。结果,随行的士兵被匈奴骑士所杀,宦官本人中箭逃回。听到这个消息,李广立即带领百名骑兵追击,亲自射杀其中两人,生擒了一人。

正准备回营,匈奴数千骑兵赶了过来,见到李广等人,以为是汉军诱敌之兵,连忙抢占了一座高地。李广的兵士慌忙欲逃,被李广制止,他说:"此地离营地很远,我们一逃,敌人便知道我们落单,不如坚守此地,他们摸不清我们的虚实,反而不敢进攻"。于是,他令士兵下马解鞍,停在离敌军两里左右的地方。结果,匈奴果真不敢贸然进攻,只派一名将官出阵试探。李广飞马抢到阵前,一箭将他射下马来,然后从容归队。半夜的时候,匈奴怕"埋伏"的怕汉军趁夜袭击,就撤退了。李广和百名骑士有惊无险。

汉武帝继位后,匈奴大举侵犯中原。汉武帝震怒,于是就派李广、卫青

李广射石图

等四人，分四路出击匈奴。匈奴畏惧李广，就将重兵埋伏在雁门，经过一场激烈的厮杀，李广的人马被打散，李广也被活捉了。匈奴人爱惜李广英勇而没有杀死他，想押他回去，李广找准机会逃了回来。汉武帝借兵败之罪将他革职，贬为庶民。

后来，汉武帝见匈奴在几年之内没来骚扰，于是重新重用李广。于公元前119年，李广奉汉武帝之命，协助大将军卫青再次出击匈奴。因为大将军卫青不听他的劝谏，非要让他从东道而行，结果李广在途中迷路，没能及时赶到约定的地方。尽管卫青大胜，可还是以延误军机的罪名责备了李广，李广一时悲愤难当，便引颈自杀了。

这位战功无数的老将军，就这样离开了人世。可是他非凡的勇气、正直的品格却赢得了人们的尊敬，大家都为他以这种凄凉的方式结束一生而悲痛万分。

趣味链接

射石虎

据说，李广在镇守北方边境的时候，有一晚带兵巡逻，忽见前面的草丛在动，李广以为是山中的老虎，于是搭弓射箭，可却未见任何动静。于是，李广又射一箭，可仍然没有动静，疑惑之下，便和手下们前去查看，当拨开草丛，手下们全都傻眼了，只见那几支箭深深地射进了石头里，几个人想拔都拔不出来。

大汉将军 卫青

· 从家奴到将军的一生 ·

　　卫青是汉武帝时期出击匈奴的名将，一生战功无数。在他死后，汉武帝为了怀念这位忠臣良将，就将他葬在自己的陵墓旁边。

　　卫青出身低微，是平阳公主府的一个小家奴，后来姐姐卫子夫进宫，受到汉武帝的宠幸，卫青才得到接近汉武帝的机会。刚开始，卫青在宫中不过是个侍卫，可汉武帝觉得他是个人才，于是在匈奴南下的时候，就任命卫青为车骑将军，领兵前去迎战。结果，卫青攻破了匈奴人祭祖的地方龙城，斩首敌军七百余人，从此得到汉武帝的重用。

　　公元前127年，匈奴的右贤王率领大队骑兵，到汉朝边境烧杀抢掠。汉武帝任命卫青为车骑将军，率领十万大军出征。在这场战争中，卫青活捉了敌军数千人，夺取牲畜一百多万头，从此河套地区为汉朝所控制。

　　因为战功显赫，卫青被汉武帝封为长平侯。在后来的战争中，卫青又屡建奇功，汉武帝为了奖赏他，就将他还在襁褓中的孩子也封列侯。可是，卫青却没有接受，他说："这些战功是我们全军共同努力的结果，我已经受到了陛下的封赏，可是我的手下们却仍是两手空空。现在您将这些功劳分给我身在襁褓而毫无战功的婴儿，这对其他的将士是不公的，也不能鼓励他们以后更加勇猛地作战。"汉武帝明白他的意思，于是收回成命，封赏了卫青的手下。

公元前119年，汉武帝派卫青和他的外甥霍去病各带五万精兵，分两路合击匈奴。经此一战，匈奴主力部队基本上被消灭。此后，匈奴撤退到大沙漠以北，在很长一段时间里再也没有力量侵犯汉朝。恰巧平阳公主要在朝中选夫，于是人们纷纷推荐卫青，可是平阳公主说，卫青以前是我的随从，我怎能嫁给他呢？身边人们就说，卫青现在是大将军，而且屡立奇功，是个百年不遇的奇男子，你不嫁他，难道朝中还有人比他更优秀吗？平阳公主绯红着双颊，低头，微笑而不语。

卫青尽管是皇亲国戚，又是身负战功的大将军，但他从不仗势压人，一直提拔贤才。他的外甥霍去病出山之后，威望就渐渐地盖过了他。可对于从前的风光和现在的冷落，卫青都欣然接受。

但不管是卫青还是霍去病，他们都为汉朝抗击匈奴作出了不可估量的贡献，汉朝也因他们的存在而得以天下太平。

趣味链接

匈奴未灭，无以为家

霍去病是位天才军事家，十八岁领兵出战，二十岁独当一面，他多次抗击匈奴，立下卓越战功。汉武帝要为他建造府邸，他拒绝说："匈奴未灭，无以为家也！"与之类似的宋朝抗金英雄岳飞也曾说过："敌未灭，何以家为？"孙中山在创建中兴会时，曾以"驱除鞑虏，恢复中华"为口号。这些历代豪杰们爱国的激情名言，一直激励着历代为保卫民族独立而战的爱国将士们。

狂人东方朔

·滑稽的自我推荐·

东方朔本姓张，之所以后来改姓东方，是因为他作为一个孤儿，在被捡到的时候，东方正值发白，于是，他的养母就为他改姓"东方"，取名为"朔"。据说，东方朔是一个生性滑稽、举止荒诞的人，所以人们常以"狂人"来侮辱他，可是他并不在意，甚至还引以为荣。

汉武帝继位后，为了广招贤才，便下了一道纳贤的诏书。各地的有识之士，都前来进言，希望能够得到汉武帝的赏识。自小饱览全书又自负的东方朔自然不会放弃这样的机会，于是就向汉武帝送去了一份三千片竹简的"简历"，汉武帝读了两个月才读完。他在自己的"简历"中说自己高大威猛、英俊潇洒，又说自己文武双全，精通用兵之道，是个不可多得的惊世之才。汉武帝觉得他很有趣，就赏了他一个小官。

可是，东方朔却因为不能接近皇上发表他的治国之道而很是苦恼。一次，他在长安看到一个侏儒，就对他说："你马上就会有大难了？"侏儒不解，他便接着解释道："因为皇上说，要杀了全国的矮子。因为你们实在是没用，让你们去种田吧，你们连锄头都扛不起来；要你们去当官吧，你们又没有当官的本领；让你们去当兵，你们更没有上阵杀敌的本领。所以皇上说你们活着只是浪费国家的粮食，干脆全都杀了。"侏儒一听，大哭起来，东方朔说："你别哭，一会儿皇上会从这儿经过，你看见他来了，就去叩头谢罪，说不定皇上会放你一马。"说完，并告诉了他自己的名字。

不久皇上真的来了，侏儒就跑过去跪下来，不断磕头，汉武帝感到很是奇怪，就问他怎么回事。侏儒就一把鼻涕一把眼泪地把事情的经过说了一遍，这时汉武帝才知道这是东方朔的歪点子，于是就将他招来，问他为什么要这样做？东方朔便说："他们这样的侏儒每月能得到的口粮和我一样多，他们吃不掉还有剩余，可是我却吃不饱，大王要是觉得我和侏儒般没用的话，就让我回家算了，但您要是觉得我是个人才，就要给我更好的待遇，让我留在您的身边。"汉武帝一听哈哈大笑，就将东方朔升了官，留在了自己的身边。

由于东方朔自小生活在社会的底层，接触面较广，而且博览全书，所以常常能为汉武帝出谋划策，提出很多有效的建议。因此，他的官越做越大，从待诏公车、待诏金门马，后来一直做到了太中大夫的职位。

趣味链接

驺 牙

据说，在汉武帝年间，皇宫里突然出现了一个奇怪的动物，满朝的大臣们都不知道是何物，于是汉武帝命人把东方朔找来，东方朔看见之后，就对汉武帝说，这种奇怪的动物名叫驺牙，它来到皇宫，说明在不久之后必定有来归附的人。一年以后，果然有匈奴的混邪王带着自己的将士，前来归附汉武帝。

绝唱史家 司马迁

·忍辱著《史记》·

　　司马迁是西汉时期的史官，他为人正直，坚持客观真理，不畏强权，在受到严厉的宫刑之后，仍然自强不息，完成了流芳百世的史诗巨著《史记》。

　　作为当朝的史官，司马迁一直坚持真实地记录历史。所以，在汉将李陵投降匈奴的时候，司马迁站在客观的角度进行分析，为李陵说了好话，因此而触怒了汉武帝。

　　李陵是飞将军李广的孙子，为人刚正不阿，而且骁勇善战。公元前99年，李陵奉汉武帝之命，率五千士卒抗击匈奴三王精兵。结果，李陵以区区五千人杀死了匈奴上万人，匈奴胆战心惊，准备退兵。然而，李陵手下的一个人却投靠了匈奴，并告知李陵并无外援，只是孤军作战。知道内情的匈奴疯狂反扑，李陵誓死搏杀，可是到了最后，五千人只剩下了十九人。李陵泪流满面，为了东山再起，就投降了匈奴。

　　听说李陵投降，汉武帝震怒了，群臣也开始纷纷指责李陵不忠不义，可司马迁却说："李陵以五千人剿灭了匈奴数万人，这已经对得起天下人了。况且李陵生性耿直，要不是孤军奋战的话，他是不会投降的。再说了，李陵是否真的叛变还是未知之数。"汉武帝盛怒之下，就将司马迁打入了监牢。

汉武帝一直对司马迁不满意，因为他总是如实记录他的缺点，以前念在司马迁为人正直，就一直没和他计较。可是这一次，司马迁彻底惹火了他。于是，新账老账一并算，就赐给了他一个"宫刑"。所谓"宫刑"就是像太监那样被割掉生殖器官。

司马迁受宫刑之后，痛不欲生，曾几何时也想一死了之。可是，当他重新审读古代先贤们的处世之道后，对那些忍辱负重的人的生命价值做出了理性的思考。于是，他毅然放弃"士可杀不可辱"的儒家观念，坚强地活了下来，把自己全部的精力投入到撰写《史记》上来。

于是，多年之后，《史记》便以最真实、最华丽的面貌展示在世人面前，司马迁也因此而名留千古。

趣味链接

士可杀，不可辱

儒家推崇"士可杀，不可辱"的思想，他们认为，真正的有志之士可以丢了性命，但是却不能丢了尊严。所以我们会经常看到历史上的很多人，宁可被杀，也不愿别人侮辱他。孔子的弟子子路便是其中的一个。在卫国发生内乱的时候，子路为了保护卫国的太子，在逃亡的途中被劫杀，就在临死之前他还扶正了自己头盔。

王莽者谁

·凭借德行得天下·

历史上有这样一个皇帝，他看到敌人打来的时候，不积极迎战，反而带着一批人到野外哭泣。等到敌人杀进城的时候，他还振振有词地说："我是有德之人，其奈我何？"这皇帝就是新朝的建立者王莽。

王莽是汉元帝皇后的侄子，当汉元帝去世之后，国家的政权就掌握在皇后的长兄王凤手里。而王凤死后，他的权势经过他的两位兄弟之后，又由王莽来继承。

王莽掌权的时候，汉朝换了好几任的皇帝，国家的局势非常不稳定。于是，那些巴结王莽的人就到处为王莽歌功颂德，说他是安定汉朝的大功臣，请太皇太后王政君封王莽为安汉公。王莽不肯接受，然而大臣们却一再劝说，王莽只好接受了封号，但却没有接受封地。王莽通过这种手段获得了好名声，许多人都为他上书称颂。

到了平帝十二岁时，有人建议可以为皇帝立皇后了。王莽为了维持自己的权位，把自己的女儿嫁给了平帝。皇帝结婚是一件大事，朝廷送了很多的聘礼给王莽。王莽退回了大部分，并把收下的聘礼转送给贫困的人，让人们感觉到他高尚的品格。

王莽

平帝渐渐长大，对王莽的专权很不满意，也开始流露出"不想当傀儡"的态度，结果被王莽察觉到了。于是，在一次宴会上，王莽趁上酒的机会用毒酒毒死了平帝。平帝死后，王莽为了便于自己掌权，同时又为了避免民间说他专政，就选了两岁的刘婴做皇帝。于是，文武大臣和百姓们纷纷上书，请求王莽代理皇帝。有些文武官员劝王莽自己做皇帝。王莽也觉得做代理皇帝不如做真皇帝。

于是，在陕西武功县出现了一件符瑞，一口井中吊出了一块白色的石头，上有几个红色的字——"告安汉公莽为皇帝"，这块石头很快被送到了长安。于是，在"天命所归"的情况下，太皇太后就封王莽为摄皇帝，代替幼主管理朝政。

公元8年，王莽接受了幼主的禅让，改国号为新，成为新朝的皇帝，统治了二百一十年的西汉王朝至此结束了。

王莽登基之后，他仿照周朝的制度推行新政，史称"王莽革新"。但由于将币制越改越小，物价越来越高，造成了人民的极度不满。王莽想借助对外战争来缓和国内矛盾，可却引来了匈奴的大肆进攻，于是全国征兵，导致民间怨声四起。于是人们纷纷起来反对王莽，结果他的新政失败了，新王朝也被推翻。

趣味链接

王莽碎玉

西汉末年，王莽被罢官，南阳太守派王莽的手下孔休担任新都相。一次王莽生病，孔休前来探望，王莽就送给他一把玉饰的宝剑。孔休觉得礼重，不肯接受。于是，王莽只说把剑上的玉制剑鼻送给他，因为美玉能治他脸上的疤痕，可孔休还是不受。王莽便把剑鼻打得粉碎，亲手把它包起来送给孔休。孔休见他如此真诚，才把它收下。由此可见王莽懂得如何笼络人心。

党锢之乱

· 士族和宦官之间的斗争 ·

东汉中叶以后，宦官当权，朝中官员和一批地主出身的太学生组成了一个反对宦官的党派。后来，党内成员全被驱逐禁锢，历史上就称之为"党锢之祸"。

当时，宦官专政，提拔了自己的大批亲信参与朝事，阻碍了很多有学识人士进入仕途，朝中的很多大臣们都对其不满，其中态度最为强硬的就是太尉陈蕃和司隶校尉李膺。一次，他们得知宦官张让的兄弟、野王县令张朔贪污勒索后，便要前去查办。张朔害怕，就逃到洛阳，躲进了哥哥家里。李膺亲自带领公差到张让家搜查，在张家的夹墙里搜出张朔，把他逮走。张让赶快托人去求情，可是李膺已经把张朔判了死罪，给杀了。张让气极了，马上向汉桓帝哭诉。汉桓帝知道张朔确实有罪，也没有难为李膺。这一来，宦官和党派人士之间的仇怨就更深了。

后来，有一个跟宦官勾结的人名叫张成，他从宦官那里得知朝廷要颁布大赦令之后，就纵容他的儿子去杀人。不料正好李膺办案，同样给他的儿子判了死罪。张成恨透了李膺，在宦官的唆使下，他向汉桓帝告了一状，诬告李膺和太学生、名士结成一党，诽谤朝廷，败坏风俗。汉桓帝大怒，就下令逮捕李膺等两百多个人，其他党人闻风而逃。

这时候，皇后的父亲窦武想利用党人夺权，于是上书要求释放党人。同时，李膺故意招出一些宦官的子弟也是党人，宦官害怕了，就劝汉桓帝大赦天下。在双方的努力下，汉桓帝宣布大赦，把两百多名党人全部释放。但规定他们一律回老家，终身不得做官。

汉灵帝继位后，为了消除宦官专权，于是封窦武为大将军，陈蕃拜为太傅，并把李膺、杜密又召回来做官，密谋诛杀宦官。

然而，宦官先下手为强，他们威胁汉灵帝，迫使他下令逮捕窦武。窦武不甘心屈服，就发动驻守京城的御林军起兵讨伐宦官。宦官指挥防卫宫廷的虎贲军和御林军抵抗。结果，宦官大胜，窦武自杀，陈蕃也被宦官杀害。李膺等所有党人和党人学生、父子、兄弟都一律被免职，驱逐回乡，禁锢终生，永远不许再做官。

经过这两次"党禁"之后，宦官势力增长，东汉政治更加黑暗，阶级矛盾日益尖锐。

趣味链接

朋党之争

唐朝后期，统治阶级内部出现的不同派别之间争权的斗争，被称作"朋党之争"。以牛僧孺、李宗闵为首的称为"牛党"，以李德裕为首的称为"李党"。李党领袖李德裕出身士族高第，是宰相之子，他以门第入仕，主张"朝廷显贵，须是公卿子弟"。而牛党领袖牛僧孺、李宗闵等皆出身寒门，多由进士登第，他们反对公卿子弟垄断仕途。两党相互倾轧四十余年，唐文宗曾为此感慨："去河北贼易，去朝廷朋党难！"

黄巾起义

·张角以教为名发动起义·

东汉末年，社会局势极不稳定，朝政被宦官和外戚所把持，结果弄得民不聊生，再加上地主豪强的压迫和接二连三的天灾，民间更是怨声四起。结果，在公元184年，爆发了历史上有名的"黄巾起义"。因为起义者头绑黄巾，所以被称为"黄巾"，他们的领导人张角自称是"天公将军"。

张角是巨鹿人氏，懂得医道，经常给穷人治病却从不收钱，所以穷人都拥护他。当他看到农民受尽了压迫和折磨，渴望安定的日子，就利用宗教把群众组织起来，创立了一个叫太平道的教门。后来，加入太平道的人越来越多，大约十年的时间，太平道就发展至十几万人，遍布全国八个州。张角把教徒分为三十六方，大方一万多人，小方六七千人，每方都推举一个首领，这些首领都由张角统一指挥。

眼看着时机渐渐成熟，张角就和教徒们约定在那一年的三月五日，以"苍天已死，黄天当立，岁在甲子，天下大吉"的口号起义，又在各处官府的大门上用白土涂写"甲子"字样，作为发动起义的信号。可是，在起义的一个多月前，起义军内部出了叛徒，供出了太平道要起义的事情。朝廷派人大肆捕杀太平道的教徒，洛阳的马元义和数千教徒都惨遭杀害。由于事发突然，张角当机立断，决定提前一个月起义。结果，在一个月内，全国的七州二十八郡都发生战事。

起义初期，义军势如破竹，取得了很多胜利，他们每到一个地方，就烧官府、杀官吏，震惊了朝廷。东汉朝廷十分惊慌，于是派出皇甫嵩、朱隽、卢植率兵镇压黄巾军。皇甫嵩看出黄巾军缺乏作战经验的弱点，用火攻击起义军。

张角兄弟亲自率领的黄巾军打败了东汉官军的北中郎将卢植和东中郎将董卓。汉灵帝赶快命令得胜的皇甫嵩从河南北上，夹击黄巾军。张角派张梁迎战皇甫嵩，张梁作战很英勇，他率领黄巾军奋勇冲杀，打得皇甫嵩招架不住，只好紧闭营门，躲藏起来。

然而，在战斗的关键时刻，黄巾军领袖张角不幸病死。张梁、张宝带领起义军将士和敌人进行殊死搏斗以后，也先后在战斗中牺牲了。

后来，黄巾起义渐渐地被镇压下去了，可是起义触动了东汉的统治，从此全国相继起兵。东汉王朝为了平息叛乱，就放权给地方，这样就造成了地方势力的逐渐增大，为后来三国鼎立，埋下了伏笔。

趣味链接

《三国演义》

《三国演义》是我国最早的一部长篇章回体历史小说，由明代的罗贯中所著。该书继承了历史上诸多史书、杂传、戏剧、小说的故事题材，着重描写了魏、蜀、吴三国之间的政治、军事、外交斗争和兴衰过程。始于"黄巾起义"，终于西晋统一，展现出一幅波澜壮阔的百年历史风云画卷，揭示了东汉末年社会现实的动荡和黑暗，是我国古代小说的最高成就。

第五章
三国、两晋、南北朝

挟天子以令诸侯

·曹操四处征伐的借口·

东汉末年，群雄并起，一些官僚、豪强趁机争夺地盘，形成了大大小小的割据势力，经过"董卓之乱"以后，汉朝的天下已经名存实亡。汉朝的天子汉献帝，终日过着东奔西荡、颠沛流离的生活，后来在国舅董承的护卫下回到都城洛阳。

汉献帝返回洛阳之后，群雄就开始打他的主意。这时，袁绍的一个有谋之士对他说："挟天子而令诸侯，畜士马以讨不庭。"意思就是抓住皇帝，以他的名义来征讨天下。可是袁绍和手下的将士们却不同意，他认为现在的皇帝已经没有了任何的威信，将他请来之后，凡事还得向他汇报，要是听他的，自己就不足以立威，不听他的，别人又会说自己抗命天子，实在麻烦得很。于是，就没有采纳这个建议。

曹操一听说汉献帝到了洛阳，就采纳了谋士毛玠"奉天子以令不臣"的建议，主张立即前去迎驾。但他的众将、谋士多数不同意，他们认为在山东兖州的地位还不巩固，当务之急，是多占地盘才是正道。曹操的谋士荀很有远见，他站在曹操的一边，向大家说道："春秋时期，晋文公发兵把周襄王护送到京师，赢得了诸侯们的响应，尊他为霸王。秦朝末年，汉高祖为义帝戴孝发丧，争得了天下人心。现在汉献帝在洛阳过着困苦不堪的生活，主公如果能把皇上迎来，正是顺从人们的愿望，天下的民心向着我们这边来。要是现在不及时去接，一旦让别人抢先迎去，我们就错过机会了。"

众将士听他这么一说，觉得很有道理，就没有再反对了。于是，曹操便亲自带领人马去洛阳迎接汉献帝。曹操对汉献帝说："洛阳已成废墟，陛下是天下之主，怎能屈居在此地？许城粮食充足，风景秀丽，又比洛阳安定，陛下还是将都城迁到那里吧！"汉献帝身边的大臣们被曹操的诚意感动，也在一旁劝汉献帝迁都。汉献帝饱受动乱之苦，又受不了洛阳残破、食不果腹之罪，当然求之不得。于是，汉献帝一行随曹操去了许城。

到达许城之后，曹操给汉献帝建立了宫殿，立宗庙社稷，祭祀汉室的列祖列宗。对此，汉献帝十分满意，当即拜曹操为大将军。

此后，曹操独揽汉朝朝政，名正言顺地发展自己的实力，又"挟天子以令诸侯"，四处讨伐地方势力，从而迅速崛起，为后来魏国的统一奠定了坚实的基础。

趣味链接

建安文学

东汉末年，社会动荡不安，儒家思想不再权威，人们纵情任性，追求个人的精神和享受。曹操父子由于本身具有较深的文学造诣，在他们的领导和提倡下，一度衰弱的文学渐渐地有了一线生机。这便是建安文学的兴起。这一时期，人们的创作又有了进一步的突破和发展，尤其是诗歌方面，吸取了民歌和汉乐府之长，情词并茂，具有慷慨悲凉的艺术风格，比较真实地反映了汉末的社会现实以及文人们的思想情操。

小霸王孙策

·称霸江东·

　　孙策，字伯符，外号小霸王，是孙权的哥哥，孙坚的儿子，是东汉末年割据江东一带的军阀，三国时期吴国的奠基者之一。

　　孙策在十八岁的时候，孙坚战死。为了报父仇，他打算投靠实力雄厚的袁术。可袁术为人反复，孙策不知道这一去是否可行，于是他就向当时的名士张纮征求意见。他见到张纮后，便向他询问："如今天下大乱，群雄只图自身发展，无人扶危济乱。我父亲大业未成，就被人所害。虽然我年轻识浅，却也想继承先父遗志，干出一番大事业。我现在打算投奔袁术，借助他的力量来壮大自己，然后为父报仇，雄踞一方，你认为可行得通？"

　　张纮因戴孝在身，便推托："我见识少，没什么远见，回答不了你的问题，你还是走吧。"孙策很是着急，便说道："您的贤名世人皆知，我的打算成与不成，就在于您的一句话。要是我能实现自己的志向，报了杀父之仇，一定不会忘记您的大恩大德！"说到动情之处，孙策不禁掉下泪来。

　　张纮见孙策言辞慷慨，神情间流露着忠义，深受感动，终于对孙策说出了自己的看法："将军骁勇善战，依小人愚见，要是能够栖身袁术军中，自然可以图谋发展，只要你能把握时机，别说是为父报仇、雄踞一方，就算是夺得天下，也不是没有可能的。"听到张纮这样说，孙策激动万分，辞别之后，立即前往袁术处。

投靠袁术之后，孙策渐渐流露出了英雄本色，为袁术立下很多战功。可是袁术为人反复无常，总是出尔反尔。起初，袁术说让孙策做九江太守，可改用丹阳人陈纪；后来，他又许诺孙策，只要能拿下庐江，就将庐江封给他，可结果又食言，孙策感到很不得志。不久，刘繇前来攻打丹阳，孙策就向袁术请命，想借机带走自己的人马。袁绍虽然知道孙策的心意，可权衡利弊之后，还是答应了孙策。

进军江东途中，孙策不断招兵买马，在到达历阳时，已达到五六千人。途中，又得到好友周瑜的帮助，孙策的实力不断壮大。渡江之后，孙策打败了刘繇，乘机占据了曲阿。在曲阿，孙策又招兵买马，实力得到进一步增强。之后，孙策又乘胜攻下吴郡，占领会稽和其他几个郡，自任会稽太守。从此，孙策跟袁术分道扬镳，开始在江东称霸。

后来，孙策中毒身亡，他的弟弟接管江东。从此，由孙策开创的江东霸业，在孙权手里得到了进一步巩固。

趣味链接

生子当如孙仲谋

宋代的辛弃疾曾写下一首著名的《南乡子》，词曰："何处望神州？满眼风光北固楼。千古兴亡多少事？悠悠，不尽长江滚滚来！年少万兜鍪，坐断东南战未休。天下英雄谁敌手？曹刘。生子当如孙仲谋。"辛弃疾把曹操和刘备请来给孙权当配角，说天下能和孙权争雄的只有曹操和刘备二人。其实，这三人的才能在伯仲之间，而辛弃疾之所以把孙权作为三国时代第一流叱咤风云的英雄来颂扬，是因为感叹当时南宋朝中无人而凭古吊今，这种用心，更于篇末见意。

桃园结义

·刘、关、张义结金兰·

东汉末年，刘备、关羽和张飞三位仁人志士，为了共同干一番大事业的目标，在一个桃花盛开的园林里，对天盟誓，义结金兰。

刘备，字玄德，逐县人，相传是汉景帝的玄孙。父亲早逝后，刘备就跟着他的母亲一起长大，虽然环境艰苦，可自小就很有志向。相传，刘备在幼年的时候，就指着一棵高耸入云的大桑树说以后要当皇帝，还要拿这棵大树做他的华盖，他的叔父见他一脸英气，认为这孩子以后绝非凡品。

然而，此后数十年，刘备一直不得志。"黄巾起义"之后，一次，刘焉发布榜文招兵，刘备看见了，黯然长叹。突然，后面有人大声说道："男子汉大丈夫不为国家出力讨贼，在这里叹气有什么用？"刘备回头一看，只见一人身高八尺，长得豹头环眼，燕颔虎须，便问道："这位兄台怎么称呼？"这人说："我名叫张飞，字翼德，本地人士，平时很喜欢和天下豪杰相交往，看到阁下相貌不凡也想与你交个朋友，见你一声长叹，就忍不住问了一声。"刘备流着眼泪说："我本是汉室的宗亲，姓刘，名备。现在看到黄巾扰乱江山，虽有心杀贼，安定天下，可却没有这个实力，因此才叹气的。"张飞一听，原来是汉室的正统，就说道："我颇有一些钱财，想拿出来招募些人马，跟着你干一番大事业，不知道你意下如何？"刘备听了又惊又喜，一口答应了下来。于是，二人就来到一个酒馆去庆祝。

二人在饮酒的时候，看见一个大汉在门口喊道："快上些酒菜，我吃完赶着去投军呢！"刘备闻言一看：这人身高九尺，留着二尺的长须，脸红的像枣子一样，看上去威风凛凛，不像个凡人。于是刘备上前请他一起坐了下来，这红脸的大汉说："我叫关羽，字云长，河东解良人，因为杀了当地仗势欺人的豪强，一直在江湖上飘荡着。现在听说朝廷正在征兵，我打算投军，报效国家。"刘备一听，便将和张飞的打算告诉了关羽，关羽很是高兴。于是，三人一起来到张飞的住处，商量着如何起事。张飞说："我的庄园后面有一个桃花源，现在正值桃花盛开之季，我们志气相投，不如在此结为异姓兄弟，如何？"刘备、关羽异口同声赞同这个提议。

第二天，在桃花源摆下了祭祀的东西，三人焚香向上天起誓，拜刘备为大哥，关羽次之，张飞为弟。从此，三人金戈铁马，患难与共，成为后世的一段佳话。

趣味链接

孙尚香

传说，孙权之妹孙尚香是刘备的夫人，然而在正史中却未曾提及。《三国志》记载了有一位刘夫人，但也未曾提起姓名。那么到底有没有孙尚香其人呢？关于这个名字，最早是出现在戏曲《甘露寺》中，在戏中，很明显这个人就是《三国志》中的孙夫人，可是遗憾的是，至今却无从考证，至于这个名字现在还是个谜。

三顾茅庐见诸葛

·礼贤下士的刘备·

谋士在风云争霸的年代显得十分的重要，往往一个得力的谋士更胜过千军万马，如勾践得范蠡、周文王得姜尚、项羽得范增、刘邦得张良。刘备虽然志在天下，又有关羽、张飞二位武将冲锋陷阵，但是唯独缺少一位可以出谋划策、安邦定国的谋士。

后来，刘备听说有个叫诸葛亮的人非常有才能，于是就想去拜会他。诸葛亮字孔明，琅琊阳都（今山东沂水县南）人。由于父母早逝，诸葛亮一直随叔父在荆州避难。十七岁那年，他的叔父也死了，于是他就在隆中（今湖北省襄阳县西北）的卧龙岗盖了几间茅屋，过着平静的田园生活。当地的人都说他非常有才华，和另外一个叫庞统的人号称是"卧龙"和"凤雏"。民间传言，谁要是能得到他们其中之一，便能得天下。

于是，在一个风和日丽的日子，刘备就带着关羽、张飞一起到隆中去找诸葛亮。诸葛亮听说刘备要来拜访，不知道为什么，就故意躲开了。三人来到茅庐扑了个空，关羽、张飞都感到非常生气，觉得他是故意在摆架子。可是刘备却觉得这或许是先生的考验，于是再三耐着性子去请。一次见不到，就再去第二次，两次不见，就去第三次。

终于，诸葛亮被刘备的诚意打动了，就在自己的茅屋里接待刘备。刘备向诸葛亮询问安天下的办法。

诸葛亮就向他分析了当时的局势以及发展的计策，他说："当今天下，群雄并起。曹操和袁绍相比，名望低、兵力少，但结果竟然打败了袁绍，这是由于曹操有智谋。如今曹操拥有百万之众，挟天子以令诸侯，如果遇到他，就不能够和他争锋。孙权表面低调，其实内心却有大志向，现今他占踞长江天险，称霸一方，老百姓归附他，有才能的人肯为他效力。因此对他只能采用联合策略。放眼望去，荆州地势险要，北有汉水、沔水，南通南海，东连吴会，西通巴蜀，是个用兵的好地方。荆州的主将刘表平庸，将军应当取而代之。益州是个易守难攻的天然要塞，那里土地肥沃，物产丰富。将军如能先占据荆州，站稳脚跟，再取益州，和曹、孙成三足鼎立之势。然后，再励精图治，联合孙权，等待时机，向中原发展。那么，统一天下就极有可能成功了。"

刘备闻言，激动万分，对诸葛亮的提议大加赞叹，于是就进一步要求诸葛亮做他的军师，帮他策划夺得天下的大计。看到刘备这样热情诚恳，诸葛亮深受感动，此后便追随在他左右。最终，在诸葛亮的精心辅佐下，刘备如愿三分天下，与曹、孙共争霸主之位。

趣味链接

杜甫·《蜀相》

诗圣杜甫曾作诗《蜀相》，诗云："丞相祠堂何处寻，锦官城外柏森森。映阶碧草自春色，隔叶黄鹂空好音。三顾频烦天下计，两朝开济老臣心。出师未捷身先死，长使英雄泪满襟。"诸葛亮闻名天下，功绩累累、神机妙算，多为后人称颂。诗人以一句"长使英雄泪满襟"表达了对诸葛亮的无限敬仰之情。

常山赵子龙

·保卫汉室的戎马一生·

赵云，字子龙，常山真定（今河北正定南）人，身高八尺，相貌不凡，功绩卓著，是三国时期蜀国的五虎上将之一。

赵云刚出山的时候，是跟随公孙瓒的。而恰巧刘备也在那里，他见到赵云之后，觉得他是个难得的人才，就想将他纳在自己的麾下。不久，公孙瓒与袁绍交战，公孙瓒派田楷迎战，刘备和赵云前去助阵。这样，二人经过一次合作又多了几分了解，刘备纳将之心更为急切，而赵云也很敬佩刘备的为人。

后来，赵云因兄长去世就辞别了公孙瓒，刘备不舍得他离开，于是就握着他的手给他送别，赵云深受感动，对刘备说："我此生不会忘记你对我的恩德。"

在建安五年（200年），刘备被曹操打败之后，就前去投靠了袁绍。而此时赵云听到这个消息之后，就亲自来到邺城追随刘备。从此赵云就正式开始了他的征战生涯，也为刘备三分天下建立了无数的汗马功劳。这其中，就包括赵子龙单骑救主的事情。

建安十三年（208年），刘备被曹操打败，无奈之下，只有逃往江陵，而曹军紧追不舍。为了逃避曹操的追杀，刘备顾不上妻儿，仅带着张飞、诸葛亮、赵云等数十骑向南逃逸。可就在这万分危急的时候，赵云却反而冲向北面的曹军之中。当时有人说："赵云可能是投靠曹操去了！"刘备闻言，大怒说："子龙是不会弃我而去的！"片刻之后，众人只见赵云怀抱刘备的幼子刘禅，保护着刘备的妻子甘夫人回到刘备身边。刘备激动不已，后来便任命赵云为牙门将军。

后来，进军西川，是赵云第一次没随刘备行动而留守荆州。可就是这次留守，他又干出了另一件大事，即"截江夺斗"，也是史有明文的壮举。

关羽、张飞、刘备相继死去，蜀国唯一可以依靠的就只有赵云了。于是，诸葛亮决定出兵北伐。而赵云因威震三国，诸葛亮便计上心来，让他作为诱饵去阻止魏军的主力。尽管面对着强大的攻势，但是暮年的英雄还是亲自上阵。虽然，赵云输给曹真，但也是由于兵力悬殊的原因。由于他固守阵地，蜀军的损失也并不严重，而主力军队也顺利夺取了凉州三郡。

在建兴七年（202年）的时候，赵云病逝，后主刘禅追谥赵云为顺平侯。

赵云戎马一生，骁勇善战，胆略过人，刘备称其一身是胆，军士呼其虎威将军。他为国，不被天姿国色所迷；为民，不为良田豪宅所动，世人都非常敬重，他的美名也随之流芳百世。

趣味链接

赵云是男是女

曾有人认为赵云极有可能是名女子，其理由是：一，传闻他面孔白皙，数十年如一日，这与男子的形象差别很大；二，赵云长坂坡单枪匹马救回阿斗，这极有可能是出自女子的母性，而且在战斗中，阿斗还睡着了，一般的男人没这个本领；其三，赵云作为一名武将，竟然能管刘备的家事，还差一点逼得孙夫人跳江，这与赵云的特殊身份有着密不可分的关系；其四，过去送密信都是用蜡丸，或是像曹操那样用盒子，可是诸葛亮却给了赵云女人用的锦囊。尽管这些理由好像的确是那么回事，然而关于赵云的性别却是不争的事实，所以，这种说法完全是一种炒作或是遐想而已，并不可作数。

赤壁之战

·黄盖计烧曹魏军船·

曹操在统一北方之后，率领着二十多万人马南下，意在统一天下。此时，孙权也已经将东统军攻克夏口（今武汉境），正伺机吞并荆、益州，图谋北方。而依附在荆州的刘备，也依照诸葛亮的隆中对策，打算先占荆、益，联合孙权，进图中原的策略。孙权和刘备唇亡齿寒，于是，不顾主降派张昭等反对，命周瑜为大都督与刘备联盟抗曹，这就是历史上有名的赤壁之战。

曹军将士因为都是北方人，在水上作战很不习惯，船一颠簸，将士们就呕吐不已。曹操见到这种情况，心烦不已。后来，就有人献计用铁环将大小船只连锁起来，以三十艘或五十艘为一排，然后在上面铺设木板，结果船果然平稳不少。解决了这个问题，曹军便开始向江东进发。

孙刘联军看到这种阵势也惊慌不已，毕竟兵力悬殊太大。就在这个时候，周瑜的部将黄盖献上了一计，那便是火攻。周瑜觉得此计甚妙。两人就商量，为了能将"火"顺利地运到曹军的船上，就派人送了一封信给曹操，表示要脱离东吴，投降曹操。曹操以为东吴将领害怕他，于是欣然接受黄盖的投降。

于是，就在一个东南风大起的晚上，黄盖带着二十只装满芦苇干柴，浇上鱼油，铺上硫黄、火硝等引火物的"火船"向曹操的战船驶去。曹军的谋士看到这种情况，心感不妙，于是提醒曹操要提防意外发生，可是曹操这时正春风得意，根本就没听进去。不久曹操便看见一簇帆船疾驶而来，一律插着密信上所说的青龙牙旗。第三只船上有一面大旗，写有"先锋黄盖"四个大字。

曹操见此，便得意地笑道："黄盖来降，天助我也！"

然而，等到东吴的战船离曹军水营还有二里左右的时候，黄盖突然大手一挥，二十只船霎时间全都变成了火蛇。火趁风势，风助火威，船如箭发，一时间烟火蔽天。二十只火船冲进水寨，连环战船想跑也跑不掉。于是，只见赤壁一带的三江口上，火焰随风纷飞，漫天通红。而就在这时，东吴的战船从四面包围了过来。东吴大军喊声震天，箭如飞蝗，蜂拥而至。曹军猝不及防，死伤落水的人不计其数。

曹操这时才知道是计，可为时已晚，二十万大军马上被杀得烟消云散。曹操大惊之下跳上一条小船，由大将张辽护送向岸边逃去。好不容易来到岸上，周瑜各路大军已从东、西、中三方杀将过来。曹操勉强凑得一千多人马，东挡西突，总算冲出重围，逃回北方。

赤壁之战是我国历史上一次以弱胜强的著名战例，它使得曹操南下的梦想破灭，最终奠定了三足鼎立的基础。

趣味链接

周瑜打黄盖

黄盖诈降，为了取信于曹操，周瑜故意借故痛打黄盖。让黄盖假装气愤而投敌。当然，这是周、黄二人事先商量好的，自然两相情愿。所以"周瑜打黄盖，一个愿打，一个愿挨"成为歇后语，流传后世，广为人们所用。

诸葛亮计得孟获

·攻城为下，攻心为上·

刘备在白帝城病逝之后，南方地区发生少数民族叛乱，严重地危害了蜀汉的统治。于是，诸葛亮便领浩浩荡荡的三路大军，向南中进发，平定叛乱。此前，留守的参军马谡建议，攻心为上，攻城为下，这个主张得到了诸葛亮的赞许。

等诸葛亮来到南中以后，听闻有一个名叫孟获的人，向来被本地的夷、汉所服，于是务必要生擒他。而这个孟获也正是此次叛乱的领军人物之一，于是诸葛亮就想用计生擒他，然后纳为己用。

一次两军交锋的时候，诸葛亮故意命令蜀军败退。孟获一见蜀军退了，认为不敌自己，于是便仗着人多，一股劲儿追了过去。结果，他们很快就中了蜀兵的埋伏，被打得四处逃散，孟获也被活捉了。

孟获被活捉后心里感到悲愤不已，觉得自己误中了敌人的圈套，这下是活不成了，于是便大声叫嚷，说："你们胜之不武，有种放我回去，我们再战一次。"这本来是无奈的呐喊，可是没想到进了蜀军大营的时候，诸葛亮就叫人给他松了绑，并好言好语劝说他归降。但是孟获不服气，不愿归降。诸葛亮为了让他心服口服，也不勉强，就放他回去了。

烧藤甲七擒孟获

在他回去之前，诸葛亮陪他一起骑着马在大营外转了一圈。当他看到蜀军部队都是些老弱残兵的时候，心里不免就开始轻视蜀军。

孟获回去后，就挑选了一支精锐部队。在当晚，他亲自带了这支队伍来劫营。他们一路上都很小心，一直走到蜀营跟前也没有被发现。于是，孟获把刀一挥，他的精锐部队便一窝蜂地杀入了蜀军的大营。可是就在他得意的时候，才发现营房里一个人也没有，他恍然大悟，这原来是诸葛亮的计谋。在他还没来得及发令撤退时，蜀兵铺天盖地一般围了过来。结果孟获和他的精锐部队全都成了俘虏。

于是，诸葛亮再次劝孟获投降，但孟获还是不服，诸葛亮又放了他。结果就这样捉了放，放了又捉，一连捉了孟获七次。到了孟获第七次被捉的时候，诸葛亮还要再放，孟获却不愿意走了，他心悦诚服地说："丞相七擒七纵，待我可说是仁至义尽了，我打心底里敬服。从今以后，我便归顺于丞相，不再反了。"

于是，诸葛亮七擒七纵孟获，不仅得到了孟获的归降，而且还得到了南方地区的太平。此后，南中一带的少数民族和汉族相安无事，各民族之间十分团结。

趣味链接

孔明灯

孔明灯又叫天灯，相传是三国时期的诸葛亮所发明的的。当年，诸葛亮被司马懿围困于阳平，无法派兵出城求救。孔明算准风向，制成会飘浮的纸灯笼，系上求救的信息，后来才得以脱险，于是后世就称这种灯笼为孔明灯。另外也有一种说法，认为这种灯笼的外形像诸葛亮戴的帽子，因而得名。

司马昭篡 "魏"

·皇帝赤膊上阵杀权臣·

　　三国后期，魏国的朝政大权已经渐渐地被腐蚀，转而控制在司马氏的手里。司马氏的"首席执政官"司马懿死了以后，他的儿子司马师继承了官位，而司马师死后，其弟司马昭又继任大将军，成为魏国政权实际掌握者。

　　此时，曹氏的皇帝形同虚设，作为魏国天子的曹髦眼见着曹氏的权威日渐失去，司马昭又越来越专横，内心气愤不已，可又无可奈何，于是寄情于诗，写了首《潜龙》，大意是：受伤的龙被困在深渊，就好比龙盘踞在井底，看着泥鳅、鳝鱼在面前手舞足蹈，只能藏起牙齿伏住爪甲。可恶的是，我现在就处在这样的境地！司马昭知道了之后，勃然大怒，于是就在殿上大声斥责曹髦说："我司马氏对魏有大功，你怎么能把我们看做是泥鳅、鳝鱼？"结果，曹髦吓傻了，不敢做声，司马昭见此，很是得意，于是一笑之后，就扬长而去。

　　曹髦回宫后，觉得司马昭肯定是有了篡位之心，所以才敢当众侮辱他，顿时感到怒火中烧。于是，他便打算先下手为强，除掉司马昭。但他一个人的力量是薄弱的，就召集侍中王沈、尚书王经、散骑常侍王业等大臣密谋对策，他说："司马昭企图篡夺帝位的野心，是人所共知的。我不能坐着受废黜

司马昭篡"魏"

的侮辱，今天要与你们一起去讨伐他。"

可是，尚书王经认为，司马昭重权在握，满朝都有他的爪牙，对付他可不是件容易的事情，希望曹髦慎重考虑。曹髦听他这样说，更加气愤，一怒之下便说："我已经下了决心，即使死，也没有什么可怕，何况还有一搏的机会。"之后，就带着一些人马，向司马昭的府邸杀了过去。

这下，王沈和王业也着急了，他们害怕祸及自身，于是一出宫就向司马昭报告了这件事情。

结果，曹髦在去司马昭府邸的路上，就遇到了司马昭的亲信贾充前来阻击。曹髦又惊又怒，便冲到前面高声喊道："我是天子，你们想弑君吗?"谁知这一喊，还真的吓住了贾充的士兵，可是贾充马上对卫兵大声喝道："司马公养你们，就是为了今天之事啊!"卫兵们听他这一喝，顿时清醒了过来，于是经过一场简单的打斗，曹髦就死在了当场。

曹髦一死，司马昭就立曹奂为傀儡皇帝。司马昭去世后，他的长子司马炎就逼曹奂退位，由他称帝，建立了晋朝。后来，"司马昭之心，路人皆知"就演变成了一句成语，意思是阴谋或野心完全暴露，连过路人都知道了。

趣味链接

闻雷泣墓

王裒，魏晋时期营陵（今山东昌乐东南）人，博学多才。他的父亲王仪被司马昭杀害。他隐居以教书为业，终身不面向西坐，表示永不做晋臣。其母在世时怕雷，死后埋葬在山林中。每当风雨天气，听到雷声，他就跑到母亲坟前，跪拜安慰母亲说："裒儿在这里，母亲不要害怕。"他教书时，每当读到《蓼莪》时，就泪流满面，思念父母。

白痴皇帝

·司马衷的荒唐事儿·

俗话说：前人种树，后人乘凉。司马氏一族都是头脑精明、精于算计的人物，可是他们的继任者司马衷却是一个出了名的白痴皇帝。

司马衷就是一个"前人种树，后人乘凉"的典型代表，从小在皇宫里长大，一直过着奢侈享乐的生活，根本不知打天下的艰难、治天下的不易。要不是他家大业大，可能早就饿死了。司马炎在世的时候，也考虑过将江山交给这样的儿子是不是靠得住，于是在传位之前就给他出几道题目，进行了一次简单测试。

司马衷哪里能答得出来，不过他的夫人贾南风倒是帮他解决了这个问题，贾南风为了能骗过司马炎的眼睛，于是就找了几个才能中等的人来解答这些问题。事后，让司马衷照抄了过去。

司马炎一看，见答案并不高明，但也是常人的见识，心想这儿子虽然并不出众，但也不至于是个傻子，于是就放心地将皇位传给了司马衷。

有一次，司马衷听到蛤蟆叫，就突发奇想，问身边的人："这叫喊的东西是官家的，还是百姓私人的呢？"随从的人一愣，想了一会儿就对他说："在官地上叫的就是官家的，在私地上叫的就是私人的。"司马衷便似懂非懂地点点了头。还有一次，地方官员上报：各地正闹饥荒，灾区的老百姓饿死了很多。司马衷就不解地问："那你为什么不叫他们多吃点肉粥呢？"大臣们听了，个个惊得目瞪口呆，无话可说。

司马衷如此白痴，身为皇后的贾南风便独揽大权，闹得朝廷乌烟瘴气。后来，贾南风竟然还公开与朝中大臣厮混，到处寻找俊美男子，来满足淫欲。

据说河南有一个小官吏，家里很穷，但是后来却在一夜之间富了起来。人们都很奇怪，县尉也觉得不可思议，便派人去责问他。小官吏被逼得没办法，才说："一天我在路上遇见一个老妇人，说她家人生病了，说是要我去压压惊，到时候会给我钱。于是我便去了，到了她家，一个三十五六岁的矮小妇人出现了，她挽留我住了几宿，天天与我同床共枕，临走的时候，她给了我许多金银财宝。"

听了这话，在场的人知道那人便是贾南风，于是县尉只好作罢。后来那些知道此事的人均神秘被害，只有那小官吏因贾南风的宠爱而幸免于难。由此可知贾南风之风流淫荡。

皇帝无能，皇后荒淫，动荡混乱的时局终于导致了"八王之乱"的发生。原本统一的天下，又将面临再次的分裂。

趣味链接

"雨人"皮克

最著名的病患学者是美国盐湖城的一位名叫金·皮克的自闭症患者。他在历史、文学、地理、体育、音乐等十五个不同领域都有着超凡的天赋。据报道，皮克有过目不忘的本领。皮克几乎能一字不漏地背诵九千本书的内容，然而却又低能到生活无法自理。1988年奥斯卡获奖电影《雨人》就是以他为原型拍摄的。因此，金·皮克又被人们俗称为"雨人"。

八王之乱

· 西晋王室的内部政权斗争 ·

西晋晋惠帝时期，由于朝政混乱，汝南王司马亮、楚王司马玮、赵王司马伦、齐王司马囧、长沙王司马乂、成都王司马颖、河间王司马颙、东海王司马越八个诸侯王都想乘机得天下，于是在他们之间，就发生了一场不可避免的政治厮杀，史称为"八王之乱"。

在西晋时期，存在很多诸侯，因为司马炎害怕天下会被别人所夺，于是他在世的时候就将自己的子侄兄弟分封为王。岂料，晋惠帝无能，而这种分封制，又为后来的"八王之乱"埋下了祸根，好像一切都在他的意料之中。

晋惠帝即位以后，朝中的大臣杨骏和汝南王司马亮共同辅政。杨骏看到皇帝白痴，于是野心勃勃，借口罢免了司马亮的辅政权，一人独揽朝政。皇后贾南风却性情泼辣，也渴望独揽大权，当然不会让杨骏的阴谋得逞，于是她命令司马玮带兵入朝，杀了杨骏。杀死了杨骏之后，她又让司马亮来辅政，其实是暗中将大权掌握在自己的手里。

然而，司马亮不愿意做贾皇后的傀儡，于是贾皇后让晋惠帝派司马玮去杀司马亮。杀了司马亮以后，贾皇后又叫晋惠帝否认下过命令，为了斩草除根，反而说司马玮假传圣旨，把司马玮也杀了。这样，贾皇后把八个王除掉了两个，自己夺得了全部大权。

这个时候，众诸侯王已经很是愤怒了。贾皇后怕大权旁落，就假装怀孕，暗地里把妹妹的儿子抱来，当做自己生的儿子。后来又派人把太子毒死，把抱来的儿子立了太子。这个消息传出去以后，西晋宗室群情激奋，都说贾皇后想篡夺司马氏的天下，于是纷纷起来反对她。赵王司马伦借口贾皇后废杀太子，带兵入朝，杀死贾皇后。接着，他又废掉晋惠帝，自己做了皇帝。

听说赵王伦做了皇帝，各地的诸侯王不甘心，都想夺皇帝这个宝座。这样，剩下的六个王之间又展开了一场又一场的厮杀。最后，由东海王司马越杀死了成都王司马颖、河间王司马颙，毒死了晋惠帝，拥立司马炽做了皇帝，即是晋怀帝，这一场混战才宣告结束。

"八王之乱"是西晋王朝内部为争夺中央政权而引发的动乱，它造成了极大破坏，历史名城洛阳、长安夷为废墟，广大农村生产凋敝，生灵涂炭。"八王之乱"还激化了阶级矛盾和民族矛盾，更直接导致了数百年的南北分裂的局面。

趣味链接

曹植·《七步诗》

"煮豆燃豆萁，豆在釜中泣。本是同根生，相煎何太急。"曹植的大哥曹丕夺权篡位，可曹植十分有才并深得人心，曹丕怕弟弟夺位，便想找机会除掉他。正好有一天所有的大臣都在议事，曹丕就当着众大臣的面命曹植七步之内作出一首诗，如果作不出来，便要杀了他。曹植当时非常愤怒，七步成诗，震惊当场。

"流民" 暴动

· 一群无家可归的难民被迫起义 ·

西晋时期政局混乱，又因为"八王之乱"，百姓苦不堪言。后来，连年的天灾导致许多地方颗粒无收，为了生存，人们不得不到处行乞，这种人就被叫做"流民"。当这些流民在受够了这一切，到忍无可忍的时候，终于发动了一场暴乱。

有一批来自略阳、天水等六郡的十几万流民逃荒到蜀地，有一个叫李特的人与兄弟李庠、李流也在这群流民当中。李特兄弟为人豪爽，心地善良，在路上经常接济同伴，流民们都很感激、敬重他们。

西蜀地区的环境比较安定，流民来此之后，便分散在各地，靠给富户人家打长工生活。可是，益州刺史罗尚却要按照西晋朝廷的命令，强迫流民在七日之内返回故乡。流民们都不想走，可又无可奈何，他们只有向李特诉苦，希望他能向官府求情。结果，李特去了之后，官府竟然放宽遣送流民的限期，流民们很是感激，李特也渐渐地在流民当中树立起形象。

后来，李特还在绵竹设了一个收容流民的大营，人们知道之后，就纷纷来投奔他。结果，不到一个月，这里就聚集了约两万人。之后，李特派使者阎或去见罗尚，再次请求缓期遣送流民，没想到罗尚爽快地答应了。可是，当阁或看到罗尚府中正在调动人马，便猜想他不怀好意。

回去之后，阁或便将情况全都告诉了李特，李特也认为罗尚的话不可靠，立刻把流民组织起来，做好准备，防止罗尚带兵前来进攻。

结果，到了晚上，罗尚果然带着大批精兵来偷袭绵竹大营，当士兵们一进了营地，就听见四面八方响起了一阵震耳的锣鼓声，刹那间，大营里预先埋伏好的流民，手拿长矛大刀，一起杀了出来。流民们勇猛无比，一个抵十个，十个抵百个。毫无防备的晋军被杀得丢盔弃甲，四散逃窜。

取得这次胜利之后，李特在流民中的形象更加高大，人们都认为，与其活活被饿死，还不如做一场殊死搏斗。于是，众人就推举李特为镇北大将军，领导他们抗击官府。于是，李特整顿了兵马，决定攻取附近的广汉。进取广汉之后，李特也学汉高祖刘邦的样子，约法三章，并打开官府的粮仓，救济当地的贫苦百姓。蜀地的百姓从此苦尽甘来，生活安定。

然而，阴险的罗尚表面上派使者向李特求和，但是在暗地里却勾结当地豪强势力，企图谋害李特。结果，李特终因寡不敌众而战败牺牲。之后，他的儿子李雄继续率领流民战斗。

公元304年，李雄自立为成都王。过了两年，又自称皇帝，国号大成。到李雄侄儿李寿在位时，改国号为汉，史称"成汉"政权。

趣味链接

"西山蜀才"范长生

范长生博学多才，尤精书法。与慕容俦、王猛齐名，另著有《蜀才易技》十卷，被明朝著名学者杨升庵称为"西山蜀才"。李雄称帝后，88岁的范长生似乎看到了振国安民的希望，便从西山到成都造谒李雄。李雄率百官亲迎，拜范长生为丞相，加号"四时八节天地太师"，封西山侯。此后老少同心，君臣和谐，大成宽和政役，轻徭薄赋，建官学，兴文教，端风化，罚不妄举，刑不滥及，恩威远播。来称臣依附的人增多，大成一度昌盛。

淝水之战

·一次著名的以少胜多战役·

前秦的苻坚统一了北方之后，为了向南方扩张，执意南征伐晋。于是在公元383年，两国在淝水（今安徽省寿县的东南方）交战。最终，东晋仅以八万军力大破前秦八十万大军而结束。

公元383年，苻坚军分三路，开始同时攻打东晋，一路过来，所向披靡，连续夺取了东晋的好几座城池。在兵临城下的情况下，晋孝武帝果断地采纳了谢安、桓冲等人的建议，下令坚决抵抗。于是，谢石、谢玄在晋孝武帝的受命之下，率领着八万精兵沿淮河西进，堵截前秦大军，将军胡彬奉命率领水军五千增援战略要地寿阳（今安徽寿县）。

同年十月十八日，秦军前锋攻占寿阳。晋军将领胡彬所率水军走到半路，得知寿阳失守，退守硖石。为了阻挡晋军主力西进，苻坚派兵五万围困洛涧（今安徽怀远县以南的洛水）。胡彬因困守硖石，粮食用尽，处境十分艰难，写信要求谢石增援。不料，信使被秦军半路截获。由此，苻坚认为晋军现在的状况是岌岌可危的，应该抓住这个机会乘机攻打，于是便将主力部队留在项城（今河南项城县境），自己亲自带了八千骑兵赶到寿阳围攻。同时，苻坚又让被俘假降的东晋官员朱序到东晋军中去劝降。

　　然而，苻坚没想到的是，朱序其实一心向晋，回到晋军军营以后，不仅没有帮助劝降，反而将秦军情况密告谢石，并建议趁秦军尚未集中之机，迅速发起反攻，击败其前锋。

　　谢石等人经过周密的分析之后，果断地采纳了朱序的建议。于是，在十一月的时候，晋军五千精兵就悄然来到洛涧，对苻坚进行了猛烈的攻击。结果秦军被打得措手不及，四下逃散。晋军又乘胜追击，一直将秦军赶到淝水东岸（今安徽寿县东北）。

淝水之战

　　此时的苻坚有些害怕了，他听说晋军已到淝水，便和弟弟苻融登上寿阳城楼观察动静。只见晋军阵容严整，旗帜鲜明，苻坚心里更是惊慌不已，远望对岸的八公山，把山上密密麻麻的草木也当成了晋兵，这就是"草木皆兵"的来历。

　　从此之后，苻坚不敢贸然出击，而只命令部队严密防守。这样，晋军一时无法前进，谢石、谢玄急了。他们用激将法，要秦军退出一块空地来决一死战。结果，苻坚果然受不得激。晋军趁他们撤退时的混乱，渡过了淝水，并发动了猛烈的攻击。结果苻坚八十万大军死伤十之八九，苻坚本人也中箭负伤，逃回洛阳。

趣味链接

投鞭断流

　　东晋孝武帝太元年间，前秦苻坚统一北方后，调集百万大军，准备乘势一举消灭东晋，统一全国。苻坚召集群臣商议，朝中大臣劝其考虑星象和天险，谨慎出兵。苻坚不顾大臣们反对，认为自己八十万大军光是把马鞭投进长江，就足以截断江流，执意出兵伐晋，结果在淝水被晋军八万精兵打败，前秦从此一蹶不振。后来"投鞭断流"这句成语被用来比喻人马众多、兵力强大。

高雅误国的 王衍

·以高雅为名祸国殃民·

王衍，字夷甫，琅琊临沂人，西晋大臣。他外表清明俊秀，举止潇洒风流，是一位不折不扣的名士。然而，这位名士身为朝政大臣却对国家大事甚不感兴趣。虽然他生前死后都受到人们的推崇，但是站在一朝臣子的角度来说，王衍的高雅实在是误国误民。

相传，在王衍幼年的时候，有一次去拜访当时的名士山涛。山涛看见他后，长叹了许久。后来他就对别人说："以后误尽天下老百姓的，肯定会是这个人啊！"

时过境迁，到了晋武帝司马炎时候，王衍成了一代名士，而他的堂哥王戎更是官至司徒。他虽然位居高官，却从来不为江山社稷出谋划策，反而成天在一些小事上面斤斤计较。那时，他家的李子树结的李子又大又甜，为了不让别人买了他的李子回去自家栽种，就叫家里人把李子核儿钻通，才将李子拿去出卖。

当时的晋武帝司马炎听说了王衍的名气很大，是个安邦定国的良才，于是召王戎前来问话，他问王戎："现在人们都说你的堂弟王衍很有才能，不知道你意下如何？满朝文武，他可与哪一位相媲美？"然而王戎却说："我堂弟王衍的才能当今无人能及，要说与他相比较的话，我想也就只有古人了！"见王戎都这么推荐，司马炎便更加重用王衍，接连加封。王衍年纪轻轻，就当了尚书郎。

然而王衍成天只会清谈，不理政事，谁知越这样他的名气反而越大。每当宾客满堂时，王衍坐在首席侃侃而谈，谈的都是老子、庄子等道家学说，与当时的社会事务没有一点关系。他经常更改自己的观点，以至于别人送他一个外号，叫"信口雌黄"，他也不在乎，仍然到处鼓吹。

晋怀帝司马炽在位时，王衍官至司徒，但他仍然只是清谈，不理政事。公元311年，太傅司马越病死，汉将石勒看到晋朝朝中无能人，就发兵攻晋，在苦县（今河南鹿邑）捉住了王衍。石勒指着王衍的鼻子责骂道："晋国落到这种地步，全是你们这班大臣的责任。"可是王衍还争辩说："我从小就不想做官，勉强在朝中任职，一切大事都是皇族亲王主持。晋室灭亡只是天意。"石勒更生气，于是就讽刺道："你从少年就在朝为官，现在头发都白了，还说什么不想当官？"王衍被问得满脸羞愧，哑口无言。

当天夜里，石勒命令士兵把关押王衍等人的房子推倒，一班俘虏全部被压死。王衍清谈而不务实，最终落得这样一个误国丧生的下场。

趣味链接

后赵佛风

后赵皇帝石勒认为天竺僧人佛图澄能预言成败，因此对他特别信任尊敬。石虎夺得政权后，对佛图澄更甚，衣食更是优待。每当朝会之日，太子王公集于殿中，只要司仪叫"大和尚"，众人都起立敬拜。后赵境内百姓多信仰佛教，争相建造寺庙，竞相削发出家，其中有些人更为了逃避赋役而遁入空门，因而寺院之多可达八百多所。

做不了官的 陶渊明

·仕途的黑暗让他归隐田园·

陶渊明，字元亮，号五柳先生，谥号靖节先生，后来又改名为潜，是东晋末期南朝宋初的诗人，早年踏入仕途，而后又隐居山林。

陶渊明出生在一个名门望族的家庭里，曾祖父陶侃是东晋末年显赫一时的大将军。陶渊明在少年时也曾有出仕的大志。于是在孝武帝太元十八年（393 年），他怀着"大济苍生"的愿望，任江州祭酒。然而，当时讲究出身门第，他由于出生在没落的贵族，没有了家庭的背景，在仕途上不得志，无奈之余，就辞官回乡了。尽管后来朝廷又找他出任主簿，可是他心灰意冷，便毅然拒绝了。

过了一段平静的生活之后，陶渊明又想重归仕途，于是在安帝隆安四年（400 年），又到荆州，投入桓玄门下做属吏。可是让他失望的是，桓玄野心勃勃，想乘机夺取东晋的政权，一向以"大济苍生"为志向的陶渊明自然不愿与他同流合污，在倍感失望的时候，不幸的是他的母亲去世了，于是陶渊明再次辞官回乡。

后来，在桓玄篡夺了东晋的政权之后，刘裕联合刘毅、何无忌等官吏，起兵前来讨伐，这让陶渊明再次看见了希望，于是便欣然前往，在刘裕幕下

陶潜归隐图

任镇军参军。在刘裕掌权的时候，经过一番精心整顿，朝政渐渐地有了起色，这让陶渊明欣喜不已。

可是不久之后，刘裕便开始铲除异己，陶渊明失望到了极点，便辞职隐居，但又于义熙元年（405年）转入建威将军、江州刺史刘敬宣部任建威参军。经过几次反复，陶渊明在叔父陶逵介绍下，出任彭泽县令。然而，在到任八十一天，碰到浔阳郡督邮，属吏说："当束带迎之。"他叹道："我岂能为五斗米折腰向乡里小儿。"随后辞去了管制。经历了这么多的风风雨雨，陶渊明彻底绝望了，于是作了一篇《归去来兮辞》，决心不再入仕。

归隐之后，再没有了官场的纷纷扰扰，反倒有一种鸟儿离笼复得自由的快乐。他每天饮酒作诗，生活得怡然自得。

在公元427年，陶渊明离开了人世，享年六十三岁。虽然在仕途并未得志，但是在诗歌方面却造诣非凡。而他所开创的田园诗体，也使我国古典诗歌进入了一个更高、更新的境界。

趣味链接

乌托邦

古代中国有陶渊明构思"桃花源"，而英国的空想社会主义者托马斯也构思了一个类似的社会"乌托邦"，在那里没有战争，没有阶级，没有贫富分化，是一个美好和谐的社会。然而，托马斯构想的理想社会却缺乏科学依据，未能找到改变旧社会和实现新社会的力量和途径。但作为第一部空想社会主义著作，《乌托邦》对以后空想社会主义的发展乃至科学社会主义的产生，都起了重要作用。

王与马共天下

·王导、司马睿建立东晋王朝·

公元 316 年，西晋灭亡之后，一些西晋的旧臣们不甘灭国，于是就拥戴晋朝的皇族司马睿在建康（今江苏南京）称帝，即晋元帝。但因为朝政大权掌握在王氏大臣的手里，所以，人们都说这是王氏和司马氏共同的天下。

当初，司马睿刚到建康的时候，江南的豪强地主们根本不把他放在眼里，西晋的旧臣王导为了自己的利益，就想把司马睿扶植起来，在此地建立政权。于是，他决定利用自己在江南的影响，替司马睿拉拢士族共同拥他为帝。

为了先引起江南大士族们的注意，王导便安排司马睿在一个郊游的日子里，让司马睿坐着金碧辉煌的轿子，不仅前面有威武整齐的仪仗队开道，而且王导、王敦兄弟以及从北方避乱南来的名士紧紧跟随其后，为其护航。于是这耀眼的一行人便立刻引起了人们的注意，江南有名的士族地主顾荣等听到这个消息，都从门缝里偷偷张望。他们看到王导、王敦这些有声望的人对司马睿这样尊敬，很是吃惊，生怕自己怠慢了新皇帝，于是就都赶快出来拜见新主司马睿。

经过这次游行之后，司马睿的威望果然提高了很多，人们都开始以皇帝的身份来尊敬他。这个时候，王导又对司马睿说："顾荣、贺循是南方士族的首领，在江南的影响非常大，如果把他们招来，授予高官的话，就会有更多的人跟着来向您投效的。"司马睿觉得很有道理，于是就派王导去登门拜访，将他们拉来做官。在江南士族首领们的影响下，江南的士族像墙头草一样，全都开始投向了司马睿。东晋的政权渐渐开始有了政治基础。不久在众人的拥戴下，司马睿便光荣地登上了皇位。

司马睿明白自己现在的一切都是王导给的，所以对他"恩宠有加"，还称他为"仲父"，也就是再生父母的意思。所以，当时老百姓纷纷传说："王与马，共天下。"意思就是天下是王导和司马睿共同执掌的，不是司马氏一家的。

而实际上，更可悲的是司马氏的势力根本比不上王家。王导身为宰相，控制了政治大权；他的哥哥王敦管着江、扬、荆、湘、交、广六州的军事，控制了军事大权；而朝中的要职，也纷纷被王家所占据。这一切，司马睿自然看在眼里，后来，王敦渐渐不把晋元帝放在眼里。"王与马"之间也渐渐地产生裂痕，两家开始为了权势而斗争。

因为朝廷曲解了他们的"工作重点"，新生的东晋王朝，没能昌盛起来，而反在混乱和腐败中一天天地衰颓下去。

趣味链接

一代名相王导

王导，字茂弘，东晋朝实际创造者，著名政治家。司马睿知道王导韬略过人，便请他担任了安东司马。司马睿在王导的安排下，拉拢了江南的士族，又吸收了北方的人才，巩固了地位。所以，东晋王朝的建立，王导功不可没。王导一生历任元、明、成三帝，领导南迁士族，联合江南士族，稳定了东晋的统治和社会安定，促进了江南地区的开发，可称为东晋时期的一代名相。

刘裕北伐威天下

·开创南北朝对峙的局面·

刘裕是我国历史上著名的政治家和军事家，也是南北朝宋的建立者。相传，刘裕是西汉楚元王刘交的后裔，他的先祖们都是当时朝中的名士，然而不幸的是，在他父亲的这一代家境开始衰落。到了东晋孝武帝时期，刘裕为了实现自己的理想，投身于行伍，开始了他争霸天下的戎马生涯。

为了提高自己的威望，刘裕在掌握了东晋大权之后，便决定发动北伐。于公元409年，他率兵从建康出发，包围了南燕的国都广固。在短短的几年后，刘裕平定了南方的割据力量，进攻后秦。他兵分两路，一边派大将王镇恶、植道济带领步兵从淮河一带向洛阳方向进攻，一边自己率领水军沿着黄河进军。

然而就在此时，北方鲜卑族建立的北魏强大起来，开始威胁着刘裕的进一步发展。于是，为了除去北伐的障碍，刘裕派一个将军带了七百兵士、一百辆兵车登上北岸，沿岸摆开一个半圆形的阵势，两翼紧紧靠着河岸，中间鼓出，当中的一辆兵车上竖了一根白羽毛。因为这种布阵形状像个月钩，所以名叫"却月阵"。

当时，魏兵远远观察着晋军的布阵，不知道是什么意思，也就没有敢动兵。一会儿，只见晋军中间车上有人举起白羽毛，两侧就涌出了两千名兵士，带着一百张大弓，奔向兵车。看到这个阵势，魏兵觉得也没有什么大不了，就集中三万骑兵向河岸猛攻。晋阵上一百辆兵车上的弓箭齐发，但仍旧挡不住魏兵。然而，令魏兵始料不及的是，晋军在"却月阵"后面布置好一千多支长矛装在大弓上。这种长矛约有三四尺长，矛头特别锋利。魏兵正向晋军猛攻的时候，晋军兵士们就用大铁锤敲动大弓，长矛向魏军飞去，每支长矛都能射杀魏兵三四个，三万名魏兵一下子就被射死了好几千。其他魏兵不知道晋军阵后还有多少这种武器，吓得抱头乱窜。

经过此次战役之后，刘裕打通了沿黄河西进的道路，与攻下洛阳的王镇恶和植道济在渔关会师。紧接着，刘裕派王镇恶攻下长安，灭了后秦。

后秦灭亡后，刘裕把他一个十二岁的儿子和王镇恶留在长安，自己带兵回南方。

北伐成功后，刘裕在朝廷的地位显赫无比。他先后受封相国、宋公。公元418年，刘裕命令心腹鸩杀了晋安帝，立司马德文为傀儡皇帝，两年后，刘裕逼迫司马德文让位，自己做了皇帝，改国号为宋，刘裕就是宋武帝。在南方统治了一百零四年的东晋王朝到这时候灭亡了。

趣味链接

义熙土断

东晋安帝义熙九年，时任太尉的刘裕因桓温庚戌土断过时已久，逐渐失去作用。国内人民和实际户口很不一致，给国家兵役来源及租赋收入造成混乱，因而请求再次实行土断。刘裕实行义熙土断时，除徐、兖、青三州居住在晋陵的住户可以不进行外，其他流寓郡县大多被并省，归入本地郡县。这次土断是最彻底的一次，打击了豪强士族的势力。

花木兰从军

·一个巾帼不让须眉的女子·

花木兰是我国历史上有名的女英雄，在南北朝时期，她以代父从军击败北方入侵民族闻名天下，在后世影响深远。

花木兰本是一温柔娴静的女子，平时除了做些家务之外，她还有一项特长，那就是骑马射箭，练得一身好武艺。

有一天，木兰正在家里织布，突然衙门里的差役送来征兵的军帖，要征木兰的父亲去当兵。可是花木兰眼见自己的父亲已经年过半百，而家中没有其他男丁，有的只是比她更小的妹妹，无奈之下，木兰决定女扮男装，替父从军。

木兰刚入伍，队伍就火速地向北方边境开去了，行军作战十分艰苦。为了防止自己女扮男装的秘密被人看穿，木兰处处都得倍加小心。白天行军，一天要走一百多里路，她紧紧跟上，从不掉队。夜晚宿营，她和衣而卧，甲不离身。在十二年的从军生涯里，虽然是女儿身，可是她毫不逊色于男子。作战的时候，她冲杀在前，从不懦弱。花木兰参加过许多次战斗，为国家的太平立下了汗马功劳。同伴见了她，个个都竖起大拇指，赞扬她是个有志气有本领的"好男儿"。

花木兰

终于，有一天，战争结束了，举国欢庆。皇帝也非常高兴，于是便召见有功的将士，根据功劳大小给予赏赐，他们有的被升了官，有的得到了珍宝财物。尽管花木兰立过很多功劳，可是在皇帝给她封赏的时候，她却什么也不要。她只希望得到一匹快马，好让她赶快回到家乡和家人团圆。皇帝满足了她的要求，花木兰便和同乡的伙伴们一起回到了久违的家乡。

听说花木兰要回来了，她的父母非常激动，急忙互相搀扶着赶到城外去迎接，妹妹听说了，立即梳妆打扮，烧好开水沏好茶，弟弟听说，赶紧磨快了刀，杀猪宰羊，准备慰劳为国立功的姐姐。花木兰回到自己房里，脱下战袍，换上女装，梳好头发，贴上花黄（古代妇女的装饰品），然后出来拜见同伴。同伴们见了一身女装的木兰，都万分惊奇，没想到自己的战友竟是一位巾帼英雄。他们你看看我，我看看你，不约而同地说："我们跟木兰同行十二年，竟然不知道木兰是个女儿郎！"

趣味链接

杜牧·《题木兰庙》

"弯弓征战作男儿，梦里曾经与画眉。几度思归还把酒，拂云堆上祝明妃。"这首咏史诗是杜牧会昌年间任黄州刺史时，为木兰庙题的，庙坐落在湖北黄冈西一百五十里处的木兰山。

魏孝文帝迁都

·鲜卑族在中原活动的尾声·

北魏是鲜卑拓跋氏在北方建立的皇朝，北魏文成帝去世，冯太后掌握了朝廷的军政大权。当时北魏的社会危机已十分严重，税收一天天减少，国库越来越空虚，各地的反抗斗争此起彼伏。为了扭转这种不利局面，冯太后决心改革。冯太后去世后，她的孙子孝文帝拓跋宏执掌朝政大权，继承祖母遗志，把改革推向深入。其中最重要的一项改革，就是迁都洛阳。

然而，迁都会损害到许多贵族的利益，因此他们坚决表示反对，为此，孝文帝想出了一条妙计。

公元493年的秋天，孝文帝以征伐齐朝为名，亲自率领步兵、骑兵三十万南下。队伍到达洛阳时正是秋雨绵绵的季节，跟随的文武大臣们对太武帝南征刘宋战败逃回的情景还记忆犹新，他们害怕这次出征的结果又跟过去一样，劳民伤财，毫无所获。

正当大臣们忧心忡忡之时，孝文帝突然下令立刻向南进发。文武大臣们见孝文帝真的要南进，都纷纷跪下叩头，请求停止南进。孝文帝先假意不允，经大臣们再三请求，便以同意迁都作为停止南进的条件。就这样，迁都洛阳一事终于得到了大臣们的支持。

迁都后，孝文帝全面推行汉化政策，采取了一系列举措。他发动了约一百多万人迁到洛阳附近，开辟新的牧场和耕地，采用汉族的先进生产技术，发展农牧业生产，他下令禁止穿胡服、说鲜卑话，废除鲜卑姓氏，一律改为单音汉姓，并且带头把拓跋改为元，把自己的姓名改为元宏，他还鼓励鲜卑贵族同汉族大姓通婚，自己带头选了汉族大姓的女子做妃子，给五个弟弟娶了汉族大姓女子为妻，公主也下嫁给汉族大姓。

孝文帝改革，在中国历史的发展长河中具有十分重要的意义，它一方面使黄河流域的鲜卑族和其他少数民族与汉族逐渐融合起来，另一方面为中国的再统一打下了制度上的基础，为混乱的历史找寻了一条出路。孝文帝对我国民族大融合和黄河流域的经济发展作出了重大的贡献，是一位值得赞扬的少数民族的杰出政治家。

可是，孝文帝的改革只是拓跋鲜卑民族在中国活动的尾声。北魏不久被分裂为东魏和西魏，后又为北齐、北周取代，拓跋鲜卑从此在历史上销声匿迹了。

趣味链接

立其子杀其母

北魏孝文帝拓跋宏的父亲献文帝信仰佛教，无心理政，在拓跋宏五岁的时候便将皇位传给了他。但在立儿子当太子的时候，杀掉了太子的生母，这"立其子杀其母"的方法，是用来防止吕后的悲剧重演，可见历代君主捍卫政权的用心良苦，皇权里也纠结着不可避免的血腥事件的发生。

死于安乐的陈后主

·宣布了南北朝时期的结束·

南北朝时期，南方政局混乱，经过陈武帝多年征战之后，终于将各个势力统一起来，北方的经济和文化，也渐渐有了复苏之势。然而，好景不长，在陈朝天下传至陈后主时期，陈朝的天下又将面临毁灭性的灾难。

陈后主，名叫陈叔宝，字元秀，他在位期间，贪图享乐，日日与妃嫔、文臣游宴，制作艳词，荒芜朝政。可以说是个完全不懂国事、只知道吃喝玩乐的人。为了享受，他还大兴土木，造起了三座豪华的楼阁，让他的宠妃们住在里面。他手下的宰相江总、尚书孔范等，也都是一群彻彻底底的"腐败分子"。陈后主和宠妃经常在宫里宴请群臣，大家通宵达旦地喝酒赋诗，你唱他和，还把他们的诗配上曲子，挑选一千多个宫女为他们演唱。

可以说任何享受都是有代价的，陈后主这样逍遥了五年之后，民间的百姓苦不堪言，而此时北方的隋朝又渐渐强大起来。俗话说，自作孽者不可活。陈后主付出的代价，就是父辈们辛辛苦苦打下来的天下。

不久，隋文帝杨坚就派五十万大军，兵分八路，向陈朝进发。很快，各路隋军就来到了江边，江边陈军守将告急的警报接连不断地送到建康。当时陈后主正跟宠妃、文人们醉得七颠八倒，收到的警报，他连拆都没有拆，便一丢了事。

来自前线的警报越来越紧急，大臣们这才开始着急，一再请求商议抵抗隋兵的事，陈后主终于同意召集大臣商议。然而，可悲的是，众人根本不把隋兵进攻当做一回事，说笑了一阵，照样喝酒行乐。

公元589年正月，隋将贺若弼的人马从广陵渡江，攻克京门，另一路韩擒虎的人马也从横江渡江到采石矶，两路隋军逼近建康。到了这种火烧眉毛的时候，陈后主才有些惊醒过来，他赶快组织人抵抗。这时，城里的陈军还有十几万人，也算有抵抗的实力，然而更可悲的事情发生了，那就是陈后主的宠臣江总、孔范等都不懂得怎么指挥，数十万大军没有起到任何作用，就被隋军俘虏了。

绝望的陈后主竟然无耻地逃到了后殿的井里，隋军兵士查经此处的时候，觉得好像有人，于是就喊道："里面有人吗？再不出声，我们就扔石头进去了！"陈后主一听，便大声疾呼："我在这里，我在这里……"

于是，陈朝灭亡。陈后主荒淫朝政，最终自食恶果。

趣味链接

陈武帝故宫

陈武帝故宫，占地三十六亩，四面环水，气势雄伟。寺内正中，自山门而入，天王殿、大雄宝殿、观音殿和小西天、如来观音、三尊紫佛、皆佛中之圣，佛像魁凛，气势磅礴，故历代皇帝皆称之为"帝乡佛国"，并受三代皇上的"天赐圣旨"。宫内正中立有陈霸先塑像，西侧是陈霸先一生经历壁画，塑像的背面写着"陈朝始皇陈霸先个人生平"。整个宫殿茂砖笃鬓、盘龙翘角，宫顶二龙戏珠，门上龙飞凤舞，古砖铺地，富丽庄严。

第六章
隋、唐

杨坚一统河山

·分裂三百年的天下重新走向统一·

隋文帝名杨坚，鲜卑姓为普六茹，隋朝开国皇帝，弘农郡华阴（今陕西省华阴县）人。他的父亲杨忠跟随北周太祖起义关西，因功赐姓普六茹氏，官至大司空、随国公。杨忠去世之后，杨坚承袭父亲的爵位。

北周武帝时期，杨坚得到重用。那时，他便有了对皇位取而代之的想法。然而，当时时机未到，他自身也有待于发展。可就是那么一丁点儿的想法，却已经遭到了怀疑。

先是齐王宇文宪对武帝宇文邕说："我看杨坚面色有异相，每次看见他我心里都觉得不舒服，陛下最好还是先除了他，以免给自己留下后患。"武帝本来就对杨坚存有疑心，听他这么一说，疑心就更重了。但还犹豫不定，于是便问钱伯下大夫来和，来和也说杨坚不凡，但为了给自己留条后路，就说杨坚还是很可靠的，这样杨坚才避免了一场杀身之祸。

后来，武帝还是不放心，于是在暗中就找人来给杨坚看相，可相士竟是杨坚的旧识，于是那人便说："此人相貌极其平常，最多不过是个大将军罢了。"这样杨坚又过了一关。

武帝死后，其子宇文赟即位。杨坚为了保证自己的权势，就将自己的女

隋文帝

儿嫁给了新皇帝。于是，杨坚又晋升为柱国大将军、大司马。可是这个年少的皇帝，对朝政不感兴趣，又将自己的皇位传给了自己年仅七岁的儿子，而自己当起了太上皇，躲在后宫享乐。结果，在年仅二十二岁的时候就死了，于是朝政大权就落在了杨坚的手里。

杨坚一心想取代北周，然而宇文氏的子弟还很众多，其中对杨坚威胁最大的是赵王宇文招、陈王宇文纯、越王宇文盛、代王宇文达和滕王宇文迪五人。于是，杨坚借口假传圣旨要五王还朝。结果，他们一回到京城，就被杨坚软禁了起来。

除此之外，手握重兵的总管尉迟迥也是杨坚的心腹之患，于是杨坚同样假招他入京。可是尉迟迥已洞悉杨坚的野心，早在暗中集合了兵将。他一听到征自己入京的消息，便正式起兵造反。对此，杨坚也早有准备，正好以抗皇命的理由派兵讨伐。

而此时在京的诸位王侯，知道了尉迟迥起兵，认为机会来了，于是假意邀请杨坚来家中做客，想伺机杀了他。杨坚虽然明白他们的居心，却不以为然，反而将计就计，以谋反的罪名将他们先后杀了。不久，尉迟迥也被消灭，杨坚登基的时机已经成熟。于是在公元581年二月，杨坚称帝，改国号为隋。

杨坚在称帝不久之后，就统一了北方的各个势力，紧接着灭了南方的陈朝，分离多年的中华大地再次走向统一。

趣味链接

一衣带水

南朝末年，隋文帝杨坚住在长江以北，正当杨坚进行统一全国的战争的时候，浩浩江水阻止了他南伐的脚步。隋文帝因此而感慨地说："我是老百姓的父母，难道能因为有一条像衣带一样的江水，就阻挡我不去解救他们吗？"于是杨坚下令造船渡江，并最后消灭了陈国，统一了全国。后来，人们就以"一衣带水"比喻狭窄的河水不能把两地分开。

杨广弑父得天下

·一场杀兄弑父的阴谋·

隋朝一共经历了两朝的皇帝，至于一个大统一的国家为何如此短命，关键还是在于统治者的领导无道。隋朝的第二任皇帝，也是最后一位皇帝，就是隋炀帝杨广。他虽然修建了举世闻名的隋朝大运河，可是也劳民伤财，闹得民间怨声四起。而且，他还弑父杀兄，是位残暴不仁的皇帝。

杨广自小天赋极高，文韬武略，智勇双全。而在夺得天下的过程中，他却是个不折不扣的阴谋家。

首先，杨广在南下、北上的时候，立下大功，而且成功笼络了一批人才，他虽然觊觎大哥杨勇的太子之位，但是由于杨坚的信任，杨广一直没有得手。

于是，他便开始走第二条路线，那就是博得父母的喜欢，并让他们讨厌杨勇。他知道父王和母后一向提倡勤俭持家，而母后更恨用情不专的男人，于是他开始有意识地约束自己的行为。父母见了之后，自然很是欢喜。同时，他便开始用锦衣玉食、美女珍玩来诱惑杨勇。然而杨勇不知是弟弟的计谋，不仅一概收下，而且毫不遮掩，不仅每日华服出入，而且在府中纵声歌乐，与不同的女人生了十几个孩子。因此，隋文帝与皇后常常暗道："太子品性顽劣，而广儿却仁孝恭俭。"从此，杨坚开始喜欢杨广，而疏远了杨勇。

杨广是个十分精明的人，他知道，要真正当上太子，除了取得父母的信任之外，还要得到有实力的大臣的拥护。越国公杨素是当朝第一重臣，杨广便通过杨素的弟弟杨约跟杨素拉上了关系。他一边开"空头支票"，许诺自己一旦当上皇帝将给杨素种种好处，一边也实实在在地送了杨素许多钱物和珍玩。从此，杨素成为主张废勇立广的"热心人"。

此后，杨素多次在皇后面前夸奖杨广，也添油加醋地说了太子许多坏话。这些话正合皇后的心思，皇后便和杨素合谋废太子，立晋王。终于，在众多因素的影响下，隋文帝杨坚下令废除了太子。于是在公元600年，隋文帝宣布废杨勇为庶人，立杨广为太子。

杨广的阴谋得逞之后，就马上露出了原形。四年后，杨广杀掉父亲杨坚以及自己的所有胞弟，把大隋糟蹋得千疮百孔，使大隋朝作为一个短命王朝载入史册。

趣味链接

隋朝巧匠

隋朝有两个著名的巧匠，即宇文恺和何稠。宇文恺为隋炀帝造观风行殿，殿下设轮轴，离合便利，可以分开行动，也可以形成一座大殿，这座大殿可容纳数百人。何稠为隋炀帝造六合城，攻高丽时，带六合城到辽东，曾在一夜里合成一座周围百里、高十仞的大城。城上布列甲士，立仗建旗。到第二天早晨，高丽人望见，惊奇以为神功。

隋炀帝三下江都

·大隋的天下走到了尽头·

　　隋炀帝杨广继位之后，荒淫残暴的本性便显现了出来，也开始享受奢侈的生活，其中最有名的便是劳民伤财的三下江都。

　　公元 605 年秋天，隋炀帝杨广为了充分显示他的帝王权威，便带着二十几万人到江都巡游。他和萧后分乘两艘四层高的大龙船，船上有宫殿和上百间宫室，都装饰得金碧辉煌。接着就是宫妃、文武官员以及卫士们乘坐的大船，总共有上万条船只在大运河上排开，从头船到尾船连接起来，竟有二百里长。在岸上拉纤的纤夫就达八万多人，还有两队骑兵夹岸护送。真是说不尽的豪华景象。

　　在当时，江都是个繁华的地方。隋炀帝到了江都，除了尽情游玩享乐，还大摆威风。为了装饰一个出巡用的仪仗就花了十多万人工，耗费的钱财更是不计其数。这样整整折腾了半年，又耀武扬威地回到东都来。为了满足船队大批人员的享受，隋炀帝还命令两岸的百姓给他们准备吃喝，叫做"献食"。所献食物未被用掉的要全部掘坑埋掉，百姓为此食不果腹、倾家荡产。

　　此后，隋炀帝又两次巡游江都。每一次都给百姓带来许多灾难。许多官吏为了升官晋爵，拼命搜刮老百姓，向皇帝争献厚礼。

同时为了满足杨广的虚荣心和占有欲，自他登基以来就着手办理两件事，其一是在洛阳建造一座新的都城，其二便是开凿一条贯通南北的大运河。

隋炀帝一声令下之后，无奈的人民便开始着手建造东都洛阳。这项工程十分浩大，每月要征调二百多万民工从江南运送奇材异石，许多民工被活活累死在运送途中。隋炀帝下令在洛阳西郊建造一个大花园，叫西苑。西苑周围有二百多里，苑内有海。为把西苑装点得四季如春，冬天时就用彩绫剪成莲叶荷花，布置在水面上，供皇帝观赏。

同时，隋炀帝又下令征河南、河北各地民工一百多万人，开凿一条从西苑到淮水的运河，叫通济渠。通济渠沟通了洛水、黄河、淮河，然后接上邗沟通向长江。后来，大运河又向南北两头延伸。向北开凿永济渠，引沁水入黄河，直到琢郡。在长江以南开凿江南河，从京口（今江苏镇江）引长江水到钱塘江边的余杭（今浙江杭州）。这样，前后用了不到五年时间，一条长四五千里，沟通海河、黄河、淮河、长江、钱塘江五条大河的大运河全部完工了。

面对着如此重负，人民苦不堪言，于是愤怒的烈火渐渐地被点燃了。隋炀帝终于在他最后一次在江都游玩的时候，被自己的部将杀死。隋炀帝一死，短暂的大隋王朝也烟消云散了。

趣味链接

杨广·《春江花月夜》

"暮江平不动，春花满正开。流波将月去，潮水带星来。"这是隋炀帝创作的乐府诗，水平高出他身边文臣的应诏奉和之作。他常以此自负，以天子之尊，却附庸风雅，以文学领袖自居，常聚集文人宴饮赋诗，沿袭梁、陈贵族文人以诗为娱的生活方式，使诗歌创作转向咏物和咏宫廷生活琐事，很快就走向了贵族文学的末路。

瓦岗寨起义

·一场无疾而终的农民运动·

隋朝末年，民怨冲天，人民不堪重负，纷纷起义。而在众多农民起义军中，有一支活跃九年的农民武装力量，一直将矛头指向朝廷，这就是翟让和李密领导的瓦岗寨起义军。

翟让本是一个小官吏，因为得罪了自己的上司而含冤入狱，被判了死刑。看守监狱的人因为平时钦佩翟让，看到他惨遭横祸，很是同情。于是，就在一天晚上，偷偷地砸了镣铐、打开牢门，放了翟让。翟让逃跑了之后，便在附近的瓦岗寨召集了一些贫苦农民，组织了一支起义队伍。翟让在瓦岗寨上举起义旗，其号召力非常大，两岸各地的农民和有志之士都前来参加。这其中就包括鼎鼎有名的单雄信、徐世勣、李密、王伯当等人，有了这些人才的加入，瓦岗军的实力迅速增强。

虽然说瓦岗军是翟让一手建立的，可是毕竟翟让还是有一些小农阶级思想，而真正在瓦岗军中有治理天下才能的人是李密。李密有着一身的本领，无论是文的武的都很在行。李密劝翟让挥兵西下，拿下东都和长安，推翻朝廷，说还有可能登基大宝。翟让虽然人马众多，但是他并没有想到自己能当皇帝。于是，翟让喜出望外。经过两人商量了一番之后，他们决定先攻打荥阳。

荥阳危机，于是镇守荥阳的太守向隋炀帝告急。不久，隋炀帝派大将张须陀带大军镇压。这时，翟让的心里不禁有些害怕了。李密知道翟让的心思，他不想让瓦岗军前功尽弃，就对他说："张须陀有勇无谋，而且他自以为强大，必定骄傲轻敌。利用他的弱点，我们一定能打败他。"

李密定下计谋，他让翟让正面迎击敌人，自己带了一千人马在荥阳大海寺北面的密林里设下埋伏。张须陀看不起翟让的瓦岗军，同时还自恃兵强马壮，于是就莽莽撞撞地指挥人马掩杀过来。翟让抵挡了一阵，假装败逃。张须陀紧紧追赶了十多里，路越来越窄，树林越来越密，不知不觉进入李密布下的埋伏圈。结果，李密一声令下，埋伏的瓦岗军一齐杀出。眨眼间，张须陀全军覆没。

在遍及全国的起义军的打击下，隋朝的统治土崩瓦解。许多地方官兵也纷纷起兵反隋，驻守扬州的隋将宇文化乘机发动了兵变。不久，隋炀帝也死了。

然而就在这个关键时刻，瓦岗军内部却发生了分裂。翟让一心将领导大权交给李密，李密却嫉妒翟让在瓦岗军中的威望，于是借故将其杀害。风光一时的瓦岗军，从此四分五裂。李密在大势所趋的情况下，也投靠了太原的李渊。

趣味链接

天下第一寨——瓦岗寨

瓦岗寨，现在叫瓦岗寨乡，位于河南省安阳市滑县最南部，紧接新乡地区，有人口四万八千左右，下设行政村有瓦岗村、大范庄、小范庄等数十个，在几年之前瓦岗寨乡政府招商引资不到百万，兴建了当年瓦岗寨军起义遗址。如今，每到逢年过节，这里的人气都很旺很旺，瓦岗寨乡渐渐地成为当地一个有名的旅游景点。

李渊起兵

·开创了一个崭新的大唐王朝·

隋朝末年，各地人民揭竿而起，眼见着天下即将易主，留守太原的李渊实力逐渐雄厚，在儿子李世民和谋士刘文静的怂恿下乘机起兵，参与到争霸天下的大混战中来。

李渊虽有四个儿子，但是只有二儿子李世民最有政治眼光，他分析了当时的形势，认为隋朝已经走到了尽头，只有夺得天下才能保护家族的利益。思虑再三之后，李渊对世民说："你说的未尝不是道理，可我仍然拿不定主意。从现在起，是家破人亡，还是化家为国，就全在于你了！"得到父亲的允许之后，李世民开始积极地部署着一切。李渊也派人把正在河东打仗的另外两个儿子李建成和李元吉召了回来。

当时，李世民听说有个叫刘文静的官员很有才能，只不过目前被隋炀帝免了官职并关进监狱。李世民便常去看望他，希望刘文静能帮助自己推翻隋朝的统治。刘文静是个十分精明也十分有才能的人，他当然明白李世民的心思，便答应帮他。

于是，李世民就通过关系将刘文静从监狱里面放了出来。刘文静出狱以后，便到突厥那里去帮李世民借兵。

太原的两个副留守看到李渊父子的反常举动，心中也有了数，于是想出来阻挠。可是李渊抢得先机，借口他们勾结突厥，就把他们抓起来杀了。

刘文静带着重礼来到突厥可汗那里讲和，并约他一起反隋。突厥可汗觉得这样做对他们有好处，便答应了借兵一事。

有了突厥的帮助，李渊正式起兵反隋，他自称大将军，派李建成和李世民分别做左右领军大都督，刘文静做司马，又把兵士都称为"义士"。他们带领三万人马离开晋阳，向长安进军。

到了霍邑（今山西霍县），李渊他们遭到隋朝将军宋老生的拦击。霍邑一带道路狭隘，又赶上接连几天大雨，军粮运输中断了。李渊想退兵，被李世民劝阻。李世民身先士卒，率领军队攻打霍邑，结果取胜，并将宋老生杀死。

攻陷霍邑之后，李渊集中了二十多万大军攻打长安。守在长安的隋军抵挡不住，长安失守。李渊攻下长安以后，为了争取民心，宣布约法十二条，把隋王朝的苛刻法令一概废除，并将隋炀帝的孙子杨侑扶上皇位，是为隋恭帝。

公元618年，李渊废掉隋恭帝，自己称帝，改国号为唐，李渊就是唐高祖。至此，隋朝结束，也将意味着大唐数百年基业的开始。

趣味链接

修订《大唐雅乐》

唐朝初年，国务繁忙，无暇顾及礼乐之事，每逢宴享时都沿袭隋朝旧制，奏九部乐。后来，唐高祖命祖孝孙修订雅乐。祖孝孙曾在隋朝做过官，所以他很熟悉隋朝旧乐。在斟酌南北音乐，考证古音后，祖孝孙作成《大唐雅乐》重新恢复了消失很久的旋宫之声。《大唐雅乐》的修订，打破了南北胡汉音乐的界限，在古代宫廷音乐史上有重要的地位。

玄武门之变

·唐朝初期的宫廷政变·

李渊建立唐朝之后，封长子李建成为太子，次子李世民为秦王，四子李元吉为齐王。然而，大唐王朝刚建立不久，又将迎来一场风雨，只不过这场风雨不在民间，而是在李氏家族的内部，这就是李世民篡位而发动的"玄武门之变"。

李建成尽管被立为太子，可是由于在建立唐朝的过程中，李世民的功劳实在太大，他非常嫉妒李世民的威望，更害怕李世民会夺他的皇位，于是就与李元吉暗中勾结，想杀掉李世民以除后患。

一次，李建成请李世民到东宫去喝酒。李世民开怀畅饮。忽然，他感到头晕目眩，两脚发软，腹内剧烈疼痛。随从手下人急忙把他抬回秦王府，灌了许多解毒药，李世民才逐渐缓过气来。事后，李渊获悉此事，仅对李建成申斥了一通。

太子一计不成，又生一计，他怂恿李渊到长安郊外打猎，并要李世民陪驾前往。在打猎场上，太子叫部下给李世民备了一匹烈马。结果在途中，烈马野性发作，仰颈狂跳，李世民被甩出一丈多远，险些摔死。李世民终于明白了太子的险恶用心。

可是，李世民却还在犹豫，他手下的尉迟敬德等人却可忍不住了，他们向李世民明确表示，要么先动手杀了李建成、李元吉，要么让他们离开长安。李世民逼不得已，只得下决心除去两位亲兄弟。于是，李世民进宫向唐高祖告了一状，诉说太子跟李元吉怎么谋害他。唐高祖答应第二天一早，叫兄弟三人一起进宫，由他亲自查问。

结果，在第二天早上的时候，李世民派长孙无忌和尉迟敬德带了一支精兵，埋伏在皇宫北面的玄武门。李建成、李元吉一过来，李世民眼疾手快，开弓搭箭，把李建成先射死了，紧接着，尉迟敬德也一箭把李元吉射下马来。

李渊正在皇宫里等着三人来朝见，尉迟敬德手拿长矛，气吁吁地冲进宫来说："太子和齐王发动叛乱，秦王已经把他们杀了。"李渊这才知道外面出了事，一时手足无措，不知道该怎么办才好。

一名老臣说："建成、元吉用心歹毒，两人妒忌秦王，施用奸计。现在既然秦王已经把他们消灭，陛下就节哀，将世民立为太子吧。"

事已至此，李渊也没有办法，毕竟他已经失去这两个儿子，不想再失去一位最能干的儿子，便立李世民为太子。

趣味链接

唐太宗吞蝗

贞观二年（628年），京师大旱，蝗虫四起，唐太宗进入园子去看粮食的损失情况。当他看到禾苗上的蝗虫，便捡了几枚蝗虫卵念念有词道："粮食是百姓的身家性命，而你吃了它，是害了百姓。百姓有罪，那些罪过全部在我，你如果真的有灵的话，你就吃我的心吧，不要再降罪百姓了！"说完就要吃进去。边上的人说道："不能吃啊！"唐太宗说道："我正希望它把给百姓的灾难移给我一个人！又怎么会因为害怕生病而不做了？"说完，就将蝗虫卵吞了下去。

唐太宗纳谏

·李世民和魏征的故事·

　　唐太宗李世民是唐朝的一代明主。继位之后，积极听取群臣的意见，创造了一朝盛世。而其中流传最为广泛的，就是唐太宗和魏征之间的故事。

　　魏征，字玄成，唐朝杰出的政治家和思想家。在李世民继位之前，魏征一直跟随太子李建成。在李建成阴谋杀害李世民的时候，魏征也经常为其出谋划策。因此，李世民继位之后，就立刻派人把魏征找来，问他可有此事。没想到，魏征却神态自若、不慌不忙地回答说："可惜那时候太子没听我的话，否则就不会落到今天这步田地了。"

　　李世民见魏征说话直爽，而且富有谋略，就没和他计较，相反在继位之后，提拔魏征为谏议大夫，从此魏征就在唐太宗身边参与决策。

　　公元634年，进谏的朝臣越来越多，但很多与事实不符。如御史中丞皇甫德参认为，当时妇女喜欢梳很高的发型，是让"皇宫里的宫女带坏了"。李世民听了很生气，准备以诽谤罪处罚皇甫德参。这时，魏征站出来，坚决反对李世民这样做。他慷慨陈词，说太宗如此，只会让大家不敢直言。唐太宗听了心服口服，当即打消了处罚皇甫德参的念头。

　　魏征的耿直坚韧不仅表现在国家大事上，他对皇室的内部事务也敢于提出自己的看法。李世民曾封自己最喜爱的一个女儿为长乐公主，长乐公主出嫁的时候，李世民给女儿的嫁妆远远超过了礼规。魏征认为这样不合礼仪，直言指出，李世民听了，只好减少了给长乐公主的嫁妆。

有时候，李世民也受不了魏征不留情面的劝谏，但因为魏征始终正气凛然，李世民唯恐叫他抓住什么把柄，竟然有些怕他，加上他和魏征的情谊一直很深，所以不好发作，只是让他在众臣面前给他留点颜面。

魏征不赞同，说："舜帝曾告诫群臣，不能当面顺从，背后反对。陛下虽没有这样告诫魏征，但臣却天生是这样的人。"

李世民知道不能勉强他，但仔细想一想，也庆幸有这样刚直不阿的大臣。

魏征病逝之后，李世民十分难过，他说："一个人用铜做镜子可以正衣冠，用历史做镜子可以知道兴亡的原因，而魏征就是我的一面镜子，有了他我才知道自己还有哪些不足。"这些话证明了魏征在李世民心目中的地位，也证明了李世民是位不折不扣的贤主。

趣味链接

开放国境

唐朝时期，唐太宗开放国境，首都长安成为世界性的大都会，各地民商来往不断。唐太宗除了接受大批的外国移民外，还接收一批又一批的外国留学生来中国学习先进文化，一些日本留学生学成归国后，在日本进行了第一次现代化运动——"大化改新"，也就是"中国化运动"，上至典章制度，下至服饰风俗，全部仿效当时的贞观王朝，使处于原始部落状态的日本民族凭空跃进了一千年。

玄奘取经

·一起走过了十万八千里的路途·

　　玄奘就是我们在《西游记》里看到的唐僧，他原名陈祎，洛州缑氏（今河南偃师）人，是唐代著名的佛学大师和翻译家。玄奘十三岁出家，他认真研究佛学，为了参透佛学中的一些奥妙，便决定到天竺（今印度半岛）去学佛经。

　　于是，玄奘便跟着一队商旅出发，向西来到玉门关附近的瓜州。瓜州刺史也是一个爱好佛学的人，他不但热情地接待玄奘，还主动帮助玄奘打听去天竺的道路。一个多月后，玄奘便离开了瓜州，继续他的征途。

　　有一次，玄奘在路旁喝水的时候，突然身边飞来一箭，原来是边疆的守军。玄奘急忙报了身份之后，他们都非常佩服玄奘的胆识和决心，也被玄奘的精神所感动，于是，很客气地将他放行，还给他准备了干粮和水。

　　又经过半个多月的艰苦行程之后，玄奘来到了高昌国（今新疆境内）。高昌王也是虔诚的人，听说玄奘是大唐来的高僧，十分敬重他，请他留下来讲经。可是玄奘婉言拒绝了，坚持西行。高昌王就给玄奘准备好行装，派人保护玄奘过境。

　　数年之后，玄奘终于来到了天竺。天竺是佛教的发源地，在这里，他看见了从未见过的佛教古迹。于是，玄奘便在天竺游历各地，朝拜圣迹，向高僧学经。经过这些实地考察，玄奘对佛经的理解更加深入了。天竺摩揭陀国有一座古老的大寺院，叫做那烂陀寺。寺里有个戒贤法师，是天竺的大学者。玄奘来到那烂陀寺，跟着戒贤法师学了十年。十年中，他在天竺到处求教，终于像戒贤一样，通晓了全部经论的奥妙。玄奘博学的声誉传遍了整个天竺。

公元645年，玄奘带着六百五十多部佛教书籍，经由西域，回到阔别多年的长安。他到洛阳朝见唐太宗，介绍了旅途中的所见所闻和西域、天竺各国的风土人情。唐太宗听得津津有味，他劝玄奘还俗，帮助他治理国政，被玄奘谢绝了。

此后，玄奘在长安定居下来，专心翻译从天竺带回来的佛经。同时，玄奘还和参加翻译佛经的辩机和尚共同编写了《大唐西域记》。现在，《大唐西域记》已经被译成许多种外国文字，成为一部世界名著。

公元664年，玄奘病逝。为了实现自己的理想，玄奘虽历尽千辛万苦，仍百折不挠，他的这种精神感动和激励了后人。玄奘的经历，不但在佛学上取得了很大成功，而且还促进了东西方的文化交流。

趣味链接

大雁塔的由来

坐落于陕西省西安市大慈恩寺内的大雁塔相传是玄奘法师从印度回国后，供奉从印度带回的佛像、释迦牟尼舍利和梵文经典，是特意仿照印度雁塔结构，玄奘法师亲自督造的皇家佛塔。由于大雁塔造型独特，因此不管在皇家还是在民间都是众人的朝圣圣地。名人学子纷纷以在大雁塔题诗词留名为荣耀，题壁更有"塔院小层四壁，皆是卿相题名"的情景，可惜北宋神宗年间一场大火烧毁了题壁。现如今，大雁塔依然是西安的标志性建筑，也成为著名的历史文化遗产。

一代女皇武则天

·历史上的第一位女皇帝·

武则天是中国历史上唯一一位正统女皇帝，她即位之后，改国号"唐"为"周"，定都洛阳，并号其为"神都"，史称"武周"。

武则天原来是唐太宗的一个才人，很小的时候，就进宫了。唐太宗死后，按照当时宫廷的规矩，武则天被送进了尼姑庵。可是武则天聪敏伶俐，后来又得到唐高宗的宠幸，于是唐高宗就把武则天从尼姑庵里接出来，封为昭仪。从此，武则天以各种手段博取了唐高宗的欢心，终于被唐高宗封为宠妃。不久，她生了一个女孩，此时她对权力的欲望也越来越强烈。

王皇后由于自己没有子女，就经常来逗武则天的女儿玩。武则天心生一计，于是就自己扼死女儿，诬陷是王皇后所杀。唐高宗一怒之下，就废黜了王皇后，让武则天当了皇后。当了皇后以后，武则天开始铲除异己，把那些反对她的老臣要么降职，要么流放，连长孙无忌也被逼自杀。

唐朝的朝政大权逐渐落在武则天的手中，她开始不把唐高宗放在眼里。唐高宗没了权力，感到不满，宰相上官仪便劝他废了皇后。唐高宗是个没主意的人，听了上官仪的话，便请他起草诏书。可是，两人的谈话恰巧被武则天的心腹太监听见了，他马上报告了武则天。武则天知道后，责问唐高宗是怎么回事。见了武则天，唐高宗吓得结结巴巴地说："我本来没这个意思，都是上官仪教我干的。"于是，武则天立刻下令杀了上官仪。

从此以后，唐高宗上朝，都由武则天在旁边监视，大小政事，都得由皇后点了头才算数。

公元683年，唐高宗病逝。武则天先后把她的两个儿子——中宗李显和睿宗李旦立为皇帝，但都不中她的意。她把中宗废了，把睿宗软禁起来，自己以太后名义临朝执政。武则天的做法遭到一些大臣和宗室的反对。

不久，徐敬业在扬州起兵叛乱。武则天派出大将带领三十万大军讨伐徐敬业。徐敬业兵少势孤，抵抗了一阵就失败了。接着，又有两个唐朝宗室越王李贞和琅琊王李冲起兵反对武则天，也被武则天派兵镇压了。

经过这两场兵变，全国恢复了安宁，没有人再敢反对武则天。于是在公元690年，在武则天已经六十七岁的时候，终于登上大宝，成为一代女皇。

趣味链接

徐敬业起兵

嗣圣元年（684年），徐敬业因事被贬为柳州司马，赴任时途经扬州，便和南方的唐之奇、骆宾王等一起策划起兵反对武则天。徐敬业自称扬州司马，组织囚犯、工匠、役丁数百人，占领扬州。随即召集民众，以扶助中宗复位为号召，发布了由骆宾王起草的《讨武氏檄》。徐敬业起兵后，武则天命左玉钤卫大将军李逸统兵镇压。十一月，徐敬业兵败，后被部下所杀。

狄仁杰桃李满天下

·他曾为国举贤无数·

狄仁杰，字怀英，是武则天时期的一朝宰相，历史上杰出的政治家。狄仁杰为官，如老子所言"圣人无常心，以百姓心为心"，往往为民请命，不惜违逆武则天的圣意，始终保持体恤百姓、不畏权势的本色，后人称之为"唐室砥柱"。除此以外，他还向武则天举荐了大量的人才，为武则天在位期间开创一朝盛世，立下了汗马功劳。

有一次，武则天对狄仁杰说："我现在想物色个人才，你知不知道有什么合适的人选？"狄仁杰便问道："不知陛下想要的是什么样的人才？"武则天回答道："要找一个能当宰相的合适人选，你有吗？"

其实，狄仁杰早就听说在荆州一带有个地方官名叫张柬之，很有能力，是个安邦定国的人才，尽管年龄大了一些，但是办起事来稳重、干练，是个合适的人选。于是，几经思考过后，便将张柬之推荐给了武则天。

于是，武则天就将张柬之提拔为洛州司马。过了几天狄仁杰又向武则天问起这件事情，他说："敢问陛下，这张柬之如何？可是您要的宰相人才？"武则天便说："我已经将他提拔为洛阳的太守了。"狄仁杰便正言道："陛下，张柬之确乃宰相之才，陛下何不一用？再说陛下当初是要我推荐做宰相的，现在却将这相国之才用来做太守，岂不是大材小用了吗?"后来，武则天便将张柬之提拔为侍郎，继而又升为宰相。在狄仁杰死后，张柬之趁武则天病重，拥戴唐中宗复位，为光复唐室作出了巨大的贡献。

狄仁杰不仅是在当时的国内大举贤才，对于少数民族将领，狄仁杰也兼爱其中。契丹猛将李楷固就是一个最好的例子。李楷固曾经多次攻打武周，后来兵败前来投降，很多人都觉得他是敌人，主张要斩了他。可是狄仁杰却认为李楷固有骁将之才，如能加以重用的话，肯定会为武周造福。武则天接受了他的建议。后来，李楷固等率军讨伐契丹余众，凯旋而归，武则天设宴庆功，举杯对狄仁杰说"公之功也"。

狄仁杰还先后举荐了桓彦范、敬晖、窦怀贞、姚崇等数十位忠贞廉洁、精明干练的官员，他们这些贤士到了朝廷之后，朝政之中就现了一种刚正之气。以后，他们都成为唐代中兴名臣。

趣味链接

狄仁杰的诗

宸晖降望金舆转，仙路峥嵘碧涧幽。羽仗遥临鸾鹤驾，帷宫直坐凤麟洲。飞泉洒液恒疑雨，密树含凉镇似秋。老臣预陪悬圃宴，馀年方共赤松游。

此诗题为《奉和圣制夏日游石淙山》，是狄仁杰所作。狄仁杰才华横溢，聪慧异常。阎立本曾称之为"河曲之明珠，东南之遗宝"。后世人因他办事公平，执法严明，将他塑造成一个中国的"福尔摩斯"形象。

请君入瓮

·周兴做了替死鬼·

武则天刚即位的时候，为了维持自己的统治，便采用严刑峻法消除异己。因此，她手下的一些酷吏，总是绞尽脑汁制造酷刑逼供，而当时最有名的两位酷吏就是周兴和来俊臣，成千上万的人冤死在他们手下。

周兴、来俊臣所使用的刑罚是十分残酷的，种种酷刑简直残忍到了极点。每当审问犯人的时候，不等上刑，犯人看到摆在面前的刑具就已吓得魂飞魄散，宁可承认一切罪名，求得快死。这些做法使得朝廷上下人人自危，人们都害怕和憎恨周兴、来俊臣，把他们比作虎狼，称他们为"酷吏"。

酷吏的横行引起了人们极大的不满，武则天看到群情激奋，对她的统治很不利，就想杀几个酷吏缓和一下矛盾。正好有人告发周兴和犯罪被杀的丘神勣有牵连，武则天就让来俊臣去审问周兴，并且定下期限审出结果。来俊臣和周兴平时关系不错，感到很棘手。他苦思冥想，生出一计。

一天，来俊臣派人请周兴来吃饭。席间，来俊臣对周兴说："最近我审讯犯人，种种刑具都用过了，犯人就是不肯招供，不知老兄有什么好办法没有？"周兴说："这是一件很容易的事，用一只大瓮（即大坛子），四面架起炭火烧，烧到内外发烫，把不肯认罪的囚犯放入瓮中，什么样的囚犯都得老实招供。"

于是，来俊臣马上叫人搬来一只大瓮，四周烧起炭火，然后对周兴说道："有人告发你参与谋反，皇上命我审讯你，请君入瓮吧。"周兴听了，惊恐万状，当场叩头认罪。

按规定，周兴应被判死刑，但武则天却改成流刑。人们恨透了周兴，在流放的路上就把他杀死了。

周兴的下场并没有使来俊臣收敛些，他的野心反而越来越大。他想诬告武承嗣、武三思和武则天的女儿太平公主。武承嗣等人知道来俊臣手段毒辣，于是先发制人，把来俊臣抓了起来。武则天本想赦免他，无奈许多大臣纷纷上书，要求处死来俊臣。武则天只得下令把他处死。

武则天主政初期，任用酷吏，大兴告密之风，目的是为了消灭反对派，巩固自己的统治。但是，她的这一行径使许多大臣和成千上万无辜的百姓遭到杀害，成为后世史家攻击她的史证。

趣味链接

洛阳牡丹

据说，武则天做了皇帝之后，有一年冬天在上苑饮酒赏雪。酒后，她在白绢上写了一首诗：明朝游上苑，火速报春知。花需连夜放，莫待晓风吹。她要宫女将诗拿到上苑焚烧，以报花神知晓。第二天，百花竞相开放，唯有牡丹除外。武则天大怒，她将牡丹贬出长安，迁至洛阳邙山。从此，洛阳成为牡丹之乡。

唐明皇和杨贵妃

·一对不被世人看好的怨侣·

　　唐玄宗李隆基即位之后，改年号为"开元"，在唐玄宗的精心治理下，国家出现了一片繁荣的景象，史称"开元之治"。李隆基晚年却沉迷于杨玉环的美色，一派盛唐之势开始由盛转衰。

　　开元时期，唐玄宗为了国家富强，注重兴修水利，发展农业生产。公元714年，他命戴谦开掘山西文水县东北五十里的甘泉渠、二十五里处的荡河渠、二十里处的灵长渠及千亩渠，均引文谷水灌溉田地千余顷。公元716年在河北蓟县北二十里开掘渠河塘，在蓟西北六十里处开掘孤山陂，灌溉田地三千余顷。兴修的这些农田水利，可以抵抗旱灾，使粮食产量大大提高。因为连连征战而荒芜的田园，也纷纷变成了良田。

　　农业的稳定，带动了全国经济的全面发展。开元时期，产量丰富、物价低廉的粮食布帛促进了商业的繁荣昌盛。那时，商旅往来十分安全，出现了"夜不闭户，道不拾遗"的太平景象。

　　到了唐玄宗晚年时期，唐明皇李隆基最宠爱的武惠妃病死了。从此，李隆基如同丧魂失魄，日夜寝食不安。后来一名女子引起了他的注意，这女子生的白里透红，明眸皓齿，亭亭秀发，如仙女一般。在他身边的高力士告诉他，这位女子名叫杨玉环，十七岁入寿王府，今年二十二岁。原来这是他儿子的媳妇，可尽管如此，李隆基还是想把她弄到自己的身边来。于是，高力士就为他献上一计，那就是让杨玉环"出家"，这当然不是真的出家，只是借着出家的幌子，好让李隆基来亲近她。

公元745年，李隆基公开宣布册立女道士杨玉环为贵妃。从此君王不早朝，他们二人在天愿作比翼鸟，在地愿为连理枝。可是这一对幸福的鸟儿没有快乐地飞翔下去。因为朝政的荒芜，引发了一场"安史之乱"。结果，在逃亡的路上众怒之下，逼死了杨玉环，从而终止了李隆基这一生的闹剧。

趣 味 链 接

《贵妃醉酒》

《贵妃醉酒》是一出著名的京戏，历来被公推为中国传统戏曲之一。内容是：一天傍晚，皇宫院内凉风习习，皓月当空，唐玄宗与杨贵妃本来相约在百花亭品酒赏花。届时唐玄宗却没有赴约，而是移驾到西宫与梅妃共度良宵。杨贵妃只好在花前月下闷闷独饮，边饮边舞边埋怨，万般春情，难自排遣，加以酒入愁肠，立时便醉。一时春情萌动不能自持，面对高力士等太监宫女，竟至忘乎所以，最后直至倦极才怏怏回宫。

诗圣杜甫

·一个眼观唐朝由盛转衰的人·

　　杜甫，字子美，号少陵野老，人称"诗圣"，也称"老杜"，我国历史上伟大的现实主义诗人。以古体、律诗见长，风格多样，"沉郁顿挫"四字能准确概括出他自己的作品风格，而以沉郁为主。

　　杜甫出生于河南省巩县的一个文学世家，其祖父杜审言是当时著名的诗人。杜甫在家庭环境的熏陶下，从小就喜欢舞文弄墨、吟诗作赋。相传，杜甫七岁就会作诗，九岁能写一手好字，二十岁左右便成为才华横溢的诗人。后来参加了一次科举，可是没有及第，于是开始游遍大江南北，体验民间生活。

　　经过多年的游历之后，杜甫来到长安，又参加了一次招贤考试，尽管杜甫才华横溢，可是由于奸臣李林甫从中作梗，应试者无一录取。通过自己经历的一切，杜甫看到了朝廷的腐败，他的思想从这个时候开始渐渐地发生了变化。在这一时期创作了《兵车行》、《丽人行》等批判现实主义名篇，这些著作的问世，也表明了杜甫在诗歌方面的风格渐渐形成。

　　后来，杜甫在长安谋到了一个卑微的职务。他到奉先县（今陕西蒲城县）探望家人的时候，才知儿子已被活活饿死了。面对这残酷的现实，杜甫用血和泪写下了著名的长诗《自京赴奉先县咏怀五百字》。这篇作品的产生，标志着杜甫诗歌中的现实主义特色已经确立。

"安史之乱"爆发以后，杜甫四处逃难，他眼见战争给人民带来的灾难，又回想起他从唐肃宗那里得到一个左拾遗的官位，但很快因上疏得罪皇帝被贬。巨大的社会动荡和个人荣辱给杜甫的诗歌创作提供了大量素材，使他写出一系列不朽的诗作，如《春望》、《北征》、《哀江头》、《悲青坂》以及"三吏"、"三别"等。这些诗篇具有极其深厚的历史内涵和丰富的生活内容，它们把古代诗歌的现实主义传统推向一个新的高峰。

公元759年，关内大旱。杜甫携家再次逃难，他经秦川、同谷入蜀，在其好友节度使严武的帮助下，被举荐为"节度参谋检校工部员外郎"。两年后，杜甫返乡，乘船下江陵，后又经江陵赴湖南，最后病死在湘江舟中。

杜甫生活于唐王朝由盛转衰的时期，他亲眼目睹了唐朝自"安史之乱"后国破家亡、人民流离失所的悲惨景况。他把所见所闻以及忧国忧民之情都在自己的诗歌中表现出来，同时揭露了朝廷、官僚的腐败和庸懦。他的诗不仅使我们得到美的享受，而且对我们了解唐代的社会有很高的认识价值。

趣味链接

"文章四友"

据《新唐书·杜审言桑》记载：杜审言与李峤、崔融、苏味道为文章四友。世号"崔、李、苏、杜"四友中李、崔、苏都做过高官，社会地位较高，为时人所看重和效仿。他们基本上是武后时期的宫廷诗人。其中苏、李诗中浮艳气息更浓一些。苏味道又和李峤并称"苏李"。杜审言是"四友"中成就较高的一位，他还是大诗人杜甫的祖父。"文章四友"专力写作律诗，对唐代律诗的形成有一定的作用。

佳句天成，妙手偶得

·李白原来是这样做诗的·

李白，字太白，号青莲居士，人称"诗仙"，又号"谪仙人"。他的诗风格雄奇豪放，想象瑰丽丰富，语言流转自然，音韵和谐多变，是我国伟大的浪漫主义诗人。

据说，李白作诗率性而为，认为"佳句天成，妙手偶得"。有一次，李白在河边散步的时候，正好看见一群姑娘在洗锦缎。刹那间，那美丽的锦缎，经过清清江水的濯洗，色泽更加鲜亮，如一片朝霞映在水中。望着这一美景，李白顿时诗兴大发，不禁吟诵了一首《白头吟》："锦水东北流，波荡双鸳鸯。雄巢汉宫树，雌弄秦草芳……"

后来，李白来到江夏，那里有好多他的文朋诗友，他们在一起喝酒作诗，好不快活。其中有一个秀才十分仰慕李白的才学，就向他请教作诗的秘诀。李白说："作诗本无秘诀，佳句天成，妙手偶得而已。"秀才说："我不信，还有这等事？"于是李白就说："如若不信，咱们明天一起到南浦去拾诗，你就知道了！"

南浦是一个十分繁华的渡口，南来北往的行人很多。李白和秀才在这里漫无目的地"找诗"。中午到了午饭的时间，李白就带着他走进了一家小酒店吃饭，却看见有一个美丽的少妇在那里小声抽泣。后来经人们一说才知道，原来这位少妇的丈夫外出经商，可是一去三年，音讯全无。少妇只能每天坐在这临近渡口的小酒家盼望丈夫归来。望着眼前抽泣的少妇，李白二人非常同情她。

用餐之后，李白便说，我找到了。秀才不可置信地说："你骗我吧，我们整日在一起，你找到了，我怎么未曾看见？"李白也不和他说话，直接取来了纸笔，写下了《江夏行》，将那少妇作为商人妻子，苦苦等候丈夫归来的悲惨情景，写成了一首凄美绝伦的诗。廖秀才读完，赞叹不已，对李白佩服得五体投地。

李白正是凭借自己"妙手偶得之"的天赋，写出了惊天地、泣鬼神的诗歌。他的诗想象奇特、构思新颖、感情强烈、意境瑰丽、气势雄浑、风格豪迈，达到了我国古代积极浪漫主义艺术的高峰。

趣味链接

诗仙捉月地

传说李白曾穿着皇帝赐的锦袍在采石江中游玩，因醉入水捉月而死，也有人说他下水后骑鲸升仙了。所以后人曾写过这样的诗："谪在人间凡几年，诗中豪杰酒中仙。不因采石江头月，那得骑鲸去上天。"大概是因为有这些传说，所以在采石有太白墓，又有太白楼。

李林甫

·两面三刀的一代奸相·

李林甫，小字哥奴，精通音律，但并无才学。他出生于李唐宗室，是李叔良的曾孙，也是唐玄宗李隆基时的著名奸相。李林甫虽然胸无点墨，但是为人非常机灵，他就凭着嘴上的功夫得到了皇帝的信任，凭着他的口蜜腹剑陷害了一个个大臣，维护了自己宰相的权位。

有一次，唐玄宗跟李林甫谈到了一个官员严挺之，就问他说："严挺之在哪里？我听说他是个将相之才，应该委以重用。"李林甫说："既然陛下想念他，我去打听一下。"

退了朝，李林甫连忙把严挺之的弟弟找来，说："皇上很欣赏你哥哥的才华，为什么不让他假说患了风寒，向皇上请求回京城医疗，这样就有机会得到重用了。"

接到弟弟的信，严挺之真的上了一道奏章，请求回京城看病。可是李林甫哪有这么好心，谁有可能骑在他的头上，他都想尽办法将他拉下来。于是，李林甫拿着这个奏章对唐玄宗说："陛下，严挺之得了重病，现在还在养病，不能再为您分忧大事了。"结果，玄宗便下令让严挺之待在洛阳养病，不再让他参与朝事。

那时，有个叫李适之的人，是唐太宗大儿子李承乾的孙子，也是当朝副宰相的儿子。听说他很有本事，非常受唐玄宗的信赖。于是，李林甫便开始妒忌他了，总是想方设法加以陷害。

在一次上朝的时候，李林甫看见了刚进来的李适之，就派人告诉他：有人发现华山下面有金矿，您赶快报告皇上，他一定会很高兴。李适之一心为朝廷着想，于是向皇上奏报了。唐玄宗听了，果然很高兴，过后又告诉了李林甫。李林甫说自己早已知情。唐玄宗不悦道："既然你早已知道为何不告诉我呢？"李林甫恭敬地说道："那是因为此地是龙脉所在，为了我大唐的大好江山，当然不能开采，只怕将这个消息告诉你的人没安好心！"

唐玄宗听了李林甫的话，深感他一片忠心，于是下令："今后凡有事上奏一定要与李林甫商议，不得轻率从事。"从此，唐玄宗开始疏远李适之，更加宠信李林甫了。

就这样，李林甫欺上瞒下、嫉贤妒能，他还采用请客送礼等手段，广泛结交各个妃子、宦官，在唐玄宗周围形成了一个庞大的监听网，以掌握唐玄宗的一举一动、一言一行，达到自己的下一步目的。

在李林甫当政的十九年里，有才能的正直大臣全都遭到排斥。朝廷内奸臣当道。小人飞扬跋扈，造成社会的黑暗与腐败，使唐朝的政治开始从兴旺转向衰败。

趣味链接

相福三十年

唐宰相李林甫未显达时，有相士说他有三十年太平宰相的洪福。不久事败，李林甫责怪相士。相士笑着答："公确有三十年宰相的福报，但自己不知珍惜！公任宰相时，广搜珍宝、纵情声色，一羹千命（常喜吃鸭舌汤），盘菜百金（将铁皮烧红，放活鹅在上面，让它扑跳惨叫，血液均集中在脚掌上，再砍下鹅掌做菜肴），穷极奢侈之能事。相府家人的享用，也胜过富贵人家。早已超过三十年宰相应享之福，譬如有人将一个月的生活费在一天内挥霍光，剩下的二十九天要受饥寒此乃理所当然，怎么能怨天尤人！"李林甫听后默然无话，汗流不止。

鉴真东渡

·将佛学传到日本·

　　唐朝的和尚中除了去西天取经的唐三藏外，还有一个名叫鉴真的也很有名，尽管他没有为了天下安苍生而去西天，但是为了中外文化的交流，却六次远渡日本。唐朝是中国历史上一个统一的大国，那时政局稳定，经济繁荣，文化发达，外交往来十分频繁。唐朝与日本的往来最为密切。从公元630年到公元894年，日本派出遣唐使共十四次，唐朝也有许多学者到日本去，其中最著名的便是鉴真。

　　鉴真，扬州江阳（今江苏扬州）人，俗姓淳于，鉴真是他出家后的法号。他生于公元688年，父亲是个商人，也是个非常虔诚的佛教徒。鉴真受父亲影响，从小对佛教就有浓厚的兴趣，十四岁那年就出家当了和尚。

　　后来，鉴真在长安的一座佛寺经过佛寺里师父的指导，佛学知识越来越丰富。由于他渊博的学识和高尚的品德，四十五岁时，他已经成为名扬四方的高僧，由他受戒的门徒达四万多人。

　　当时，日本在中国的影响下，也大力提倡佛教。他们仿照唐朝修建佛寺，日本政府还派两位年轻的僧徒到中国学习佛学，并打算聘请中国的高僧去日本传授戒律。他们在洛阳、长安学习佛法，当听说鉴真是一位德高望重的高僧，就想请鉴真到日本去。鉴真同意了。但是，正当他们要开船远航时，浙江一带发生了海盗事件，官府没收了他们的船只，这次东渡没能成行。此后，鉴真又进行了三次东渡，都以失败告终。

公元748年，鉴真已六十一岁，但他仍准备进行第五次东渡。船从扬州出发，行至舟山群岛附近，突遭风暴，船只失去控制，漂到了海南岛的延德郡。

第五次东渡失败。返回的途中，鉴真也因为劳累过度造成双目失明。回到扬州，他没有气馁，仍然在准备下一次的东渡。

公元753年，双目失明的鉴真决定乘坐日本遣唐使船出海。尽管在航程中遇到了狂风暴雨，但历经多日搏击，他们终于抵达日本九州岛。

从公元742年到公元753年，历经十三年，鉴真和尚前后六次东渡日本，虽屡遭磨难，但终于东渡成功。到达日本国时，鉴真已经六十六岁了。

公元754年二月，鉴真到达日本首都奈良，受到了热情接待，被迎进日本著名寺院东大寺。鉴真的到来，轰动了日本各界，他们从早到晚前来拜谒慰问。公元755年，戒坛院建成，天皇把全国传受戒律的大权托付给鉴真。随后，鉴真在奈良创立唐招提寺，广收僧徒，传布律宗，兴隆佛法，最终成为日本佛教律宗的一代宗师。

在日本的十年间，鉴真除了宣传佛学外，还把中国的医学、建筑、绘画、雕塑等知识带到了日本，为中日两国的友谊和文化交流作出了杰出的贡献。公元763年，七十六岁的鉴真在奈良病逝，日本友人将他葬在唐招提寺，并世世代代纪念他。

趣味链接

千年古刹大明寺

千年古刹大明寺，雄踞在蜀古城扬州北郊冈中峰之上。大明寺因初建于南朝刘宋孝武帝大明年间而得名，拥有1500余年的历史。大明寺因其集佛教庙宇、文物古迹和园林风光于一体而历代享有盛名，文化底蕴十分丰厚，历朝历代不乏丽辞华章，名家辈出，其中唐代律学大师鉴真最为著名。可谓是一处历史文化内涵十分丰塞的民族文化宝藏，因"淮东第一观"而名闻天下。

安史之乱

·大唐由盛转衰的转折·

唐朝建国之后，统治者屡次开疆拓土，到了唐玄宗时期，为了加强边境防御，就在这些边境地区设了很多藩镇，藩镇的最高长官就称为节度使。节度使权力很大，掌管着藩镇的政治和经济大权，这就为后来安禄山的叛乱埋下了种子。

安禄山是个混血的胡人，他工于心计，善于察言观色，就连李林甫这样的角色，也经常被他迷惑。于是，在种种表象的迷惑下，唐玄宗认定安禄山是个人才，不仅提拔他当了平卢节度使，而且让他兼任范阳节度使和河东节度使。这样，安禄山就控制了北方边境的大部分地区。

尽管位高权重，甚至可以说是独霸一方，但是安禄山还不满足。他想尽办法来博得唐玄宗的欢心，取得唐玄宗的信任。据说，这安禄山的肚子特别大。一次，唐玄宗拿他的肚子开玩笑，说："你这里面装了什么东西，竟有这么大？"安禄山却是一本正经地回答说："这是对大唐王朝的一颗忠心。"唐玄宗听了很高兴，于是更加喜欢他。随后，唐玄宗给安禄山造了一座华丽的府第，并派人每天陪他一起喝酒作乐，还让杨贵妃把他收作干儿子，让他在内宫随便进出，亲热得像一家人一样。

安禄山在骗取唐玄宗和李林甫的信任之后，就开始秘密招兵买马。他提拔了史思明、蔡希德等一批猛将，任用汉族士人高尚、严庄帮他出谋划策，又精选了八千名壮士，组成一支精兵，磨砺武器，囤积粮草，伺机叛乱。

这时，朝廷的一些大臣逐渐觉察到安禄山的不轨企图，他们多次提醒唐玄宗，可是唐玄宗认为安禄山是最忠心的，谁叛变了，安禄山都不会叛变。

公元755年十二月十六日，经过周密准备后，安禄山决定发动叛乱。他联合同罗、契丹、突厥等民族组成十五万步兵、骑兵，在河北平原上进发，一路上烟尘滚滚，鼓声震地。当时全国承平日久，民不知战，河北州县官员逃的逃，降的降，安禄山几乎没有遭到什么抵抗。

得知安禄山反叛的消息，唐玄宗异常震怒，他匆忙调兵遣将，增募军队，部署平定叛乱。可是这时已抵挡不住叛军的攻势，叛军一路势如破竹，很快攻占了东都洛阳。安禄山在洛阳自称"大燕皇帝"，改元圣武。

"安史之乱"历时七年零两个月，虽然战事最终得以平息，但它已使中原地区经济遭到严重的破坏。"安史之乱"是唐王朝由盛而衰的转折点，对后世政治、经济、文化和对外关系均产生了巨大而深远的影响。

趣味链接

中国古代的四大美女

西施、王昭君、貂蝉、杨贵妃被称为中国古代的四大美女，难道中国古代真的只有这四位美女吗？当然不是。但不要忘记，在摄影技术产生之前，人的相貌和身段是无法准确记录下来的，能将人像画得惟妙惟肖的画家毕竟极少，更没有人能将这几位美女做比较，连用画像比较的条件也没有。这些美女都是靠文人描绘而成，又通过文学作品扩大到民间，才广泛流传。而选中她们的原因，是她们都有一个或真或假的凄婉哀艳的故事。

三朝元老 郭子仪

·戎马一生保江山·

郭子仪，祖籍山西汾阳，生于华州郑县（今陕西华县），相传他身高七尺三寸，勇猛不凡，是唐代著名的军事家，曾为历史江山立下过汗马功劳。

据说，郭子仪在年少的时候，曾犯军纪理应当斩。恰巧被李白看见了，李白觉得他相貌非凡，认定他是个栋梁之才，于是便用自己的官职为他担保。后来郭子仪果然不负所望，通过科举考试，得到了高等补左卫长史之职。后来又屡立战功，被多次提升晋职。

"安史之乱"爆发之后，唐朝的其他将士根本就是乌合之众，难以和安禄山相抗衡，而郭子仪就成了挽救李氏江山的唯一希望。

郭子仪受命之后，于公元756年率军出征。结果旗开得胜，一举收复了重镇云中（现在的山西省大同市）。接着郭子仪又令公孙琼岩率两千骑兵攻击马邑（今山西省朔县东北），大获全胜。马邑的收复使东陉关得以重开，从而打通了朔方军与太原军的联系，使安禄山下太原、入永济、夹攻关中之军事行动无法实现。

自从郭子仪出征以来，一直是无往不胜，他的军队所向披靡。郭子仪在河北的辉煌战绩，扭转了唐军仓促应战的被动局面，改变了整个战争形势。

在这样的情况下，朝廷想要平定"安史之乱"并非难事，可是由于奸相杨国忠的一己私欲，竟然使得十几万唐军大败，使得唐玄宗丢了两都——长安和洛阳。后来到了肃宗时期，郭子仪受命收复两都。结果，郭子仪不负众望。

"安史之乱"后，唐朝国势转衰。吐蕃乘虚大举攻唐，占领了陕西凤翔以西、邻州以北的十几个州。763年十月，又占领了奉天（今陕西乾县），很快打到长安城下，吓得代宗逃到陕州避难。长安被吐蕃占领，他们把唐宗室的李承宏立为皇帝，当自己的统治工具。

于是，朝廷又将郭子仪招了过来。郭子仪接到诏书时，只有骑兵二十人。他从洛阳到武关，才收拾散兵游勇四千余人。到达陕西蓝田时，各路勤王之师才相继到达。为了共赴国难，共雪国耻，收复京城，各路大军都表示愿意接受郭子仪的统一指挥。

郭子仪分析了敌强我弱、敌众我寡的形势后，采取声东击西、虚张声势之计。经过一番鏖战，吐蕃兵陷入四面楚歌之中，不战而走，慌忙逃离。长安陷落十五天后，又被郭子仪收复。

郭子仪三朝为官，戎马一生，屡建奇功，以八十四岁的高龄才告别沙场。天下因有他而获得安宁达二十多年。他"权倾天下而朝不忌，功盖一代而主不疑"，举国上下，享有崇高的威望和声誉。

趣味链接

屏退侍女免祸患

郭子仪在"安史之乱"中立了大功后，被肃宗晋封为汾阳郡王，不仅妻妾成群，而且宾客如织。在每次会见客人时，都有一大帮爱姬侍女相伴。但每次卢杞来，他都会屏退所有陪侍的妇女。郭子仪身边的几个儿子不解，郭子仪告诉他们："卢杞相貌丑陋，面色发蓝，我怕妇人们因此讥笑他。卢杞为人阴险狡诈，要是有一天他得了志，一定会报这一笑之仇的。"后来卢杞当上了宰相，果然谋杀了不少人，唯独郭子仪一家例外。

黄巢起义

· 盐贩子起兵反唐 ·

黄巢，曹州冤句（今山东曹县西北）人，出生于一个盐贩的家庭。他擅长骑射、粗通文墨，虽多次参加科举，但是每试不第。唐朝末年，藩镇割据，王仙芝自称天补平均大将军，发出文告，揭露朝廷官吏造成贫富不平的罪恶，后来黄巢也兴兵响应，史称"黄巾起义"。

起义军声势浩大，连续攻克了多处州县。朝廷立即诏令五个节度使镇压起义军。在强敌面前，王仙芝和黄巢采取了避实就虚、流动作战的战术。公元877年，他们攻到蕲州（今湖北蕲春）城下。

蕲州刺史裴偓对起义军领袖进行诱降，表示愿意授予王仙芝左神策军押牙兼监察御史的官职。王仙芝表示愿意接受"招安"。黄巢知道后，非常气愤。他来到王仙芝的帐中，一把揪住王仙芝，把他的头都打破了，一边打一边骂，王仙芝这才没敢去投降。不久，黄巢和王仙芝分道扬镳。后来，王仙芝率领的起义军在黄梅（在今湖北）被唐军打败，他本人也被杀死。

王仙芝死后，部将尚让等投奔黄巢，起义军发展到十万人，两支起义军共同拥戴黄巢为首领，在黄巢统一指挥下继续战斗。为尽快消灭起义军，唐朝统治者把重兵集结在洛阳一线，江南空虚。黄巢采用避实就虚的战术，向江南进军，一路上势如破竹，接连打下越州、衢州（今浙江衢县），经过一年多的征战，一直打到广州。

在广州休整两个月后，起义军挥师北上。公元 880 年十一月，黄巢起义军攻占了唐朝的东都洛阳，东都留守刘允章归降。十二月，黄巢又攻下了潼关。随后，黄巢亲自率军向长安进攻。百官听说起义军已经开始向长安进发，纷纷各自逃命去了。唐僖宗带随从宦官田令孜等匆匆逃往成都避难。公元 881 年，起义军没费吹灰之力就进入了唐朝的首都。黄巢在长安建立了大齐政权，年号金统。

公元 884 年，大齐政权在唐军的反攻下惨遭失败，黄巢也败死在泰山狼虎谷（今山东莱芜西南），轰轰烈烈的唐末农民战争结束了。

黄巢领导的农民起义从南到北转战十数年，其活动范围几乎遍及全国，沉重地打击了唐朝的腐朽统治，加速了唐朝的灭亡。

趣味链接

黄巢·《不第后赋菊》

"待到秋来九月八，我花开后百花杀。冲天香阵透长安，满城尽带黄金甲。"此诗是黄巢数次赶考不中后的一首言菊诗，是作者借诗言志的真实写照。诗中的菊花气势凌厉，杀气腾腾、惊人心魄，像一团熊熊燃烧的烈火，表现出不可遏止的反叛、愤怒、仇恨、充满了令人生畏的杀机，是推倒现实、重整天下、凌驾万物的雄心壮志。应该说这也是黄巢作为农民领袖最终杀向长安的前奏。

第七章
五代十国

节度使反唐称帝

·一个平民称帝的传奇·

朱温，唐朝宋州砀山（今安徽砀山）人，出身贫寒，从小不务正业，起先他参加了黄巢起义军，后来降唐，被唐僖宗重用，摇身一变成为了宣武节度使。在当时的情况看来，全国各个藩镇都在发展自身的实力，拥兵自重。其中，就数朱温和另一位河东节度使李克用的实力最强。

朱温做了节度使以后，就一直和李克用联手与黄巢的起义军作战。后来，黄巢攻打朱温守卫的汴州，朱温不敌，就向李克用求救。在李克用的帮助下，终于解了被围之困。然而，朱温回到汴州后，却假意殷勤招待，想伺机把李克用害死。结果李克用的几名亲兵誓死护主，李克用才突围逃走。从那时起，李克用就跟朱温结下了冤仇。

当时唐朝的朝政由宦官把持，宰相崔胤为了解除宦官危机，于是就秘密让朱温进京入关，朱温知道这是一次机会，于是就派人到长安和宰相策划。有了朱温站在背后，宰相的胆子变大了，于是就杀了宦官头目，迎接唐昭宗复位。唐昭宗和崔胤还想杀掉其他宦官，他们就投靠另一个藩镇凤翔节度使李茂贞，并把唐昭宗劫持到凤翔。

崔胤无奈又向朱温求救，于是朱温带兵进攻凤翔，要李茂贞交出唐昭宗。

李茂贞不买账，结果就打了起来，可是他的兵力敌不过朱温，连打败仗。朱温就下令，让大军把凤翔城包围起来。最后城里的粮食断了，又碰到大雪天，兵士和百姓饿死、冻死了很多。李茂贞被围在孤城里，内无粮草，外无救兵，只好投降。

朱温攻下凤翔，把唐昭宗救了出来，带回长安。从此，唐昭宗就成了朱温的傀儡，唐王朝政权完全掌握在朱温手里。

朱温掌握大权之后，就把宦官全部杀光，挟持唐昭宗迁都洛阳。离开长安时，朱温派人把长安的宫室、官府和民屋全部拆光，材料被运到洛阳，长安的官吏、百姓也被迫一起迁到洛阳。

到了洛阳不久，朱温就派人把唐昭宗杀死，立李柷为帝，即唐昭宣帝。朱温还把唐朝的三十几名大臣集体杀害，尸体被扔进黄河里。

公元907年，朱温逼迫唐昭宣帝退位，自己称帝，建国号为梁，定都汴（今河南开封），史称后梁，朱温即是梁太祖。至此，统治了二百八十九年的唐王朝宣告结束。

趣味链接

晚唐壁画

晚唐壁画在创作风格上趋向繁靡浮华，内容上则从不同侧面反映了统治阶级骄奢淫逸的生活。其创作技法在继承南北朝时期成就的同时，进一步发展了"吴代当风，曹衣出水"的画技，使技术日趋成熟。但所反映的内容则是毫无进取的浮华寄生生活。伎乐宴饮舞蹈等声色犬马的地主阶级家居生活，成为晚唐壁画的主流。

耶律阿保机建辽

· 来自大草原的英雄 ·

契丹族原来是鲜卑族的一个分支，主要分布在辽水上游的潢水（今西拉木伦河）流域，以游牧为主。唐初时期，契丹一族开始形成有八个部落组成的部落联盟，而每个部落的首领公推一人，作为部落联盟的首领，统一领导各部落生产、作战和处理对外关系。到了唐朝末年，由于汉族人不断迁往契丹族居住的地区，契丹族人也逐渐学会了种地、织布、冶铁和建造房屋，开始过定居生活。

契丹部落联盟中有一个重要职位叫夷离堇。后来，契丹部落联盟中又设置了一个比夷离堇的地位还要高的职位，叫于越，负责掌握部落联盟的军事和行政大权。辽国的开国皇帝耶律阿保机就曾经先后担任夷离堇和于越，从而掌握了军政大权。

耶律阿保机，契丹人，公元872年，耶律阿保机出生在迭剌部耶律氏族一个贵族家里。他从小英勇善战，表现出卓越的军事和政治才能。自阿保机执政之后，他不断对外发动战争，掠夺了大量的财富和奴隶，他的权力很快超过了部落联盟的首领。公元907年，经过部落选举，阿保机当上了部落联盟首领。

契丹人骑马图

按照惯例，契丹部落联盟的首领应该三年重选一次。可是阿保机做到了第五年还不肯让位，很多贵族非常不满，就开始反对他，结果被阿保机镇压了。后来，他们趁阿保机在外作战的时候，又起来反抗。这一次，阿保机没有强行镇压，而是下令举行传统的选举仪式。可是，他又当选为部落联盟的首领。那些贵族们不甘心，几个月之后又发动了叛乱，经过两个月的艰辛作战之后，阿保机终于平息了战乱。

于是，当阿保机的权威没有人再怀疑的时候，于公元916年，阿保机称帝，国号契丹，建元神册。

辽国建立以后，阿保机进行了一系列改革。他不仅创造了契丹文字，而且制定了法律，对那些汉族人仍旧依照汉族的法律治理。此外，对于工农的发展，阿保机也提出了积极的措施。不久，阿保机对邻族和中原地区进行更大规模的侵略，逐渐统一了大漠南北和东北广大地区，他领导的契丹成为当时我国北方的一个强大的地方政权。

阿保机被视为契丹族的民族英雄，他以超群的谋略和卓越的政治军事才能，完成了中国北方地区的统一，为北方少数民族的发展作出了重大贡献。

趣味链接

契丹服饰

契丹的服饰就是所谓的"胡服"，"胡"是战国以来中原人对北方诸族的泛称。"胡服"则是泛指包括北方民族在内的周边诸族服饰，其最大特点就是"左衽"。无论男女都穿左衽，圆领、窄袖的长袍，袍里衬衫袄，下身穿套裤，裤腿塞在靴中，与中原服饰明显有别。契丹民族的服饰文化渗透在人类文化发展史中，后人可从这些绚丽多彩的服饰中领略出契丹族生活习俗、审美情趣、文化宗教观念的博大精深。

南唐后主李煜

· 以词闻名，以词杀身 ·

南唐的最后一个君主叫李煜，字重光，史称李后主。这位李后主对于国家大事，基本上是一概不知，然而在琴棋书画方面却样样精通，尤其工于词令，可谓是个不可多得的大才子。

李煜是南唐上一任国君的第六个儿子，这就注定了他天生不是一个当皇帝的人，然而他的五个哥哥全都相继死去，所以他才被赶鸭子上架，继承了皇位。更不幸的就是他继位的时候，赵匡胤已经统一了北方，建立了北宋政权，而此时南唐的天下岌岌可危。

李后主为了偏安一隅，于是年年向北宋进贡。当赵匡胤找他来朝见的时候，他总是以各种各样的借口来推辞，生怕一去不复返。结果赵匡胤火了，就带兵前来攻打，南唐小国那经得住赵匡胤的铁骑？于是李后主只得派大学士徐铉去求和。徐铉说："李煜侍奉陛下，犹如儿子一般尽心，为什么还要讨伐他？"太祖大怒道："那儿子怎么不和他老子在一起，却要分隔南北是何道理啊？"徐铉哑口无言，只好苦求太祖手下留情，不要攻取金陵。太祖怒道："现在天下一家，李煜理应归顺。卧榻之侧，岂容他人酣睡？"徐铉大惊，赶紧离开汴京，返回金陵。

公元976年，曹彬率领宋军攻破金陵。李后主本想一死了之，可怎奈缺乏勇气。于是带着全家老小一起来到了宋朝的首都开封。然而在异国他乡他总是怀念自己的国土，后来在他四十二岁生日，那天多喝了几杯，伤感从心头涌起，挥笔写下了那首著名的《虞美人》："春花秋月何时了？往事知多少，小楼昨夜又东风，故国不堪回首月明中。雕栏玉砌额应犹在，只是朱颜改，问君能有几多愁，恰似一江春水向东流。"

此时的宋太宗赵光义听了非常生气，见李后主这么难熬，就赐他一杯毒酒让他了却残生。

尽管在政治上，李煜是个懦弱无能的昏君。然而，在文学中，他却是独领风骚的文人，除了《虞美人》外，还有《浪淘沙令》、《破阵广》等都是精品之作，后世的人们更是尊他为"千古词帝"。

趣味链接

李煜·《相见欢》

"无言独上西楼，月如钩，寂寞梧桐深院锁清秋。剪不断，理还乱，是离愁，别是一般滋味在心头。"一个掌握生杀予夺之权的一国之主，忽而变为任人宰割的阶下之囚，景况一落千丈，李煜的悲痛愁恨乃是一般人难以想象的。他领受了人生的悲哀，又直率、真切地把自己的悲哀倾泻在词中，这使他的词深哀浅貌、短语长情，无论就思想内容或艺术技巧来看，都大大超越了前人，达到了小令的最高境界。

第八章
宋、辽、金、西夏

黄袍加身赵匡胤

·宋朝的建立·

赵匡胤，涿州（今河北涿县）人，宋朝的开国皇帝。从小开始就习文练武，二十一岁时，颇有冒险精神的赵匡胤告别父母妻子，开始浪迹天涯，寻找那份属于自己的事业。他漫游了华北、中原、西北的不少地方，都未能如愿，到了公元949年，他终于遇到了机会，投到了郭威的旗下，后来，赵匡胤升任殿前都点检（禁卫军首领）。

后周显德六年（公元959年），周世宗去世，由其幼子柴宗继位，当年柴宗只有七岁。赵匡胤见皇上年幼无能，开始和赵匡义、赵普密谋篡夺皇位。

公元960年正月初一，开封城内沉浸在过年的气氛中，宫廷内大摆筵席，文武百官向皇帝朝贺新年，忽然有人报告说，北汉和辽国的军队联合南下攻击后周。后周符太后和宰相范质、王溥等人，听后大惊失色，慌忙决定派赵匡胤统领大军北上御敌。

天慢慢地黑了，大将高怀德的营帐中，烛光闪闪，人影绰绰。高怀德十分赞成拥立赵匡胤做皇帝。此时，只见他一下拔出佩剑，说："有谁反对赵匡胤当皇帝，我的剑可不认人。"赵匡义接着说："当今皇帝年幼无为，早应废除才是，留着反而是个祸害。"赵普问帐中诸将："你们当中有谁不同意？不同意的可以离去！"在场将领一共十一人，没有一个人离开。赵普见大家都默认了，大喜，拿出一件新做的龙袍，大喊："走啊！去拜见新皇帝去。"将军们便前呼后拥地向赵匡胤的大帐走来。众将进入帐中，叫醒假意蒙头入睡的赵匡胤，拿着龙袍就往赵匡胤身上披。

赵匡胤假惺惺地说道："周主待我恩重如山，怎么能以下犯上？不敢，不敢……"一连说了几个不敢，却一边说，一边也把龙袍穿上了。

之后，赵匡义、赵普等人带头，倒地叩头，高呼"万岁"。其他人在他们的带领下，也高呼"万岁"。于是，赵匡胤真的做起天子来了，这就是历史上有名的"陈桥驿黄袍加身"。

在正月初四那一天，赵匡胤就率军回师开封，细数柴宗的年幼无能，又说自己称帝是群臣之意，柴宗无奈，只好退位。于是，赵匡胤谋反成功，当了皇帝，改国号为宋。赵匡胤就是史上赫赫有名的宋太祖。此后，宋太祖赵匡胤经过多年征战，结束了五代时期五十多年的混战局面，统一了全国。至此，中国重新成为统一的国家，史称北宋。

趣味链接

陈桥兵变

辽兵进军开封一事，其实是赵匡胤的一个骗局。赵匡胤知道皇帝年幼，听到敌兵来攻必然惊慌失措，一定会派他领军抵抗，这样他就能名正言顺地统领军队、掌握兵权了。于是，赵匡胤带兵离开开封城，向东北进发。但是并没有走多远，当部队行至陈桥时，赵匡胤就令全军就地安营扎寨。没人明白他的意思，但是赵匡胤的夺位计划却已经展开。

杯酒释兵权

·赵匡胤巩固王位·

"陈桥兵变"成功之后，赵匡胤当了皇帝。他是靠兵变当的皇帝，自然也担心手下效仿，有一天会废黜自己。于是，他便开始了废除手下兵权的活动，史称"杯酒释兵权"。

有一天，赵匡胤找赵普谈话，说出了自己心中的忧虑。赵普不愧为他的心腹，告诉他，前朝的弊病，就在于将军们权力过大，手握重兵，难免不出事。如果削了他们的兵权，将权力集中到中央，则可以高枕无忧。赵匡胤恍然大悟，连连称好。

过了几天，宋太祖在宫里举行宴会，请石守信、王审琦等几位老将喝酒。酒过几巡，宋太祖命令无关的人退出。他拿起一杯酒，先请大家干了杯，说："我要不是有你们帮助，也不会有现在这个地位。但是我也有我的难处，你们只是不知道，我现在觉得真不如做个节度使自在。"几位老将听了，都十分惊奇，连忙问这是什么缘故。宋太祖说："这么简单的事都不明白？皇帝这个位子，谁不眼红呀？"石守信等听出了话外音来了，非常害怕，跪在地上说："陛下为什么说这样的话？现在天下太平，百姓安居乐业，谁敢心怀不轨呢？"宋太祖叹了口气，说："你们几位我放心，就怕你们的手下图谋不轨，哪天他们把黄袍加在你们的身上，恐怕你们不做也得做了。"石守信等听到这里，感到大祸临头，头上大汗淋漓，十分紧张，连连磕头，含着眼泪说："我们没想到这些，请陛下给我们指一条正路。"

宋太祖说："我这都是为你们好，你们不如把兵权交出来，到地方上去做个闲官，买点田产房屋，给子孙留点家业，我再给你们一笔钱，你们快快活活过个晚年。我和你们结为亲戚，彼此毫无猜疑，不是更好吗？"石守信等齐声说："臣等愿意，陛下真是替我们想得太周到啦！"

酒席一散，大家各自回家。第二天上朝，每人都递上一份奏章，说自己年老多病，请求辞职。宋太祖马上照准，收回他们的兵权，赏给他们一大笔财物，打发他们到各地去做节度使。历史上把这件事称为"杯酒释兵权"，"释"就是"解除"。

宋太祖收回地方将领的兵权以后，由皇帝直接控制兵权，这个做法一直为其后辈沿用。但这样一来，兵不知将，将不知兵，能调动军队的不能直接带兵，能直接带兵的又不能调动军队，虽然成功地防止了军队的政变，但却削弱了部队的作战能力，以致后来宋朝在与辽、金、西夏的战争中，连连败北。

趣味链接

烛影斧声

斧声烛影是指宋太祖赵匡胤和宋太宗赵光义之间所发生的一个谜案。

在赵匡胤病重时，弟弟赵光义带着斧子走进了他的房间，当晚，赵匡胤暴死。赵匡胤的王位，并没有由他的儿子继承，而是传给了弟弟赵光义。

女中豪杰萧太后

·谁说女子不如男·

萧太后，名萧绰，小字燕燕，乃辽国宰相萧思温之女，幼年聪慧灵敏。当时萧思温观察家中几个女儿干家务活，唯见萧绰干得漂亮，家里收拾得井井有条，深得萧宰相称赞，说："此女必能成大事。"从萧太后后来的经历来看，此话言之不假。

公元969年，辽景宗继位，十六岁的萧燕燕被选进宫，封为贵妃，开始了她从政的道路。进了宫廷后，她不像多数宫女那样，每天只知道描眉画眼，争风吃醋，而是关心国家大事、朝廷安危，常常给皇上出些好主意，因而得到了辽景宗的赏识，不久便被册立为皇后。辽景宗继位时，面对混乱的局面，的确想励精图治，干一番大事业，但他自幼身体不好，于是把军国大事托付给能干的萧燕燕代为处理。

那时候，天下一片混乱。辽国位于北方，与宋朝分庭抗礼，四周还有北汉、党项等几个小国各自为政。宋太宗赵光义也是一个很有理想的君主，他上台后，一心要收回燕云十六州，所以对辽发动了战争。

由于辽国对于宋军的进攻，没有做好准备，所以战争一开始，宋军连连得胜，势如破竹，很快打到幽州城南。辽景宗得知后，赶快请皇后萧燕燕召开紧急会议，商量对策。在这次会议上，萧燕燕展示了自己惊人的智谋和魄力。面对有人主张放弃幽州的提议，萧燕燕却主张坚决反击。她认为宋军远道出击，粮食运输必定困难，辽国可以一面派精兵阻击，死守阵地，一面派轻骑兵奇袭宋军后方，截断他们的粮道。辽景宗与大将耶律休哥觉得萧燕燕的分析很有道理。随即，萧燕燕和辽景宗派耶律休哥和耶律沙带领军队前去阻击宋军。

在接下来的战斗中，萧燕燕又展示了"疑人不用，用人不疑"的性格。耶律沙率领精锐骑兵赶赴幽州，耶律休哥则带兵绕到幽州城南，他们打算分两路夹击宋军。于是，耶律沙和耶律休哥把拟好的作战计划拿去请萧燕燕批准，萧燕燕却给了他们自己决定的权力，并告诉他们，兵贵神速，前线的事可自己决定。这件事，让耶律休哥和耶律沙都觉得皇后真是英明，真正懂得用兵打仗的道理。之后辽军大胜，史称"高粱河之战"。

公元982年，辽景宗去世，萧燕燕被尊为皇太后并摄政，在这段时间，辽和宋签署了著名的"澶渊之盟"。她励精图治，使辽国国力达到了鼎盛时期。

萧太后被后人称为辽国三位临朝称制的太后中最杰出的一位。

趣味链接

萧太后"杀妻夺夫"

萧太后三十岁即丧夫守寡，不久便横刀夺爱，暗中使人杀害了汉臣韩德让之妻李氏，之后，她在韩德让的帐中大宴群臣，实际上是变相宣布他们的关系，堂而皇之地许身韩德让，颇有女中豪杰的风范。

杨家将

·一门忠烈的故事·

提到中国历史上的民族英雄，杨家将绝对是一个绕不过去的名字。

民间流传的杨家将的故事，涉及杨业、佘太君、杨延昭、杨宗保、穆桂英等祖孙数代的男女英雄，他们的故事很大程度上都是文学创作。历史上真实的杨家将，指的主要是杨业、杨延昭和杨文广。其中名气最大、功劳最高的，当属杨业。杨业本名叫杨重贵，其父杨信是麟州的土豪，趁五代混乱的时候，占据麟州，自称刺史。父亲死后，杨业曾在北汉做过一段时间的将领，战功卓著，所向披靡，国人称为无敌。无奈北汉国力衰弱，最终归降北宋。宋太宗素知杨业威名，授予他左领军大将军、郑州防御使。杨业骁勇善战。高梁河战役之后，辽军不断南下。公元980年，辽国出动十万大军，入侵雁门关。镇守代州的杨业带领数百名骑兵，从小路绕到雁门关北面。辽军想不到背后来了宋朝的军队，吓得四处逃散。在这场战斗中，杨业和北宋另一将领潘美痛击辽军，杀死辽国节度使驸马侍中萧咄李，生擒马步军都指挥使李重海，缴获很多兵甲战马。宋太宗下令杨业升官至云州观察使。以后辽国望见杨业的旌旗，就不战而走。

公元986年，宋太宗分兵三路攻打辽国。东路由曹彬将军带领，向幽州挺进，中路由田重将军带领，攻取河北西北部和山西东北部各地，西路由潘美将军和杨业将军率领，攻取山西北部各地。然后三路军队会合，收复幽州。

潘美、杨业的军队一路上英勇无敌，很快便打下了寰、朔、云、应四州。不过，由于中路、东路溃败，西路军队成了深入的孤军，宋太宗命令他们迅速退回代州。不久，应州的宋兵不战而逃，辽军又乘机打进了寰州。随后，宋朝下令把寰、朔、应、云四州的人民迁到内地，要潘美和杨业的部队负责掩护。

杨业凭借自己多年的作战经验，提出了一个稳妥的作战方案。然而，对于他的计策，监军王侁和潘美并未采用。杨业无奈，只得率本部人马出击。听说杨业前来，辽军出动大批军队，把宋军团团围住，杨业和他的部下虽英勇作战，但毕竟寡不敌众，后来身负重伤，坠马被俘。被俘后，杨业坚贞不屈，在辽营绝食三天后，壮烈殉国。杨业的儿子杨延昭，孙子杨文广，也都是赫赫有名的将领。这三个人是历史中杨家将的主要人物。杨家将三代血战报国的事迹，为后人所传诵。

趣味链接

谁是杨六郎

历代杨家将传说中，以为杨延昭是杨业第六子，故称杨六郎。但是据史所载，杨延昭应为长子。辽人迷信，相信天上北斗七星中，第六颗星是专克辽国的，因为杨延昭对于辽人很有威慑力，辽人以为他是那第六颗星转世，因此称他为杨六郎。

名相 寇准

·北宋第一宰相·

寇准，字平仲，华州下邽（今陕西渭南东北）人，北宋政治家、文学家，官至宰相。寇准出身于书香门第，他的父亲寇相学问很高，在五代后晋时中过进士。寇准七岁时随父登华山就留下了"只有天在上，更无山与齐。举头红日近，俯首白云低"的诗句。少年时的寇准，聪明好学，从书本上学到许多知识和道理，尤其将《春秋》三传，读得烂熟，理解得很透彻，这为他以后入仕从政打下了基础。

公元980年，十九岁的寇准赴汴梁（今天的河南开封）会试就被录取。开始任大理评事，由于政绩显著，升任大名府成安军，迁殿中丞，后又被提为尚书虞部郎中。因他刚直不阿，敢于向皇帝犯颜直谏。端拱二年（公元989年）的一天，寇准在大殿上奏事，言辞异常激烈，宋太宗很生气，几次打断寇准的话，寇准就是不听。宋太宗大怒，起身离座。寇准一步上前，拉住宋太宗的衣服，不让皇帝走，硬把宋太宗拽回座位上坐下，自己坚持把话说完。当时，殿上的大臣都以为寇准这次要吃苦头了，全天下谁敢在皇帝生气的时候，拉着龙袍不让走，那是犯上的大罪。没想到宋太宗坐下以后，头脑冷静了许多，听完寇准的话，不但不生气，反而大加表扬。所以宋太宗称赞道：

"朕得寇准，犹文皇之得魏征也。"

寇准年纪轻轻就做了高官，又得到宋太宗的信任，不免引起别人的嫉妒。后来被同为知院事的张逊所陷害，被宋太宗贬到青州当知州。

过了一年，宋太宗想起寇准的忠心耿耿，不可能会有犯上的行为，就把他召回京师，拜为参知政事。

宋真宗继位后，拜寇准为宰相。此时，辽国大军南侵。不过在寇准的坚决主张下，宋真宗御驾亲征，击退了辽国的进攻，双方签订了《澶渊之盟》。

《澶渊之盟》使大宋与辽国之间息兵休战达百年之久，寇准在这件事上功不可没。然而，正是因为有了这个功劳，寇准才招来了一场祸端。另一位大臣和寇准有隙，一天退朝之后，他上奏宋真宗，说寇准取胜乃是孤注一掷，是把宋真宗当成了赌注。宋真宗在一年后便罢免了寇准的宰相职务。之后，寇准虽又被任命为宰相，但是，又免不了被罢免的命运。最终，晚年病逝于雷州。

寇准一生几起几落，年少时以起开始，年老时以落结束。一生始终坚持自己的信念，为一代名相。

趣味链接

寇准是寇老西吗

有一种说法，把著名的山西人称为"老西"，如寇准就被叫做寇老西。据史书记载，"寇准，字平仲，华州下圭人也。"华州是指今陕西省华县，下圭是指今陕西渭南。因此，寇准是地地道道的陕西人，叫他寇老西是不对的。

包青天

·铁面无私的清官·

　　包青天，原名包拯，字希仁，又称包公，庐州合肥（今安徽合肥）人，是我国历史上最著名的清官。包拯出生于公元 999 年，北宋庐州合肥（今安徽合肥）人。二十八岁那年考中进士，开始了官场生涯。他秉公执法、刚正不阿的事例数不胜数。

　　在包拯初任扬州知县时，有一个农民到县衙告状，诉说有人割掉了他家耕牛的舌头，请求捉拿凶手。包拯分析，罪犯没有偷牛，而只是割掉了牛舌头，看来不是为了图谋钱财的盗贼，很可能是过去两人有仇，割其牛舌是一种报复。于是，他就想出一个"金钩钓鱼"之计，对告状的农民说："牛舌被割了，这牛必死无疑，你回去杀掉卖肉赚几个钱吧。但是不要说是本县官让你杀的。"当时私宰耕牛是犯法的。罪犯见农民杀牛卖肉，以为有机可乘，立即到县衙告发。包拯升堂，猛然喝道："大胆歹徒！为何先割人牛舌又来告人私宰耕牛？还不从实招来！"罪犯一听，以为事情败露，十分惊慌，又怕受刑杖之苦，只好低头认罪。看来这个"牛舌案"虽然不大，却充分反映了包拯明察秋毫，很有智谋。

　　包拯一生清正廉洁，从不贪污受贿。他认为要做到清正廉洁，必须生活节俭，节俭方能养廉，奢侈必然导致贪污。他不但自身廉洁，而且制订了一条"家训"，劝诫子孙将来永远清廉。虽然做了大官，可是他的衣服、用具、饮食还和从前一样。他平生最恨贪官污吏，在他所作的一篇《家训》里说：后世子孙凡做官贪污受贿的，不得放归本家，死后不得葬于祖坟之中。

可以用以下一段话概括包拯的为人：清正廉洁，节俭朴素；兴利除弊，为民造福；犯颜直谏，疾恶如仇；铁面无私，秉公执法；勤于政事，鞠躬尽力。包青天是所有官员的榜样。

趣味链接

包公的身世

传说包拯在家排行老三，故小名叫包三，在包三未出世之前，他们的家境十分贫寒，有一天包三的大嫂洗澡，澡盆里落下一颗星星，这一颗星星吓坏了他大嫂，她就把洗澡水让给了婆婆。第二年，婆婆生下了包三，奇丑无比，加上脸又黑且额上一道月亮的胎记，妈妈认为生了一个怪胎，要求他大嫂把他活埋了，说完就吓晕了过去，而大嫂就把包三偷偷地抱走，送给别家寄养。

范仲淹新政

·一个文人的政治理想·

范仲淹，原名朱说，字希文，苏州吴县（今江苏苏州望亭）人，北宋伟大的政治家、文学家、军事家。他在《岳阳楼记》中留下了一句名言："先天下之忧而忧，后天下之乐而乐。"此话不仅成为千古绝唱，而且也是范仲淹一生的座右铭。

范仲淹两岁时父亲就去世了，母亲无依无靠，不得不带着他另嫁到一个姓朱的人家。范仲淹从小的生活环境十分艰苦，他住在一个庙宇里读书，虽然吃不饱饭，仍旧刻苦学习。有时读书到深更半夜，实在困得睁不开眼，就用冷水泼在脸上，稍微精神一下，继续攻读。二十三岁那年，范仲淹来到睢阳应天府书院，应天府书院是宋代著名的四大书院之一，共有校舍一百五十间，藏书数千卷。范仲淹十分珍惜崭新的学习环境，昼夜不息地攻读。终于在二十七岁那年考中了进士。

范仲淹在朝廷当谏官的时候，他看到宰相吕夷简滥用职权，任用亲友，就向宋仁宗大胆揭发。这件事触怒了吕夷简，吕夷简却反咬一口，说范仲淹结交私党，挑拨君臣关系。宋仁宗听信了吕夷简的话，把范仲淹贬谪到南方。后来，西夏与北宋爆发了战事，朝廷需要有人带兵打仗，宋仁宗又把他调往陕西指挥战事。在这场战争中，范仲淹展现了他的指挥才能，立下了大功。宋仁宗觉得他的确是个人才，就把范仲淹从陕西调回京城，命他担任副宰相。

范仲淹一回到京城，宋仁宗就召见了他，要他提出治国的方案。经过深思熟虑后，范仲淹提出了十条改革措施。宋仁宗看了范仲淹的方案，非常赞同，批准在全国推行。这就是历史上有名的"范仲淹新政"。

改革是利益的分配。范仲淹的改革措施触动了上层贵族集团的利益，因此一些皇亲国戚、权贵大臣、贪官污吏纷纷散布谣言，攻击新政。有些原来就对范仲淹不满的大臣更是天天在宋仁宗面前说坏话，说范仲淹与一些人交结朋党，滥用职权。看到反对新政的人越来越多，宋仁宗也开始动摇起来。范仲淹被逼得在京城待不下去，就自动要求回到陕西防守边境。于是，宋仁宗顺水推舟，就把他调走了。

范仲淹一走，宋仁宗立刻下令把新政全部废止，至此新政推行了不足一年，便以失败而告终。

趣味链接

断齑画粥的来历

范仲淹小的时候，常去附近长白山上的礼泉寺寄宿读书，从早到晚，不断诵读。他勤奋刻苦的精神，给僧人留下了深刻的印象。那时，他的生活极其艰苦，每天只煮一锅稠粥，凉了以后划成四块，早晚各取两块，拌几根腌菜，调半盂醋汁，吃完继续读书。后世便有了断齑画粥的美誉。

欧阳修改革文风

·给文章注入了新鲜血液·

　　欧阳修，字永叔，号醉翁，又号六一居士，庐陵（今江西永丰县）人，北宋卓越的文学家、史学家。他领导了北宋的"诗文革新运动"，这是中国文学史上继唐代古文运动以后的又一次文风改革。改革的目的是反对浮华艰涩的文风，倡导文章要通俗流畅，贴近生活，对当时诗文革新运动作出了巨大的贡献。

　　欧阳修四岁时，父亲病逝，他和母亲随叔父一起生活，幼年家贫无资，母亲郑氏以荻画地，教以识字。欧阳修自幼酷爱读书，常从城南李家借书抄读。欧阳修天资聪颖，刻苦勤奋，往往书还没有抄完，已能背诵。少年习作诗赋文章，技巧娴熟，文笔老练。其叔由此看到了家族振兴的希望，曾对欧阳修的母亲说："嫂无以家贫子幼为念，此奇儿也！不唯起家以大吾门，他日必名重当世。"十岁时，欧阳修从城南李家借到了唐朝的《昌黎先生文集》，一共六卷，甚爱其文，手不释卷，日夜攻读。这为日后他倡导改革文风打下了基础。

　　宋朝初年的时候，在当时平和的社会环境下，贵族文人提倡的文风占据了主流，这种文风追求华丽的形式、优美的词汇，可是内容却空洞无物，脱离生活。欧阳修读了韩愈的散文，觉得文笔流畅，说理透彻，跟当时流行的文章完全不同。他认真琢磨、学习韩愈的文风。长大以后，他到东京参加进士考试，连考三场都得到第一名。这之后，欧阳修更加坚定了改革文风的信念，大力倡导文风改革。在二十多岁时，欧阳修就已经很有名气了。

相比较文学上的成就，欧阳修的仕途之路却并不顺利。他官职不高，但是十分关心朝政，正直敢谏。他曾写信责备陷害范仲淹的吕夷简，后来因此被降职到外地，过了四年才回到京城。后来，又因为支持范仲淹新政，欧阳修遭人诬陷，又被贬到滁州（今安徽滁县）。在滁州时，欧阳修在处理政事之外，常常游览山水。当地，有个和尚在滁州琅琊山上造了一座亭子供游人休息。欧阳修登山游览的时候，常在这座亭中喝酒，因此被称为"醉翁"，这个亭子也被叫做醉翁亭。欧阳修的散文《醉翁亭记》，成为人们千古传诵的佳作。

欧阳修当了十多年地方官后，再次被调回京城，因文采出众，担任了翰林学士。他继续倡导文风改革，取得了巨大成就。

趣味链接

唐宋八大家

唐宋八大家是唐宋时期八大散文作家的合称，即唐代的韩愈、柳宗元和宋代的苏轼、苏洵、苏辙（苏轼、苏洵、苏辙三人称为三苏）、欧阳修、王安石、曾巩（曾拜欧阳修为师），两名唐朝人和六名宋朝人。他们先后倡导了古文革新浪潮，使得散文发展的陈旧面貌焕然一新。

王安石变法

·宋代最大的改革·

王安石，字介甫，号半山，封荆国公，世人又称他为王荆公，临川（今江西省抚州市）人，北宋时期杰出的政治家、思想家、文学家和改革家，为唐宋八大家之一。主要作品有《王临川集》、《临川集拾遗》等。

王安石出生于一个中层官员家庭。年轻的时候，他文章写得十分出色，深得欧阳修赞赏。二十岁那年，王安石考中进士，做了几任地方官，积累了丰富的地方吏治经验。他了解到社会的弊病，体会到人民的疾苦。面对严酷的社会现实，王安石开始有了推行改革的想法。王安石向宋仁宗递交了《万言书》，系统地阐述了自己的改革主张。宋仁宗刚刚废除范仲淹的新政，对王安石的改革主张自然也无动于衷。王安石的改革主张一直无法实现，直到宋神宗上台。

宋神宗继位的时候只有二十岁，因为年轻，自然也想有所作为。王安石给他分析了当前的情况，指出当前社会存在以下矛盾：一是百姓贫苦，地主豪强占了大量土地，而农民无地，结果富者愈富，穷者愈穷；二是军力弱，调兵权与领兵权分离，军无常帅，武器生产管理混乱，军队没有战斗力；三是政府机构臃肿，官员太多，人浮于事，办公经费不足；四是社会矛盾尖锐，农民贫苦再加上天灾，各地暴动不断。因此，必须实行一场大规模的变法，宋神宗对此非常赞同。

公元 1069 年，王安石在宋神宗的支持下开始实行变法。主要内容包括：方田均税法、均输法、青苗法、农田水利法、市易法、募役法、保甲法、裁兵法、将兵法、保马法、军器监法、太学三舍法、贡举法、唯才用人制度等。变法涉及社会生活的各个方面，对巩固宋朝的统治，增加国家收入起了积极的作用。

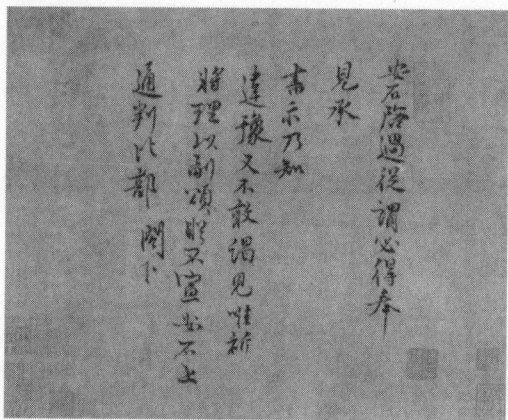

王安石尺牍

但是他的变法触动了大地主和官僚集团的利益，遭到他们的强烈反对。司马光曾经多次上疏皇帝取消新法。后来，宋神宗也开始怀疑变法。一次，他问王安石："现在人们都说，我们不怕天变，不听人们的舆论，不守祖宗的规矩，我们什么都不怕，这是要亡国的，该怎么办？"王安石回答："陛下认真处理政事，这就可以防止天变了。陛下听从下面的意见，这就考虑到舆论了，再说人们的话也不是全对的，只要我们做得合乎道理，又何必怕人们议论。至于祖宗老规矩，本来就不是固定不变的。"

但最后宋神宗还是动摇了，王安石的改革以失败告终。但是这次改革还是在一定程度上变革了社会结构，也影响了人们的观念，具有一定的进步意义。

趣味链接

王安石吃鱼饵

宋仁宗一次大宴群臣，王安石在花园里钓鱼，他发现鱼饵很漂亮，忍不住尝了一个，居然非常好吃，于是又吃了一个，不知不觉，一盘鱼饵就被他吃完了，便留下了一个王安石吃鱼饵的趣闻。

苏东坡身陷"文字狱"

·旷世才子的悲惨遭遇·

苏轼，字子瞻，又字和仲，号"东坡居士"，眉州（今四川眉山）人，世人多称他为苏东坡，北宋时期著名的文学家、书画家、词人和诗人，是"唐宋八大家"之一，豪放派词人代表。其诗、词、赋、散文，均成就极高，且善书法和绘画，是中国文学艺术史上罕见的全才，也是中国数千年历史上被公认文学艺术造诣最杰出的大家之一。其散文与欧阳修并称欧苏；诗与黄庭坚并称苏黄；词与辛弃疾并称苏辛；书法名列"苏、黄、米、蔡"北宋四大书法家之一；其画则开创了湖州画派。

苏轼一生坎坷不断，他为人正直，敢说敢做，当时朝廷中保守派和革新派斗争激烈，苏轼成了斗争的牺牲品，曾被捕入狱，三次被贬，分别被贬至黄州（今湖北黄冈）、惠州（今广东惠州）、琼州（今海南）。但是苏轼在被贬到地方之后，关心民间疾苦，进行各项兴利除弊的改革创新事业，颇有政绩，深受百姓爱戴。

宋神宗年间推行变法，苏轼反对新法，并在自己的诗文表露了对新政的不满。当时的苏轼已是文坛的领袖，他的作品在社会上影响很大，为了避免破坏变法，在宋神宗的默许下，苏轼被抓进御史台，一关就是四个月，每天

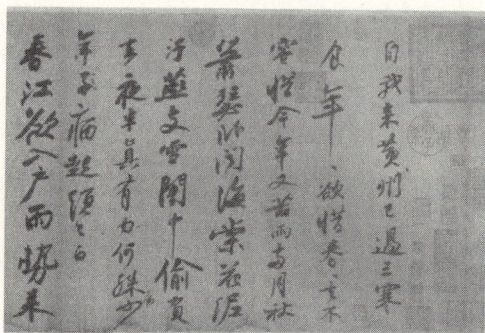

苏轼书法作品

被逼要交代他以前写的诗的由来和词句中典故的出处。由于自汉代以来御史台又称"乌台",所以此案称为"乌台诗案"。

由于宋朝有不杀士大夫的惯例,所以苏轼免于一死,但被贬为黄州团练副使。后来,苏轼去湖州(今浙江省吴兴县)做官,遭御史台所派遣的皇甫遵等人逮捕入狱,他们指证苏轼在诗文中歪曲事实,诽谤朝廷。御史李定、何正臣、舒亶等人,举出苏轼的《杭州纪事诗》作为证据,说他"玩弄朝廷,讥讽国家大事",更从他的其他诗文中挖出一句两句,断章取义,给予定罪,如"读书万卷不读律,致君尧舜知无术",本来苏轼是说自己没有把法律一类的书读通,所以无法帮助皇帝成为像尧、舜那样的圣人,他们却说他是讽刺皇帝没能以法律教导、监督官吏。总之,他们认定苏轼胆敢讥讽皇上和宰相,罪大恶极。苏轼在御史台内遭到严刑拷问,他自认难逃死罪。最后终能幸免一死。后人把这桩案件的告诉状和供述书编纂为一部《乌台诗案》。

趣味链接

苏氏子弟

苏氏一家,可谓人才辈出。苏轼的父亲苏洵和弟弟苏辙,都是当时著名的文人,同为"唐宋八大家"。而苏轼有四名非常杰出的弟子,为黄庭坚、秦观、晁补之、张耒,称为四学士。后人有诗云:一门父子三词客,千古文章四大家。

方腊起义

· 官逼民反的结果 ·

宋徽宗赵佶是一个彻头彻尾的昏君。他在位时，宠信奸臣，宋朝的权力落到了蔡京、童贯一班人的手中，天下大乱，民不聊生，宋朝的政治已经腐朽到了极点。

方腊是睦州青溪县（今浙江淳安）人，雇工出身。青溪及其附近地区盛产竹木漆茶等经济作物，造作局和应奉局每年从这里勒索成千上万斤的漆，其他竹木花石的数量也极为庞大。小生产者和一般劳动人民的生活陷入绝境，怨声载道。于是在1120年，方腊发动几百名群众，聚集在青溪县万年镇，方腊对大家说："我们耕田、纺织，整年劳苦，生产的粮食和布匹全被朝廷夺去挥霍掉了。他们稍不如意，就鞭打我们，甚至把人活活逼死。对此我们能甘心吗？"众人愤怒地高声回答："不能！"于是，这些人宣告起义，起义得到了农民的拥护。方腊便组织人制造竹刀、竹枪作为武器，在平地上操练武艺，并且在道路上设下了许多陷阱，准备对抗官府。

很快，青溪县知县知道了农民起来造反的消息，于是派了五百人攻打起义军。方腊把一千多起义军埋伏在敌人的必经之路上，杀得官兵们落荒而逃，尸体躺倒了一片。

胜利鼓舞了方腊和他的起义军，队伍很快壮大到十万人。方腊自称"圣公"，建年号"永乐"，设置官吏将帅，正式建立了起义军的政权。

很快，朝廷派两浙都监蔡遵和颜坦带领五千官军前来镇压。起义军打败了他们，两位都监都送了命，五千官兵也都成了刀下鬼。

起义军乘胜占领了青溪县城。之后，起义军势如破竹，在不到两个月的时间里，又先后打下了睦州、休宁、歙州、杭州等许多城市。

起义军的接连胜利，让统治者慌了神。他们通过各种手段千方百计地对付起义军。宋徽宗的宠臣之一童贯率领十五万精兵，攻打起义军。双方在秀州激战，结果起义军失败。之后又在杭州交战，起义军再次失败。起义军屡战屡败，从富阳、新城、桐庐、建德、青溪，时战时退，最后退守帮源。宋军从东西两面包围帮源。方腊在帮源的严家溪滩，与宋军决一死战。在战斗中，方腊的坐骑战死，战刀丢失，最后不得不带领亲信，退往洞源村东北的石洞中躲藏。石洞分上中下三窟，极为隐蔽，官军无法寻找。统制官王禀下令搜山。裨将韩世忠由方庚做向导，收买叛徒方京，找到了方腊躲藏的石洞。经过一番殊死搏斗，方腊和妻子邵氏、子方毫、宰相方肥等人被俘。后来，方腊在汴京英勇就义。

方腊起义虽然最后失败了，但是起义军打下六州五十二县，威震东南半壁，从根本上动摇了北宋王朝的统治。方腊作为农民起义的杰出领袖，永远被人们怀念。

趣味链接

方腊鱼

在和朝廷战斗时，方腊被困在齐云山独耸峰。方腊心生一计，找来很多鱼虾，扔到山下，官兵以为山上粮草充足，于是就退兵了。后人为了纪念这件事，发明了方腊鱼这道色、香、味俱佳的菜肴。

完颜阿骨打

·金国的创始人·

古代，在我国现在的吉林、黑龙江一带，生活着一个以渔猎、畜牧为生的民族——女真族。辽代时，女真族被辽朝统治。辽代中后期，以完颜部为代表的女真族逐渐崛起，势力日益强大。后在其首领完颜阿骨打的领导下，奋起反抗并推翻辽王朝的残酷统治，建立了大金政权。

完颜阿骨打即金太祖，是金国的创建者，他是辽完颜部节度使劾里钵的第三个儿子，从小酷爱骑射，力大过人，对人热情，为人善良，深受族人的喜爱。阿骨打十岁时就学会拉弓射箭，十五岁时箭法已经箭无虚发，二十三岁时开始披挂上阵，指挥大军，显示出了卓越的政治和军事才华。

由于完颜部落在女真族各部落中的势力越来越大，阿骨打被推举为各部落的联盟长。阿骨打掌权以后，指挥部下修筑城墙，打造兵器，训练军队，准备和辽国开战。辽国知道这个消息后，派将军萧挞不野率领一支兵马驻守到宁江（现在吉林省扶余县），防守女真族的军队。阿骨打知道，这种形势就好比箭搭在弓上，不发也得发。他就把各部落的人马集合起来，对他们说："辽国一向欺负我们，现在是我们报仇的时候了，大家要同心协力作战，立功者，奴隶可以做平民，平民可以做官，原先有官职的可以得到晋升，谁要是不卖力气，全家人都要受到惩罚。"在恩威并施之下，女真族的将士们都一个个勇气百倍。

他们到了辽国的边界，正好碰上一队辽国的兵马，两边立刻打了起来。阿骨打见辽军阵里有一个骑马的将军，一箭把他射下马来。辽军见自己的主将死了，都没有心思再打下去，四散逃跑。女真兵乘胜攻克了宁江城。辽国君臣听到宁江失守的消息，十分惊慌，马上调集十万大军去进攻女真。辽军到了鸭子河北岸，一边排队，一边渡河，没想到阿骨打率领三千多女真兵突然杀出来。那些刚刚渡过河的辽军，队不成队，伍不成伍，根本无法抵挡，只好又乱哄哄地渡回去，女真兵也跟在后面渡到了河北岸，两军就在出河店（现在黑龙江省肇源县）杀起来。女真族大获全胜。

此后，经过一年多的苦战，阿骨打终于打败辽国军队。1115 年，阿骨打在会宁（今黑龙江阿城南）正式称帝，建立金朝。在金政权建立后，阿骨打清除了同姓通婚等落后习俗，重视发展生产。还命令完颜希尹"仿汉人楷字，因契丹字制度，合本国语"，创制了女真文字。对女真政治、经济、文化的发展起到了极大的促进作用。

趣味链接

奇男子阿骨打

阿骨打小时候，一次遇到辽国的使者。使者指着天上的飞鸟说：你能射下来吗？阿骨打不慌不忙，连发三箭，射下三只。使者赞叹道：真乃奇男子也。这就是奇男子的来历。

北宋"收复"燕云十六州

·一个未实现的理想·

　　燕云一名最早见于《宋史·地理志》。燕云十六州，又称幽蓟十六州。大概位于今天的北京、天津以及山西、河北北部。燕云十六州包括：幽州（今北京）、顺州（今北京顺义）、儒州（今北京延庆）、檀州（今北京密云）、蓟州（今河北蓟县）、涿州（今河北涿州）、瀛州（今河北河间）、莫州（今河北任丘北）、新州（今河北涿鹿）、妫州（今河北怀来）、武州（今河北宣化）、蔚州（今河北蔚县）、应州（今山西应县）、寰州（今山西朔州东）、朔州（今山西朔州）、云州（今山西大同）。

　　公元936年，后唐河东节度使石敬瑭反唐自立，向契丹求援。契丹出兵扶植其建立晋国，辽太宗与石敬瑭约为父子。作为条件，两年后，即公元938年，石敬瑭把燕云十六州之地献出来，十六州之地是一个极其先进的农业区，农业、手工业和其他文化活动都远比契丹本部地区发达，在军事上又有非常重要的意义，因此契丹统治者对这一地区有着足够的重视。他们把幽州升为南京，在此南京建立了南面官，视为腹地，俨然以大国的姿态屹立于与宋朝对峙的北方，使得辽国的疆域扩展到长城沿岸。

　　宋朝开国之后，面对辽人铁骑由燕云十六州疾驰而至的威胁，不得不在汴京附近广植树木。宋太祖赵匡胤不忘收复燕云，曾在内府库专置"封桩库"，打算用金钱赎回失地。宋朝还在河北南部兴建"北京"大名府和辽国对峙。太平兴国四年（979年）宋太宗赵光义移师幽州，试图一举收复燕云地区，在高梁河（今北京西直门外）展开激战，宋军大败，宋太宗中箭，乘驴车逃走，两年后疮发去世。之后北宋与辽进行了长期的战争，一直未能占领此地。讨伐辽国的失败，在宋朝统治者内部产生了强烈的恐辽情绪。之后又出现了王小波、李顺起义及李继迁联辽反宋，对宋朝的统治稳定都产生了很大的影响。严峻的现实迫使宋太宗重新考虑其对辽的政策。景德元年（1004年）北宋真宗抵澶州北城，后与辽国在澶州定下了停战和议，史称"澶渊之盟"，之后宋辽边境长期处于相对稳定的状态。后来，辽被金所灭。整个宋朝统治期间，一直也没有收复燕云十六州，这不能不说是一个遗憾。

趣味链接

澶渊之盟

"澶渊之盟"是北宋与辽经过多次战争后所缔结的一次盟约，订立于公元1004年。主要内容为：双方以白沟河为国界，撤兵。辽归还宋遂城及瀛、莫二州；宋方每年向辽提供"助军旅之费"银十万两，绢二十万匹。至雄州交割，双方于边境设置榷场，开展互市贸易。盟约缔结后，宋、辽之间百余年间不再有大规模的战事。因澶州又名澶渊，遂史称"澶渊之盟"。

靖康之耻

·一个王朝的奇耻大辱·

"靖康之耻"又称"靖康之难"、"靖康之祸"和"靖康之变"。发生于北宋皇帝宋钦宗靖康年间。靖康二年（1127年）四月金军攻破东京（今河南开封），在城内搜刮数日，掳走徽宗、钦宗二帝和后妃、皇子、宗室、贵卿等数千人后北撤，东京城中公私积蓄为之一空，至此，北宋灭亡。

金国灭掉辽国之后，借口宋朝破坏双方订立的海上盟约，南下攻宋。北宋在李纲的率领下，取得了"东京保卫战"的胜利。金军撤退之后，宋钦宗和一批大臣以为从此天下太平，于是把宋徽宗接回东京，仍旧过着花天酒地的生活。主战派李纲一再提醒宋钦宗要防止金军再次进攻，可是总受到一些投降派大臣的阻挠。后来，李纲就被调离了京城。

公元1126年八月，金太宗又对北宋发动大规模的进攻，妄图一举灭掉宋朝。他派宗翰为左副元帅，宗望为右副元帅，从东西两路向宋朝进军。金兵很快攻到了黄河北岸。这时候，在黄河南岸防守的宋军还有十二万步兵和一万骑兵，金兵不敢贸然渡河。金兵主帅想了一个计策，他把许多战鼓集中起来，敲了一夜，结果吓得宋军都跑掉了。

渡过黄河以后，两路金兵很快汇合并逼近东京。这时，东京城里只剩下三万禁卫军，不过也是七零八落，差不多逃亡了一大半。各路将领因为朝廷下过"没有朝廷命令不能前来援救东京"的命令，也就没有出兵。

金军的攻势之猛烈超出了宋朝官员的想象，面对对方势如破竹的攻势，朝廷上下一片恐慌。金军围困汴梁一月有余，在尚未攻破东京的情况下，北宋皇室已经准备投降，开封下级军民却坚决要求抵抗，三十万人决心参战。可是朝廷并不信任他们，东京城很快被金兵攻破。

宋钦宗竟然亲自到金营求降，卑躬屈膝地献上降表，还下令各路勤王兵停止向开封进发，甚至镇压自发组织起来准备抵抗的军民。金军于是肆无忌惮地大肆搜刮，开封平民遭受了巨大灾难。第二年二月，金军废宋徽宗、宋钦宗，另立原宋朝宰相张邦昌为伪楚皇帝。四月，金军将俘虏的两位皇帝以及后妃、皇子、宗室、贵戚等三千多人，还有大量宝玺、舆服、法物、礼器、浑天仪等开始北撤。宋朝的这个奇耻大辱在历史上被称为"靖康之变"。

趣味链接

骗子郭京

金军围困京城的时候，有个大骗子郭京，声称自己有法术，只要招集七千七百七十九个"神兵"，就可以活捉金将，打退金兵。手足无措的宋朝官员居然相信了他的话，把抗金的希望放在了他的身上。结果郭金的神兵遇到金兵之后，不堪一击，败下阵来。闹剧到此结束。

精忠报国的岳飞

·最伟大的民族英雄·

岳飞，字鹏举，谥武穆，著名军事家、民族英雄、抗金名将，南宋中兴四将之一。他率领的军队被称为"岳家军"。1142年，岳飞被丞相秦桧以"莫须有"的罪名无辜杀死，终年三十九岁。

岳飞出生于北宋相州汤阴（今河南汤阴县）的一户佃农家里。据传，母亲在他的背上刺了四个字"尽忠报国"，提醒他勿忘国耻。他沉默寡言，勤奋好学，记忆力和理解力很强，凡是他读过的书和听过的故事，不但能牢记不忘，而且还能从中体会出某些道理来。他天生神力，十五岁就能拉得开三百斤的劲弓。岳飞曾经拜周侗为师学习武艺，且喜欢看《左氏春秋》、《孙子兵法》。他亲眼目睹北宋灭亡前后的惨痛史实，产生了坚决抗击金国压迫、收复故土、统一祖国的强烈愿望。

南宋初期，岳飞参加了北方人民组织的抗金队伍"八字军"。后来到开封，受到南宋抗金老将宗泽的赏识。由于他的勇敢和才干，立下多次战功，很快被提升为一支军队的将领。岳飞的军队纪律严明。行军露宿，只许士兵睡在廊檐下。老百姓请他们进屋，他们也不进去。老百姓亲切地称呼他们为"岳家军"。岳家军练兵认真，作战勇敢，能够以少胜多，在突然受到敌人袭击时一点也不慌乱。

1140 年，金兵又大举进攻南宋。岳飞等将领分路出击，岳飞负责中原一线，他一面派人到河北一带联络当地的民间抗金组织，一面亲率大军进击，收复了河南许多州县。郾城大战中，金兀术调用他的"铁浮屠"进攻。"铁浮屠"是经过金兀术专门训练的一支骑兵。这支军队人马都披上厚厚的铠甲，三个骑兵编成一队，居中冲锋，又用两支骑兵从两翼包抄，非常厉害，叫做"拐子马"。金兵以为"拐子马"无懈可击，但是岳飞看出了"拐子马"的弱点，想出了破敌之策。他命令将士上阵时候，带着刀斧。等敌人冲来，弯下身，先砍马脚。马砍倒了，金兵自然跌下马来，岳飞再命令兵士出击，把"拐子马"打得落花流水。双方从下午激战到天黑，宋军大获全胜，追杀金军几十里。金军被岳飞的威风吓破了胆，以至发出了"撼山易，撼岳家军难"的哀叹。

趣味链接

岳飞·《满江红》

岳飞虽是武将，但是也很有文采，他最著名的作品是《满江红》。

怒发冲冠，凭栏处，潇潇雨歇。抬望眼，仰天长啸，壮怀激烈。三十功名尘与土，八千里路云和月。莫等闲，白了少年头，空悲切！

靖康耻，犹未雪；臣子恨，何时灭？驾长车，踏破贺兰山缺。壮士饥餐胡虏肉，笑谈渴饮匈奴血。待从头，收拾旧山河，朝天阙！

欲加之罪，何患无辞

·历史上著名的文字狱·

欲加之罪，何患无辞。欲，要的意思；患，担心、忧虑的意思；辞，言辞的意思，指借口。整句话的意思是要想加罪于人，不愁找不到罪名。指随心所欲地诬陷人。这句话出自《左传·僖公十年》："不有废也，君何以兴？欲加之罪，其无辞乎？"与这句话联系在一起的事例是秦桧陷害岳飞的典故。岳家军打败金兀术之后，一路乘胜追击，抵达了开封附近的朱仙镇，北方人民抗金情绪高涨，岳飞也希望能够继续北伐，收复失地。这时候，有一个大奸臣出现了，他就是秦桧。

秦桧原来是北宋的大臣，在"靖康之耻"中，和宋徽宗、宋钦宗两位皇帝一起被掳到了金人那里，成了俘虏。金国开始曾以为可以一口气吃掉南宋，后来发现南宋抗金力量越来越强，特别是岳飞的部队，锐不可当。金人发现，要想灭掉南宋，必须先灭掉岳飞。但是在战场上又不是岳飞的对手，因此，只能从内部把他除掉。

秦桧被放回南宋之后，很快取得了宋高宗的信任，还当上了宰相。他天天对宋高宗鼓吹与金议和。金兀术曾派密使送信给他说："若想议和，必须想办法先除掉岳飞。"秦桧本来就怨恨岳飞，如今接到这样的密信，他更决意设法谋害岳飞。

秦桧先唆使他的同党、监察御史万俟卨向朝廷上了一道奏章，攻击岳飞骄傲自大，捏造了岳飞在金兵进攻淮西的时候，拥兵不救，放弃阵地等许多"罪名"。万俟卨开了第一炮以后，又有一批秦桧同党接二连三上奏章攻击岳飞。

岳飞曾经是大将张俊的手下，后来岳飞立了大功，遭到张俊的妒忌。秦桧知道张俊对岳飞不满，就勾结张俊，唆使岳家军的部将王贵、王俊，诬告另一个部将张宪想占据襄阳，发动兵变，帮助岳飞夺回兵权，还诬告岳飞的儿子岳云曾经写信给张宪，秘密策划这件事。

秦桧根据王贵、王俊两个奸徒的诬告，先把张宪抓起来送进大理寺大狱，严刑拷打，张宪宁死不招。接着，秦桧又奏请高宗下令逮捕岳飞、岳云，到大理寺受审。岳飞在狱中受到严刑拷打，始终坚贞不屈，坚决不承认对他的诬陷。

一日，秦桧上朝回来，想着如何才能害死岳飞。这时候，他的老婆王氏走了进来，王氏是个非常狠毒的人。她冷笑着说："你这老头儿，真是没有决心，缚虎容易放虎难，不对吗？"秦桧听后，写了一个纸条，将岳飞害死在监狱。

岳飞被害以后，临安狱卒隗顺偷偷地把他的遗骨埋葬起来。直到宋高宗死后，岳飞的冤狱才得到平反昭雪。

趣味链接

东窗事发

据明田汝成《西湖游览志馀·佞幸盘荒》载，宋元间传说，秦桧欲杀岳飞时，曾与妻子王氏在东窗下密谋。后秦桧游西湖时，舟中得疾，见一人披发厉声曰："汝误国害民，吾已诉天，得请矣。"秦桧死后，在地狱备受诸苦。王氏给他做道场，并派道士去探望他，他对道士说："可烦传语夫人，东窗事发矣。"后因以"东窗事发"或"东窗事犯"概指此事。亦用以比喻阴谋败露，自食恶果。

不可过江东的李清照

·一个像项羽一样的女人·

李清照，号易安居士，南宋女词人，济南章丘（现山东章丘）人，婉约派代表词人。其父李格非，为元祐后四学士之一，其夫赵明诚为金石考据家。

李清照出生于一个爱好文学艺术的士大夫家庭。父亲李格非进士出身，是苏轼的学生，官至礼部员外郎，藏书甚富，善属文，工于辞章。母亲是状元王拱宸的孙女，很有文学修养。由于受到家庭的影响，特别是父亲李格非的影响，李清照少年时代便工诗善辞。

李清照十八岁时，与赵明诚结婚。赵父是当时有名的政治家，官右丞相。赵明诚本人也非常有学问。李清照与赵明诚结婚后一同研究金石书画，过着幸福美好的生活。后来，赵明诚终于取得了功名。赵明诚拿到的俸禄基本上都用来买书、画和有价值的古董。他和李清照在吃完晚饭后，常点起一支蜡烛欣赏买来的东西，直到蜡烛燃尽，才睡觉休息。

公元1127年，发生了"靖康之耻"，北方金族攻破了汴京，徽宗、钦宗父子被俘，高宗南逃。李清照夫妇也随难民流落江南。漂流异地，多年搜集来的金石字画丧失殆尽，给她带来了沉痛的打击和极大的痛苦。第二年赵明诚病死于建康（今南京），更给她增添了难以忍受的悲痛。

在李清照孤寂之时，张汝州为骗取李清照钱财，乘虚而入，对李清照百般示好。李清照当时无依无靠，便顶住世俗之风嫁给了张汝州，婚后，二人发现自己都受到了欺骗，张汝州发现李清照并没有自己想象中的家财万贯，而李清照也发现了张汝州的虚情假意，甚至到后来的拳脚相加。之后，李清照发现张汝州的官职来源于行贿，便状告张汝州，在当时的社会环境下，妻子告发丈夫，即使印证丈夫有罪，妻子也要同受牢狱之苦。李清照入狱后，由于家人收买了狱卒，入狱九天便被释放，这段不到百天的婚姻就此结束。

李清照在南渡初期，还写过一首雄浑奔放的《夏日绝句》："生当作人杰，死亦为鬼雄。至今思项羽，不肯过江东。"借项羽的宁死不屈反讽徽宗父子的丧权辱国，意思表达得痛快淋漓，体现了对宋王朝腐败无能的愤恨。

趣味链接

李清照·《醉花阴》

李清照写了一首《醉花阴》，寄给在外做官的丈夫赵明诚："薄雾浓云愁永昼，瑞脑销金兽。佳节又重阳，玉枕纱橱，半夜凉初透。东篱把酒黄昏后，有暗香盈袖。莫道不销魂，帘卷西风，人比黄花瘦。"赵明诚接到后，叹赏不已，又不甘下风，就闭门谢客，废寝忘食，三日三夜，写出五十首词。他把李清照的这首词也杂入其间，请友人陆德夫品评。陆德夫把玩再三，说："只三句绝佳。"赵问是哪三句，陆答："莫道不销魂，帘卷西风，人比黄花瘦。"

金戈铁马辛弃疾

·豪放派词人的豪气·

辛弃疾，原字坦夫，改字幼安，历城（今山东省济南市历城区）人，中年时把自己住所称为稼轩，因此自号"稼轩居士"，著名的爱国词人。辛弃疾存词六百多首。强烈的爱国主义思想和战斗精神是他的作品的基本思想内容。辛弃疾是我国历史上伟大的豪放派词人、爱国者、军事家和政治家。

辛弃疾出生在今山东济南，出生时北方已沦陷，他的祖父辛赞虽在金国任职，却一直希望有机会"投衅而起，以纾君父所不共戴天之愤"，并常常带着辛弃疾"登高望远，指画山河"，同时，辛弃疾也不断亲眼目睹汉人在金人统治下所受的屈辱与痛苦，这一切使他在青少年时代就立下了恢复中原、报国雪耻的志向。而另一方面，正由于辛弃疾是在金人统治下的北方长大的，他也较少受到使人一味循规蹈矩的传统文化教育，在他身上有一种燕赵奇士的侠义之气。

公元1161年，金主完颜亮大举南侵，在其后方的汉族人民由于不堪金人严苛的压榨，奋起反抗。二十一岁的辛弃疾也聚集了两千人，参加由耿京领导的一支声势浩大的起义军。战争中，金人内部矛盾爆发，完颜亮在前线被部下所杀，金军无奈向北撤退，辛弃疾奉命南下与南宋朝廷联络。后来耿京被杀，辛弃疾来到南宋做官。

辛弃疾初来南方时，对朝廷的怯懦和畏缩并不了解，加上宋高宗赵构曾赞许过他的英勇行为，不久后即位的宋孝宗也一度表现出想要恢复失地、报仇雪耻的锐气，所以在他南宋任职的前段时期中，曾热情洋溢地写了不少有关抗金北伐的建议，像著名的《美芹十论》、《九议》等。尽管这些建议书在当时深受人们称赞，广为传诵，但已经不愿意再打仗的朝廷却反应冷淡，只是对辛弃疾在建议书中所表现出的实际才干很感兴趣，于是先后把他派到江西、湖北、湖南等地担任转运使、安抚使一类重要的地方官职，去治理荒政、整顿治安。这显然与辛弃疾的理想大相径庭，虽然他干得很出色，但由于深感岁月流逝、人生短暂而壮志难酬，内心却越来越感到压抑和痛苦。

公元1207年，六十八岁的辛弃疾，已身染重病，朝廷再次启用他，任他为枢密都承旨，令他速到临安（杭州）赴任。诏令到铅山，辛弃疾已病重卧床不起，只得上奏请辞。这年农历九月初十，民族英雄、爱国词人辛弃疾带着忧愤的心情和没有实现的遗愿离开了人世。死后葬在瓢泉瓜山山后的阳原山。

趣味链接

辛弃疾金营抓叛徒

辛弃疾在耿京的起义军中担任掌书记，公元1162年，辛弃疾奉命南下与南宋朝廷联络。在他完成使命归来的途中，听到耿京被叛徒张安国所杀、义军溃散的消息，便率领五十多人袭击敌营，将叛徒擒拿带回建康，交给南宋朝廷处决。辛弃疾惊人的勇敢和果断，使他名重一时。

文天祥起兵抗元

·坚贞不屈的好宰相·

文天祥，初名云孙，字天祥。选中贡士后，换以天祥为名。因家里东北侧方向有一座天马山，恰好是文家所辖的山，所以自号文山，庐陵（今属江西吉安）人。南宋后期杰出的民族英雄、军事家、爱国诗人和政治家。著作有《文山先生全集》、《文山乐府》，名篇有《正气歌》、《过零丁洋》等。文天祥曾考取进士第一名（状元），与陆秀夫、张世杰并称为"宋末三杰"。他晚年的诗词，风格慷慨激昂，苍凉悲壮，具有强烈的感染力，反映了他坚贞的民族气节和顽强的战斗精神。公元 1283 年，被俘后的文天祥在北京菜市口慷慨就义，年仅四十七岁。

公元 1275 年，元军大举进攻南宋，宋军的长江防线全线崩溃，朝廷下诏让各地组织兵马勤王。文天祥立即捐献家资充当军费，招募当地豪杰，起兵勤王，以"正义在我，谋无不立；人多势众，自能成功"的口号，组织义军三万，开赴临安。朝廷委任文天祥知平江府，命令他发兵援救常州，旋即又命令他支援独松关。由于元军攻势猛烈，江西义军虽英勇作战，最终因为孤立无援，抗争失败。

公元 1276 年，元军攻打临安。文武百官纷纷出逃，文天祥被任命为左丞相兼枢密使，代表南宋与元军谈判。文天祥到了元军大营，在谈判中，据理力争，怒斥元军代表伯颜。但是与此同时，南宋朝廷却派人前往文天祥的军营，宣布解散文天祥的军队。伯颜得知文天祥的军队已被解散，就软禁了文天祥。此时，元军占领了临安，但是两淮、江南、闽广还未被元军完全控制。于是，伯颜企图诱降文天祥，利用他的声望来收拾残局。文天祥宁死不屈，伯颜只好将他押解到北方。当文天祥被押解到镇江的时候，被当地义士营救脱险，再次开始抗元的活动。

公元1278年，元军大举进攻，文天祥率部队向海丰撤退，途中遭到元将张弘范的攻击，文天祥吞下随身携带的冰片企图自杀，未果，但是昏迷过去，被俘。

元世祖命令张弘范对文天祥以礼相待，将文天祥送到大都（今北京），文天祥在路上绝食八日，未死，被关押在北京府学胡同。元世祖多次派人来劝降，都被文天祥拒绝。一次，元世祖亲自召见他，并答应给他官职，文天祥却说："愿一死足矣。"随后被杀。

文天祥杀身以成仁，其浩然正气万古流芳。

趣味链接

文天祥感动敌人

元朝大将张弘范强迫文天祥写信招降张世杰。文天祥说："我不能保护父母，难道还能教别人背叛父母吗？"张弘范不听，一再强迫文天祥写信。文天祥于是将自己前些日子所写的《过零丁洋》一诗抄录给张弘范。张弘范读到"人生自古谁无死，留取丹心照汗青"两句时，不禁也受到感动，不再强逼文天祥了。

成吉思汗 铁木真

·草原雄鹰·

铁木真,即元太祖,又称成吉思汗,蒙古帝国奠基者,世界史上杰出的军事统帅。公元 1271 年元朝建立后,忽必烈追尊成吉思汗庙号为太祖,谥号法天启运圣武皇帝。

铁木真父亲为其乞颜部酋长也速该,他九岁那年,父亲被世仇塔塔尔人害死了。原来依附他们家的族人在邻近的泰赤乌部的怂恿下纷纷离去,他们把铁木真家的牲畜也一起赶走。身为长子的铁木真,携母亲和弟妹们逃到偏僻山区,躲避塔塔尔族追捕长达数年,自此形成他坚强不屈的性格。

泰赤乌部的首领怕长大后的铁木真向他们报仇,就带领人马捉拿铁木真。铁木真得到消息,连忙逃进一片森林里。他在森林里躲了几天几夜,因为找不到吃的东西,不得不出来。他一走出森林,就被泰赤乌人抓住了。他们给铁木真戴上木枷,拉到各处示众。铁木真受尽了屈辱和折磨,一心想着要逃跑。后来有一天,趁泰赤乌部举行宴会,铁木真打昏了看守,逃了出来。

悲惨的经历让铁木真知道了实力的重要。铁木真开始通过各种手段来加快扩展实力。他寻找志同道合的伙伴,建立自己的威望。他凭借父亲也速该与克烈部的首领王汗互为安答(即结义兄弟)的关系,主动依附王汗,发展自己的实力。一次，铁木真遭到蔑儿乞部的突然袭击，王汗闻讯，赶紧派自己的部队来帮他。他们联合攻击蔑儿乞部，将其打得溃不成军。通过这场战役，铁木真显露了他卓越的军事才能，建立了他的第一批军事力量。此后，铁木真以强大的克烈部为后盾，积极发展自己的势力。经过多年的征战，铁木真终于成为一个强大蒙古部落的首领。

公元 1196 年，塔塔尔部和金朝发生了战争，塔塔尔败退，铁木真乘机出动，偷袭塔塔尔部，取得了胜利，得到大批物资财产和奴隶，不仅壮大了实力，也进一步提高了威望。此后，铁木真义和其他部落发生了四次大规模战争。公元 1201 年，铁不真发动了对扎木合部的战争，将扎木合击败。公元 1202 年，铁木真对塔塔尔部再次主动出击，彻底击败塔塔尔部，报了杀父之仇。公元 1203 年，铁木真和王汗的克烈部决裂，他打败了王汗。公元 1204 年，铁木真吞并了另一个蒙古部落乃蛮部。通过这些战争，铁木真统一了蒙古草原各部落，建立了一个统一的蒙古族国家，整个世界的历史也随之改变。

趣味链接

铁木真名字的来历

在铁木真出生时，部落正好俘虏到一位属于敌对部族的勇士，名叫铁木真·兀格。按当时蒙古人信仰，在抓到敌对部落勇士时，如正好有婴儿出生，该勇士的勇气会转移到该婴儿身上。成吉思汗"铁木真"之名遂因此而来。传说成吉思汗出生时，手中正拿着一血块，寓意天降将掌生杀大权。

驰骋欧亚的 蒙古铁骑

·蒙古军队势不可挡·

公元 1206 年，蒙古各部落首领在斡难河（今鄂嫩河）畔召开大会，推举铁木真为大汗，尊称成吉思汗，建立了蒙古国家。蒙古国建立后，以成吉思汗为首的蒙古贵族不断发动掠夺战争，开始了征服世界的行动。用兵的主要方向是南下与西征，南下攻击的主要目标是南宋和金朝，西征则是征服中亚、东欧各国。蒙古西征共有三次，第一次是公元 1217 年至公元 1223 年成吉思汗西征，第二次是公元 1234 年至公元 1241 年拔都西征，第三次是公元 1253 年至公元 1258 年旭烈兀西征。

第一次西征时，由成吉思汗带兵，蒙古军队一直打到了欧洲。蒙古军队越过高加索进入顿河流域，在公元 1223 年迦勒迦河决战中，大败突厥与俄罗斯联军，俄罗斯诸王公几乎全部被杀。此后蒙古军队班师而回。

第二次西征时，窝阔台派兵分别攻打波斯（今伊朗）和钦察、不里阿耳等部，基本上征服了波斯全境。由于进攻钦察的军队受阻，窝阔台决定派大军增援，进攻位于伏尔加河中游的不里阿耳，大将速不台征服不里阿尔。公元 1237 年，蒙古诸军进攻钦察，蒙哥斩杀其大将八赤蛮，里海以北地区被蒙古军队占领。之后，蒙古军队大举入侵俄罗斯，先后攻占了莫斯科等十四个城市，之后攻陷弗拉基米尔和基辅。公元1240年，蒙古军队进攻孛烈儿（今波兰）、马扎尔（今匈牙利）。公元1241年四月，蒙军攻占克拉科夫、里格尼察等城，大掠摩拉维亚等地。拔都亲统三路大军大败马札儿军，其国王逃走，蒙古军队攻掠亚得里亚海东岸及南欧各地。这年年底，窝阔台的死讯传到军中，拔都率军从巴尔干撤回伏尔加河流域。拔都率本部以撒莱为都城，在伏尔加河畔建立了钦察汗国。

公元1253年，拖雷之子旭烈兀率军第三次远征，蒙古军队进军西亚。首先消灭了木剌夷国（今伊朗境内）。

公元1257年三月，他们的目标又指向了黑衣大食首都巴格达。当时阿巴斯王朝哈里发谟思塔辛执政，既直接统治黑衣大食，又管辖整个伊斯兰教世界，是两河流域的强国，但是仍然被蒙古军队打败。蒙古军队在城中大掠七天，谟思塔辛被处死，阿巴斯王朝灭亡。之后继续西进，直抵大马士革，势力深入到西南亚。由于蒙古军队被埃及军队打败，旭烈兀才被迫停止了西进，留居帖必力思，建立了伊利汗国。

趣味链接

蒙古征服了多少国家

从公元1217年至公元1258年的近半个世纪中，蒙古帝国以蒙古大汗为中心，通过三次西征，先后征服了今咸海以西里海以北的钦察、花剌子模和东起阿尔泰山西至阿姆河的西辽、畏兀儿，建立察合台汗国；鄂毕河上游以西至巴尔喀什湖的乃蛮旧地，建立窝阔台汗国；伏尔加河流域的梁赞、弗拉基米尔、莫斯科、基辅等公国，建立钦察汗国；两河流域的伊朗、阿富汗、叙利亚，建立伊利汗国。形成世界历史上前所未有的大帝国。

忽必烈建元

·历史上第一个少数民族统一全国的政权·

忽必烈，成吉思汗之孙，名字全称孛儿只斤·忽必烈，讳名呼必赉，元朝的创始皇帝，庙号世祖，谥号圣德神功文武皇帝，蒙古语尊称薛禅皇帝。他也是第五代蒙古大汗，公元 1260 年至公元 1294 年在位。

忽必烈的大汗之位，来得并不顺利，可以说是从他弟弟那里抢来的。蒙哥汗去世了，遗留下三个弟弟：忽必烈、旭烈兀和阿里不哥，都有可能成为未来蒙古帝国的大汗。旭烈兀自公元 1256 年成为波斯汗后，由于远离蒙古，而没有要求继承大汗位。剩下的只有忽必烈和阿里不哥。阿里不哥作为幼子，已经成为蒙古本土上的统治者，并在蒙古都城哈拉和林扎营。作为蒙古地区的统治者，他准备在蒙古召开库里勒台，以确保他被选举为

元世祖忽必烈

287

大汗。而忽必烈抢在阿里不哥之前行动，在中原的开平上都府（位于今察哈尔和热河之间的多伦诺尔附近）建大本营，公元1260年六月四日，忽必烈在此被他的党羽，即他的军队，拥立为大汗，当时他四十四岁。

按成吉思汗的法律，这次仓促的选举是非正式的，也没有得到所有部落的同意。支持忽必烈的人和支持阿里不哥的人因此展开了激烈的斗争。公元1264年，忽必烈取胜，他囚禁了阿里不哥，一直到阿里不哥去世。

在掌握了大权之后，忽必烈开始按照他的想法构建国家。他任用汉人为官，同时也废除汉人诸侯的世袭制度，削弱这些家族的军权，在地方上实行军民分治，一方面可以加强中央集权，另一方面则可加强对汉人的防范。此外，又在各级政权中引用色目人分掌事权，使其与汉人官僚相互牵制。中统五年（1264年）八月，忽必烈又改元为至元。经过从中统元年到至元初年的增改损益，新王朝的各种制度大体上确立下来。至元八年（1271年），取《易经》"大哉乾元"之义，建国号为大元。次年，确定以大都为首都。中央集权政治的重新确立，恢复了正常的统治秩序，对人民的赋役剥削限制在一定的数额之内，并采取了一些有利于农业和手工业生产的措施，如立司农司、垦荒屯田、兴修水利、限制抑良为奴等。但是，这个政权也保留了大量的蒙古落后旧制。同时，忽必烈又消灭了流亡在崖山的南宋残余势力，完成了全国的大统一。元朝是中国历史上第一个少数民族统治全国的王朝，它初步奠定了中国疆域的规模。

趣味链接

看人下菜碟

忽必烈有个厨师，韩氏，菜做得好，而且经常根据主人的喜好给菜起名字。她给一道菜起名叫喇嘛肉，因为她知道忽必烈痛恨一个喇嘛，结果忽必烈听到这个名字后很高兴。不过她也有失误的时候，她给一道菜起名叫虎皮豆腐，没想到一位皇后的祖父就叫虎皮朵儿，皇后很不高兴，叫忽必烈剁了她的手。人们便把韩氏这种投机取巧对人不能一视同仁的做法叫"看人下菜碟"。

多行不义的 阿合马

· 多行不义必自毙的例子 ·

在元朝前期，阿合马是一个相当重要的人物。从元太宗窝阔台开始，元王朝的财政主要就是依靠"色目人"来主持的，阿合马就是其中的一个代表人物。他为元世祖设计了种种搜刮民财的方案，例如，清理户口、垄断专利、滥发钞票等，引起了汉官和汉民的强烈反对，最后被杀。

阿合马开始是一个商人，后来投靠了陈那颜，陈那颜的女儿察必当了皇后之后，阿合马也跟着进了皇宫，当起了侍从。阿合马油头滑脑，善于阿谀奉承，他摸透了忽必烈的心思，不断讨好忽必烈，深得忽必烈的喜爱。

忽必烈任命阿合马管理国家钱财，他做了很多伤害百姓利益的事。阿合马上奏请求将已经清查到的三千户没有户籍的百姓抓去炼铁，以加强炼铁行业，每年上缴铁一百零三万七千斤，用这些铁铸锻农具二十万件，换成粮食上缴给公家的一共有四万石。阿合马上奏说："太原的百姓熬煮私盐，越境到处贩卖。各地百姓贪图他们的盐价钱便宜，争相购买食用，解州的官盐因此而卖不出去，每年上缴的盐税银子只有七千五百两。请朝廷从今年开始增加太原的盐税银子五千两，不论和尚、道士、军士、匠人等各户都要分摊缴纳盐税，民间通用私盐可以根据他们自己的方便。"同年十一月，裁撤领中书左右部，合并到中书省，越级任命阿合马为中书平章政事，进官阶为荣禄大夫。后来，设立制国用使司，阿合马又以平章政事的身份兼任制国用使司的事务。阿合马上奏："把东京每年纳税所得的质地稀疏恶劣不能使用的布，就在当地用来买羊。真定、顺天的金银不合规格的，应当重新冶铸。别怯赤山生产石绒，把它织成布，用火不能烧着，请求派遣官员加以开采。"接着又上奏说："国家的费用支出名目多数量大，今年从皇上回京以后，已经支出了纸币四十万锭，恐怕明年会不够开支，应当酌量节约使用。"后来又上奏说："桓州峪所开采的银矿，已经有十六万斤，每一百斤可以得到银三两、锡二十五斤。采矿所需要的支出，可以出售锡来支付。"元世祖全都同意了阿合马的请求。

但是，百姓恨死了阿合马，后来山东一个叫王著的人，用锤子锤死了他，人人拍手称快。阿合马死后，元世祖才了解到他的罪行，于是抄了他的家。

趣味链接

阿合马弄鬼

阿合马死后，他的小妾中有一个叫引住，在查抄她的物品时，在柜子里得到两张熟的人皮，两只耳朵都保存完好，有人专门掌握这个柜子的钥匙，讯问他们也没有人知道究竟是什么人的人皮，只说："诅咒的时候，把神座放在这上边，应验很快。"阿合马又用两幅绢，画上穿戴盔甲的骑兵好几层，包围守在一座有帷幕的殿前，兵士都拉开了弓弦挺着刃向里边，好像在向里进攻那样。

楚有才，晋实用之

·才华横溢的楚国人·

楚有才，晋实用之。这句话的意思是说：楚国出才子，但是使用他们的是晋国。

这句话最早的说法是：虽楚有才，晋实用之。出自《左传·襄公二十六年》："声子通使于晋，还如楚。令尹子木与之语，问晋故焉，且曰：'晋大夫与楚孰贤？'对曰：'晋卿不如楚，其大夫则贤，皆卿材也。如杞梓、皮革，自楚往也。虽楚有材，晋实用之。'"这段话的意思就是说，春秋时，楚国有个叫声子的人，因国内有乱，投奔晋国。一次，他回到楚国，楚国令尹子木问他晋国国情。声子回答："晋国卿一级的官员水平不行，可是他们的大夫一级，全是可以做卿的人才。这就如同晋国上等的木材、皮革一样，全是从楚国弄去的，这些人才本是楚国的。虽然楚国有好的材质，但是，全给人家晋国用了。"

这句话还有另一个版本：唯楚有才，于斯为盛。这副对联就挂在岳麓书院的正门。

岳麓书院位于湖南省长沙市岳麓山东侧，紧邻湘江，书院始建于北宋开宝九年（公元976年），历经宋、元、明、清各个朝代，追及晚清（1903年）

改为湖南高等学堂，至今仍为湖南大学下属的办学机构，历史已逾千年，是所罕见的"千年学府"。书院最引人注目的是门口那副"唯楚有材，于斯为盛"的名联。这是一副典型的集句联，上联"唯楚有材"出自《左传·襄公二十六年》原句是："虽楚有材，晋实用之"，下联"于斯为盛"出自《论语·泰伯》"唐虞之际，于斯为盛"。楹联撰于嘉庆年间，时任山长袁名曜出上联，贡生张中阶对下联。"唯"在这里是个语气词，"唯楚有材，于斯为盛"就是说"楚国出人才，而这里的人才又最为兴盛"。

楚国，又称荆、荆楚，中国历史上春秋战国时代的一个诸侯国。楚国辖地大致为现在的湖北、湖南全部及重庆、河南、安徽、江苏、江西的部分地方，在当时是一个非常大的国家。

楚国历史上人才辈出，最著名的当属《离骚》的作者屈原。屈原出身贵族，在他生活的年代，楚国已经有了七百多年的历史，正经历着从盛到衰的过程。屈原从小就怀着振兴楚国的远大志向。他博学多才，受到良好的家庭教育和塾馆教育，饱览当时能够搜集到的诗书。青年时代走出三峡，步入楚宫，曾做过兰台宫文学侍臣。屈原见闻广博，记忆力强，对时代风云变化了如指掌，擅长口才，很快成为楚国政坛引人注目的人物。无奈当权者昏庸，重用奸臣，最终楚被秦所灭，屈原投河。

趣味链接

楚地人才列表

历史上广义的楚地，还包括了现在江浙一带。而现在通常所讲的楚地，多指的是湖南、湖北一带。著名的岳麓书院是湘学派的发源地，古代著名的湘学派有魏源（著有《海国图志》）、曾国藩、左宗棠。如果从广义上讲，秦朝名相李斯、楚霸王项羽也是楚国人，甚至道家的老聃也是出自楚地。近现代对楚的理解也局限在湖南湖北一带，中国开国元勋十大元帅里面，有四个出自湖南、湖北。所以"唯楚有才"确实是对楚地最好的评价。

吐蕃归附

·西藏是中国一部分的证明·

　　吐蕃一词始见于唐朝汉文史籍。蕃，为古代藏族自称。吐蕃，7世纪至9世纪时古代藏族建立的政权，是一个位于青藏高原的古代王国，由松赞干布到达磨延续两百多年，是西藏历史上创立的第一个政权。

　　6世纪时，兴起于今西藏山南地区泽当、穷结一带的藏族先民雅隆部，已由部落联盟发展成为奴隶制政权。其领袖人物达布聂赛、囊日论赞父子，逐渐将势力扩展到拉萨河流域。7世纪初，囊日论赞之子松赞干布以武力降服古代羌人苏毗（今西藏北部及青海西南部）、羊同（今西藏北部）诸部，将首邑迁至逻些（今拉萨），正式建立吐蕃王朝。

　　虽然按照藏族历史的传统，松赞干布是第三十三任吐蕃国王，但是在松赞干布之前，因为非常落后，各地之间联系也不紧密，吐蕃算不上一个国家。松赞干布上台后，吐蕃王朝适应奴隶社会的需要，制定了法律及职官、军事制度，统一度量衡，创制文字，与唐朝及天竺（今印度）、尼婆罗（今尼泊尔）广泛交往，引入封建文化，佛教也于此时正式传入吐蕃。

　　在13世纪中叶到14世纪中叶，藏族地区先归附大蒙古国，后来纳入元朝的版图，正式成为中华民族大家庭的一员。这期间，藏传佛教的一支萨斯迦派成了藏族地区占绝对统治地位的宗教势力。萨斯迦派的著名宗教领袖八思巴为元朝的首任帝师，他主张吐蕃是元朝的一部分，因而很受元朝统治者的赏识。

公元1252年，已经是萨斯迦教主的八思巴第一次见到了忽必烈，当时忽必烈驻军在六盘山，忽必烈非常热情地接见了八思巴。八思巴向那里的人们传授喜金刚四种密法灌顶，忽必烈非常欣赏八思巴的才华，让他跟随在自己的身边。

蒙哥汗去世后，忽必烈与阿里不哥为争夺大汗职位，两派人马大打出手，忽必烈最后取得了胜利。受到忽必烈庇护的萨斯迦派在元代最终取得了藏传佛教各派中独一无二的尊崇地位。

公元1260年，八思巴被忽必烈封为国师。通过这一事任命，一方面正式确立了八思巴宗教领袖的地位，另一方面也说明西藏已经完全被元朝所统治，成为中央王朝的一部分。从元朝开始，西藏已经并入了中国版图。

公元1280年，八思巴去世，终年四十六岁，八思巴的去世对整个藏传佛教是一个巨大的损失。

趣味链接

哈达

哈达是蒙古人民、藏族人民作为礼仪用的丝织品，是社交活动中的必备品。哈达类似于古代汉族的礼帛。蒙古族人和藏族人表示敬意和祝贺用的长条丝巾或纱巾，多为白色、蓝色，也有黄色等。此外，还有五彩哈达，颜色为蓝、白、黄、绿、红。蓝色表示蓝天，白色是白云，绿色是江河水，红色是空间护法神，黄色象征大地。五彩哈达是献给菩萨和近亲时做彩箭用的，是最珍贵的礼物。佛教教义解释五彩哈达是菩萨的服装。所以，五彩哈达只在特定的情况下才用。

第九章

元

关汉卿和《窦娥冤》

·元朝民间生活的一面镜子·

关汉卿是元代著名的剧作家，他从小喜爱音乐戏剧，会吹箫弹琴，还会唱歌跳舞。生逢其时，在元朝时期盛行创作元曲，于是一曲《窦娥冤》将他的名字传遍了整个神州大地，也使其在"元曲四大家"中名列榜首。为了纪念他的丰功伟绩，后人便将他定性为中国古代戏曲创作的代表人物。

尽管对于创作曲子的环境而言关汉卿的确生逢其时，但是就所处的社会政治环境而言，他就生不逢时了。关汉卿所生活的元朝末年政治异常黑暗，社会动荡不安，阶级矛盾和民族矛盾十分突出，人民生活在水深火热之中。但这也为他的创作提供了许多现成的素材，他把自己亲眼所见的广大人民群众的悲惨遭遇写入剧本，由于这种剧本来源于真实的生活，故而对当时不公平的元朝社会产生了极大的鞭笞效果。《窦娥冤》就是在这样的背景下应运而生的。

《窦娥冤》里的故事来源于民间一个名叫窦娥的妇女，她母亲在生下她后不久便被病魔夺走了生命，她父亲因为上京赶考缺少盘费，便把她卖给蔡婆婆家做童养媳。没想到蔡婆婆家的丈夫过早离开了人世，留下窦娥和蔡婆婆两人相依为命。在蔡婆婆的村里有个流氓叫张驴儿，见蔡家婆媳无依无靠，

关汉卿

就跟他父亲张老儿商量，企图逼迫婆媳嫁给他们父子俩。在窦娥的强烈反抗下，他们的企图没有成功，从此张驴儿便怀恨在心伺机报复。有一天，蔡婆婆病了要窦娥做羊肚汤，这件事被张驴儿听到，他便偷偷地在汤里下了砒霜想先致蔡婆婆于死地再逼窦娥成亲。老天有眼，他这一恶行受到了惩罚：他的父亲由于贪嘴而先于蔡婆婆尝了一口羊肚汤，结果命丧黄泉。见自己的老子被自己投下的毒药毒死，张驴儿为逼窦娥嫁给自己便反咬她投毒杀人，窦娥誓死不从，便和张驴儿一起见了官。那官老爷收了张驴儿的贿赂，以痛打其婆婆八十大板为由逼窦娥招认，为使年迈的蔡婆婆免遭毒打，窦娥只好含冤将这件事揽到自己的头上。于是，她被判处死刑。

关汉卿在《窦娥冤》里描述了一副更为凄惨的画面：在临刑前，窦娥对天发出了三桩誓愿，一是头落后一腔热血全要溅在白练上，二要太阳炙烤下的六月降下大雪来遮盖她的尸体，三是当地大旱三年。基于一种善有善报恶有恶报的理念，在关汉卿的《窦娥冤》里窦娥的誓愿居然真的感动了天地。不仅她的一腔热血全溅到白练上，而且六月大伏天气在窦娥被杀之后竟然降下了大雪，接下来又大旱了三年。后来，窦娥进京赶考的父亲中举在京城做了官，窦娥的冤案最终得到平反昭雪，官老爷和张驴儿也受到了应有的惩罚。

趣味链接

《窦娥冤》

《窦娥冤》中记载窦娥在被斩之前还愤怒地呼喊出："为善的受贫穷更命短，造恶的享富贵又寿延。天地也做得个怕硬欺软，却原来也这般顺水推船。地也，你不分好歹何为地！天也，你错勘贤愚枉做天！"这其实也是关汉卿的呼喊，体现了不屈从于现实命运的浩然正气。

马可波罗 东游

·世界新纪元的肇始·

众所周知，马可波罗生于意大利威尼斯的富商家庭，是世界著名的旅行家、商人。在当时西方各国慕名来到元朝的使者、商人、旅行家中，他可谓是同类中的佼佼者。

传说马可波罗东游是受到了父亲和叔父的影响。据史料记载，公元1260年，他的父亲和叔父到金帐汗国做生意，回国途中经过中亚细亚的布哈拉城，遇上了元朝的使臣。使臣邀请他们一起去觐见蒙古大汗——成吉思汗。生性喜好游历的尼古拉兄弟欣然应允，于是跟着使者来到了上都，他们受到了成吉思汗的热情接待。马可波罗的父亲和叔父在大都居住了一段时间便离开中国回到意大利。他们回家后，向马可波罗讲述了许多有关中国的神秘而又美好故事，这些故事引发了世界历史的一次伟大变革——马可波罗下定决心要跟父亲和叔叔到中国。历经三年半的艰难跋涉，他们终于在公元1275年到达元朝的上都。尽管这时的大汗不再是成吉思汗，但是他们仍然受到了现任大汗忽必烈的热情接待，并封他们三人为荣誉侍从。凭着过人的聪明和智慧，马可波罗学会了包括蒙古语在内的其他多国语言，再加上办事细心、认真，所以忽必烈对他很信任并委任他为钦差巡视了元朝领域之内的很多地方，后来命他出使南洋。马可波罗和他的父亲、叔父在中国生活了整整十七年，他们曾奏请回家乡威尼斯，但是在忽必烈的极力挽留下而没有成功。经过另外一番漫长的等待，他们回家的机会终于来到了，公元1292年，波斯王伊尔汗向元朝求亲，忽必烈选中阔阔真公主，命波罗父子三人作为侍从由海路护送公主到波斯，然后允他们回威尼斯。经历三年海上的颠簸生活，他们终于把阔阔真护送到了伊尔汗国，回到了家乡威尼斯。不幸的是，马可波罗的家乡威尼斯正与热那亚发生战争，作为一名有抱负的青年，马可波罗应征入伍投入了战斗。公元1298年，也是一个值得后人纪念的年份，马可波罗兵败被俘。与他同时被俘的还有一位叫鲁思蒂谦的作家，马可波罗便在狱中将自己在亚洲的丰富见闻讲给鲁思蒂谦听，兴趣所致，鲁思蒂谦便将这些见闻记录了下来，于是闻名世界的《马可波罗游记》便在监狱里诞生了。这本书一面世，立刻激起了欧洲人对中国文明的热情向往，从此为数众多的欧洲人、阿拉伯人频频出使元朝。

后世人们深深地将马可波罗这个名字刻在心里，为了纪念他向西方介绍中国和沟通中西交通、促进文化交流和增进友谊的丰功伟绩，包括中国在内的世界上许多国家都建立了马可波罗纪念馆，至今犹在。

趣味链接

马可波罗纪念馆

马可波罗对中国产生了重大影响，今天的马可波罗纪念馆位于扬州市区天宁寺内，在该寺内有扬州博物馆的藏品展出。同时并专门辟有马可波罗馆，馆内雕塑有马可波罗的遗像以纪念这位古代来自威尼斯的友好使者。

南坡之变

·元朝盛极必衰的真实写照·

　　元朝是我国历史上一个伟大的朝代，它辽阔的领土令后世任何一个国家都望尘莫及，它的强大征服了当时整个欧亚大陆的每一个国家。但是，它貌似强大的背后却暗藏着危机，元朝末年的朝廷早已如一个表面强大无比其实内心早已被掏空了的男人，即使有强大的外表也掩饰不了虚弱的内心。"南坡之变"就是在这样的背景下，元朝宫廷内乱的一个真实写照。

　　元朝建立以后，宗室内乱、宫廷政变、后妃干政、权臣用事等接连不断，令朝政混乱。元英宗是一个比较开明的帝王，王位传到他的手上已经到了腐朽不堪的元朝末年，尽管他决意改革朝政，无奈因朝政被权相铁木迭儿及其党羽把持，他的任何政策都难以推行。公元1322年，铁木迭儿、答己相继去世，元英宗随即立拜住为右丞相，采取了一些改革措施，众多汉族地主官员和儒士，如张珪、吴元珪、王约、吴澄等都受到了重用。他还发布了《振举台纲制》，要求推举贤能，选拔人才，罢徽政院及冗官冗职，精简机构，节制财用，行助役法并减轻徭役。在此期间，英宗又颁行了《大元通制》以便加强法制，推行汉法，清除铁木迭儿余党，查处他们的贪赃枉法事件。这些措施遭到一部分保守的蒙古贵族反对，御史大夫铁失的余党便是其中之一，震恐之下他们于是密谋政变。公元 1323 年八月五日，元英宗与拜住自上都南返大都，途经南坡店驻营，当日夜晚，尚存的铁木迭儿余党、御史大夫铁失阴谋发动政变，密遣心腹去漠北，元英宗、拜住由上都启程返京，途中宿营于上都西南二十里南坡店，以阿速卫军为外应，杀死了元英宗和拜住，一代英明的帝王就这样惨死在乱党的刀剑之下。随后，迎立晋王也孙铁木耳即位，这就是史上闻名的"南坡之变"的由来。

"南坡之变"是继公元 1307 年那场宫廷斗争之后的又一次宫廷政变，不过两者结局截然不同。前者是以信奉伊斯兰教的阿难答的失败而告终，后者是以乱党的胜利而结束。至此，元朝从建立之初至这次叛乱历经一百多年的历史，从以往的鼎盛时期迅速走向了衰败，随之而起的农民起义，使这个原本腐朽的王朝迅速土崩瓦解。

趣味链接

阿难答的信仰

公元 1307 年的那场宫廷斗争使中华文明面临一场灾难。忽必烈的孙子阿难答熟悉《古兰经》，倾向于伊斯兰教。他的父亲元成宗为了使他转而皈依佛教，曾一度囚禁过他。元成宗死时，阿难答的侄儿海山获得了帝位，并处死了阿难答，中华文明才避免了一场改变的危机。

石人一出天下反

·红巾军起义之谜·

经过了两百多年风风雨雨的元朝，到元顺帝继位之时它的鼎盛时期早已不复存在，统治者疯狂地掠夺和奴役人民，挥霍无度，内部矛盾重重，腐朽不堪，加上河南、山东境内的黄河段多次决口成灾，百姓们生活处于水深火热之中。

公元1351年春，元朝政府召集十五万民工修治黄河，在官吏派来的监工的监督下，民工们拼命地干活，稍有怠慢便惨遭鞭打，可是朝廷拨下来的那一点点开河经费再经过治河的官吏之手后，真正到达民工手中的不足百分之一，民工们连饭也吃不饱，叫苦连天。当时，白莲教的首领韩山童、刘福通也在修治黄河的民工之列，于是一个惊人的决定在他们两人的密谋下形成了：发动群众造反。为造声势，他们事先偷偷地在黄陵冈埋下了一尊石人，然后教唆人在工地上传唱一首民谣："石人一只眼，挑动黄河天下反。"众多的民工事先不明白歌谣是什么意思，也没有在意。待修治到黄陵冈后，有几个民工挖出一座脸上一只眼的石人，再想起那个谣传，不禁呆住了。于是韩山童、刘福通便率领群众挑选了日子举起义旗。大家推选韩山童做领袖，号称"明王"，起义军用红巾裹头，作为起义军的标记。天不遂人愿，官兵很快便知道了造反的消息，在他们举行起义仪式的时候便包围了起义军。一些由农民临时组成的军队哪里经得起官兵的疯狂攻击，起义军首领韩山童不幸牺牲。刘福通逃出包围以后，继续组织义军起义，由于他们头裹红巾，百姓便把他们称作红巾军。久经灾难的农民一听到义军的到来便纷纷加入其中，很快起义队伍便发展到了几十万。元朝尽管士兵还很多，表面看似强大，但是其实那些士兵由于缺乏训练早已失去了以往应有的作战能力，因此起义军连连告捷。

经历几年的抗争，起义军终于将元军主力击溃，于是刘福通把韩山童的儿子韩林儿接到亳州称帝，取国号为宋，韩林儿被称为小明王。韩林儿政权建立以后，加紧了反抗元朝的步伐，他率领军队分兵三路出师北伐，势如破竹，不到几个月便打到元大都城下。大都毕竟不像其他城市一般那么腐朽，全国的精锐部队几乎聚集在大都，故而军事实力还很强大，红巾军首战失利。

后来一同反抗的张士诚被招降，使得以韩林儿为首的起义队伍雪上加霜。刘福通战败在保护韩林儿逃跑的过程中，受到了张士诚的攻击，刘福通在战斗中英勇牺牲。他牺牲后，起义军的反抗斗争并没有停止，零星的反抗元朝统治的斗争一直持续到元朝的灭亡。

趣味链接

红巾军的得名

元朝末年，由白莲教教徒组织发展起来的农民起义军，由于以红巾裹头和红旗为号，所到之处遍地都是红黄相间的红巾随风飘舞，气势盛为壮观，于是农民便尊称起义军为"红巾军"或称"红军"，因烧香拜佛，亦称"香军"。

第十章
明

乞丐皇帝 朱元璋

·一个传奇皇帝的曲折故事·

作为大明朝的开国皇帝，朱元璋是继汉高祖刘邦后又一位平民出身的君主。他推翻了元朝的残暴统治，建立了空前强大的封建王朝——明朝。因为他年轻时曾做过乞丐，所以人们都称他为乞丐皇帝。

朱元璋从小生活很贫寒，父母兄长均在灾害中死去，孤苦无依，于是入皇觉寺为僧。入寺不到两个月，因荒年寺租难收，寺主封仓遣散众僧，朱元璋只得离乡为游方僧。因其老朋友汤和给他写了一封信，参加了起义军，投靠在郭子兴手下，率兵出征，英勇无比，有攻必克。

二十五岁时，朱元璋参加郭子兴领导的红巾军反抗蒙元暴政，郭子兴死后统率郭部，任小明王韩林儿的左副元帅。接着以战功连续升迁，至正十六年（1356年）诸将奉朱元璋为吴国公。至正二十四年（1364年）即位称吴王。至正二十七（1367年）四月，吴王朱元璋命中书右丞相徐达为征虏大将军、平章常遇春为副将军，率军二十五万，北进中原。北伐中发布告北方官民的文告，文告中提出"驱逐胡虏，恢复中华，立纲陈纪，救济斯民"的纲领，以此来感召北方人民起来反元。朱元璋顺应时代潮流，凭借其雄才大略、远见卓识对北伐又做出了精心部署，提出先取山东，撤除元朝的屏障；进兵

明太祖朱洪武像

河南，切断它的羽翼，夺取潼关，占据它的门槛；然后进兵大都，这时元朝势孤援绝，不战而取之；再派兵西进，山西、陕北、关中、甘肃可以席卷而下。北伐大军按计而行。徐达率兵先取山东，再西进，攻下汴梁，然后挥师潼关。朱元璋到汴梁坐镇指挥。

明洪武元年（1368年），朱元璋在南京称帝，国号大明，年号洪武。洪武元年（1368年）七月，各路大军沿运河直达天津，二十七日进占通州。元顺帝妥懽贴睦尔率后妃、太子和大臣，开健德门逃出大都，经居庸关逃奔上都。八月二日，明军进入大都，元朝至此灭亡，蒙古在中国的统治结束，明朝取得了在长城以内地区的统治权。

当了皇帝之后，朱元璋日理万机，勤奋执政，是我国封建王朝中非常勤勉的帝王之一。由他开创的明王朝，是中国历史非常强盛的一个朝代，让中华民族为之骄傲。

趣味链接

珍珠翡翠白玉汤

有一年，朱元璋在外面讨饭，一个老婆婆给了他一碗汤。朱元璋吃了感觉非常好吃，便问妇人这是什么汤。妇人顺口说了一句"珍珠翡翠白玉汤"。朱元璋于是记下了。当了皇帝后，便要御厨给自己做此道汤，但御厨做的味道怎么都不对。

后来在朱元璋的祖籍盱眙找到了当年的老婆婆，才知道这仅是一道用烂白菜、玉米粒、剩饭混在一起的"杂烩汤"。

"珍珠翡翠白玉汤"据说从此成为明朝御膳里的保留菜单。

大脚马皇后

·古代第一贤后·

　　大脚马皇后是一位有情有义的平凡女子。她生于乱世，但很有胆识，在艰难逆境中，全力帮助朱元璋成就大业，屡次帮助朱元璋死里逃生。做了皇后后，虽地位显赫，始终不忘民间劳苦，不改勤俭本色，不变平民心态，时常用自己的言行规劝、影响朱元璋。她惩奸佞毫不手软，扶良善鞠躬尽瘁，保忠臣机智灵活，助皇上能屈能伸，革陋习坚决果敢，倡新风大马金刀。朱元璋称她"家有贤妻，犹国之良相"。她对后世影响很大，明、清诸后乃至命妇民妇皆以其为楷模，争相仿效。马皇后是史家公认的中国封建时代的第一贤后。

　　马皇后是安徽宿州人，她早年丧母，被郭子兴夫妇收养为义女。郭子兴做农民起义军元帅时，马氏嫁给了英勇善战的朱元璋。郭子兴性情暴躁，气度狭小，在别人挑拨下把朱元璋关了起来，不给饮食。马氏非常着急，偷出刚出炉的热饼，揣在怀里给朱元璋送去，以至烫伤了胸脯。在朱元璋领兵征战的年代，她还亲手为将士缝衣做鞋。一次，与朱元璋敌对的陈友谅大兵临城，不少官员百姓准备逃难。在人心慌乱的紧急时刻，马皇后镇定自若，尽发宫中金帛犒士，稳定了军心，为朱元璋取得胜利起了非常重要的作用。

在朱元璋打江山的岁月里，马皇后始终和他患难与共。因此朱元璋当了皇帝后，对马皇后一直非常尊重和感激，对她的建议也往往能认真听取和采纳。朱元璋几次要对她的亲族封官加赏，都被马皇后劝止。朱元璋性情暴烈残忍，为了保住朱家子孙日后的统治地位，不断寻找借口屠戮功臣夙将。对此，马皇后总是婉言规劝，使朱元璋多少有所节制。马皇后一直保持着俭朴的作风，平日穿洗过的旧衣服，破了也不忍丢弃，并教导妃嫔不忘蚕桑的艰难。遇到荒年灾月，她带领宫人吃粗劣的菜饭，以此来体察民间疾苦。

洪武十五年（1382年），大脚马皇后病逝。临终嘱咐朱元璋"求贤纳谏，慎终如始"，并愿"子孙皆贤，臣民得所"。

马皇后死了之后，朱元璋和大臣们都非常伤心。很多大臣都得到过皇后的恩惠，受到过皇后的庇护，他们都为失去了这样一个善良的人而感到惋惜。朱元璋更是终生不再册立皇后，以示对马皇后的敬重和怀念。

趣味链接

马皇后之死

马皇后虽然人在深宫，但是为国家大事费尽苦心。马皇后病倒后，朱元璋和大臣们都心急如焚，四处求访名医，甚至希望得到仙药，好让马皇后的玉体能早日康复。但马皇后深知朱元璋的粗暴脾气，她知道，如果医生不能把自己的病治好，朱元璋可能会杀了他们。所以，她从来不让任何医生给自己治病，也不吃任何药，就算朱元璋苦心劝说，马皇后也不听。她宁愿自己病死，也不愿让一个好人无缘无故受到惩罚。洪武十五年，这位贤惠善良的皇后离开了人间，终年五十一岁。

锦衣卫

·明代专有的"特务"机构·

朱元璋是农民出身，一直就痛恨贪官污吏，当了皇帝之后，他大力整顿贪官，对贪官污吏的惩治采取了空前绝后的严酷手段。他设立了"特务"机构锦衣卫，专门对付贪官污吏。这些锦衣卫无孔不入地到各级政府部门里去，打探官员的一切行为。只要锦衣卫向朱元璋报告哪个官员有贪污行为，他绝不手下留情。

锦衣卫是明朝时期的专有军事"特务"机构，其全名为"锦衣亲军都指挥使司"，前身为朱元璋所创设的"御用拱卫司"以及洪武元年（1368年）时改制的"仪鸾司"和洪武二年（1369年）时改制的"大内亲军都督府"。他们直接听命于皇上，可以逮捕任何人，包括皇亲国戚，并进行不公开的审讯。也有参与收集军情、策反敌将的工作，如在朝鲜万历之战中收集了大量的日军军情。

传统意义上，锦衣卫三大特征为飞鱼服、鸾带、绣春刀。古人惯以朝廷鹰犬暗称呼锦衣卫与东厂。

明朝前两代皇帝朱元璋、朱棣，由于其出身的特殊性，对皇权的维护以及对官吏的清廉要求达到了其他朝代所没有的高度。这就使得锦衣卫"巡查缉捕"的职能被无限度地扩大了。

一般来讲，锦衣卫的工作只限于侦察各种情报、处理皇帝交付的案件，但遇到野心大、心肠狠的指挥使掌权，就会利用职务之便大肆地制造事端，既可以打击异己，又可以作为自己升迁的政治资本。如成祖时的纪纲、英宗时的逯杲、武宗时的钱宁等，在他们掌权时，缇骑四出，上至宰相藩王，下至平民百姓，都处于他们的监视之下，对他们的命令只要稍有拂逆，就会家破人亡，全国上下笼罩在一片恐怖的气氛中。北镇抚司大牢中更是关满了各种各样无辜的人们，死于锦衣卫酷刑之下的人更是不计其数。更为可怕的是，整个明朝从始至终都笼罩在这种阴郁的氛围之中，这种无节制的滥捕极大地影响了皇帝与官僚机构之间的关系，使百官、民众、军队与皇帝离心离德，难怪有人说明朝不是亡于流寇，而是亡于厂卫。

朱元璋本来想希望借助锦衣卫严惩贪官污吏，虽然起到了震慑的作用，但始终未能将贪官现象根除。其实，根本原因在于缺少行之有效的机制来约束官员，仅靠严酷刑罚不足以从根本上消除贪污腐败现象。

趣味链接

锦衣卫与东西厂

史学家发现，明朝没出现过几个"正常"一点的皇帝。明太祖设立了锦衣卫；明成祖朱棣又因为当初争权时起兵的理由不充分，更为了控制宫内的文官集团，设立了著名的宦官集团——东厂。后为牵制东厂，又增设西厂（而后又取消）。东厂与锦衣卫平级，受皇帝直接控制，只不过锦衣卫是皇帝的贴身侍卫，东厂则是皇帝的内臣。后来，东厂越来越受到皇帝信任，逐渐在锦衣卫之上。在宦官权倾朝野的年代，东厂、西厂、锦衣卫早已游离于法制之外，成为人人谈之色变的酷吏专权。

太祖戮功臣

·兔死狗烹的又一出惨剧·

洪武帝朱元璋，白手起家，成为一代开国之君。他所建立的丰功伟绩的确令人敬佩，但他滥杀功臣的残暴行为，也一直为后世所诟病。

洪武三年（1370 年），朱元璋封李善长、徐达、常茂、李文忠、冯胜、邓愈六人为公爵。朱元璋还主张皇室与功臣联姻，如郭英之妹为朱元璋的宁妃，冯胜、蓝玉、徐达之女也皆为王妃。李善长、傅友德、胡海、张龙等勋贵之子也与公主结成了儿女亲家。朱元璋是希望通过这些方式确保功臣忠心，巩固自己的皇位，使大明江山传祚无穷。

但是几年之后，形势便发生了改变。洪武五年（1372 年），朱元璋颁布《洪武青花执壶铁榜文》，对文武功臣严加戒饬，严厉指责他们违法乱纪的行径。这可以看做是朱元璋对骄傲放纵的功臣的一种警告，也是他们关系紧张的一个信号。可是好多功臣却没有察觉到这个危险的信号。洪武八年（1375 年），朱元璋颁布《资世通训》，洪武十三年（1380 年）颁布《臣戒录》，警告大臣们如果对天子不忠、逾越礼制，将受到严惩。这些功臣们也许没有意识到，朱元璋已经将屠刀举起。

很多功臣以前是朱元璋的老乡，在战斗中出生入死，东征西讨，帮助朱元璋夺得天下。朱元璋登基成为皇帝后，他们之间却有了君臣的名分，凡事不可逾制。这些功臣难以及时适应这种改变，而朱元璋又是一个多有顾忌的君主，自古以来，鸟尽弓藏、兔死狗烹的例子数不胜数，于是朱元璋下手了。

朱元璋之所以大肆杀戮功臣，原因就在于当时太子朱标已死，皇太孙朱允炆是皇位的继承人。朱允炆年纪小而又文弱，朱元璋怕自己死后，幼帝制服不了权高位重的功臣，从而对朱家天下造成威胁，因此就千方百计地寻找借口，杀戮功臣，消除隐患。

可是，朱元璋在为子孙扫除障碍的同时，也埋下了祸根。后来，他的孙子建文帝锐意削藩，燕王朱棣立即起兵"靖难"，夺取天下。假使当时蓝玉等能征善战的开国功臣还在，朱棣未必敢兴兵，建文帝也不用"逊国"了。

趣味链接

朱元璋削刺

朱元璋残忍杀害自己手下的大臣，太子朱标很不理解，为此，朱元璋命人取来一根长满刺的棘杖，叫太子去拿，太子不知道该怎么去拿。朱元璋见状，拿起宝剑，一阵猛削，很快将所有利刺全都削去，棘杖变得十分光滑，很容易就可以拿起来了。朱元璋说道："如今我所杀的，都是一些很难对付的险恶之徒，就好比这根棘杖上的利刺，我把他们除掉后，再把木杖交给你，难道还有比这再好的吗？"

不料太子却很不以为然，回答道："上有尧舜之君，则下有尧舜之民。"这无疑是指责父亲不是尧舜之君，朱元璋勃然大怒，抓起椅子向太子砸去，太子吓得赶快跑开了。

文字狱

·让人丢掉性命的文字·

明太祖朱元璋在坐稳皇位后，多次实行大规模的文字狱，许多读书人死于非命。文字狱的特征是：罪状由统治阶级对文字的歪曲解释而起，证据也由当权人物对文字的歪曲解释而成。一个单字或一个句子，一旦被认为诽谤皇帝或讽刺政府，即构成刑责。文字的含义不再是客观的意义，而在当权人物的主观解释。

朱元璋制造的一些文字狱，都具有典型的特征。如尉氏（河南尉氏）县学教授许元，在奏章上有"体乾法坤，藻饰太平"。这两句话是千年以前的古文，但朱元璋却解释说："法坤与'发髡'同音，发髡是剃光了头，讽刺我当过和尚。藻饰与'早失'同音，显然要我早失太平。"于是许元被处斩。

朱元璋还刚愎自用，为了顾及面子，杀了不少正直的读书人。有个叫卢熊的读书人，人品、文品都很好，朱元璋委任他到山东兖州当知州。卢熊到兖州后要启用官印，发布文告。当他把皇帝授给他的官印取出一看傻了眼，原来，朱元璋笔下的诏书是授卢熊为山东衮州知州，这官印是根据皇帝的诏书刻制的，这兖州自然变成衮州了。可是山东历来只有兖州而没有衮州。卢熊是个搞学问的，办事认真，于是他就向皇上写了一份奏章，要求皇上更正，把官印重新刻制过来。朱元璋一见奏章，知道是写错了，但是，为了顾及面子，还大骂卢熊咬文嚼字，这兖和衮就是同一个字，卢熊竟敢将它念成"滚"州，这不是要朕滚蛋吗？最后竟然将卢熊斩首。

文字狱当然还不限于奏章。朱元璋崇信佛教，对印度高僧释来复最为礼敬。释来复告辞回国，行前写了一首谢恩诗，诗中有两句："殊域及自惭，无德颂陶唐。"意思很明显，他生在异国（殊域），自惭不生在中国，觉得自己还没有资格歌颂大皇帝。但朱元璋的解释不同，他说："殊，明明指我'歹朱'。无德，明明指我没有品德。"于是朱元璋马上翻脸，转瞬之间，释来复从座上客变为阶下囚，人头落地。

朱元璋大搞文字狱，手段极其残忍，而且情节非常荒诞，但是这种荒诞的行为实有其深刻的用意：唯有这种不需要任何理由的杀戮，才能够立威，显示出皇权的绝对性，而对朝野造成了巨大的威慑力。

趣味链接

因字讳而取祸

浙江府学教授林元亮曾经为海门卫官做《谢增俸表》，这篇官样谢恩文章之中有"做则垂宪"之语；北平府学训导赵伯宁为都司做《贺万寿表》，这是贺皇帝寿辰的表章，其中有"垂子孙而作则"句；福州府学训导林伯璟为案察使做《贺冬至表》，这是庆典祝贺表，而其中出现了"仪则天下"语；桂林府学训导蒋质为布政使和案察使做《正旦贺表》内有"建中则做"；澧州学正孟清做《贺冬至表》，内有"圣德作则"语。

以上这些本来都是一些歌功颂德的马屁文章，但只因沾了一个与"贼"谐音的"则"字，就有了罪过。

朱棣篡位

·叔叔和侄子争夺帝位·

洪武二十五年（1392年），一向被朱元璋视为接班人培养的皇太子朱标病逝，朱元璋不得不重新考虑皇位的继承问题。经过慎重考虑，朱元璋将朱标的儿子朱允炆立为皇太孙。

洪武三十一年（1398年），朱元璋病逝，朱允炆正式继位，改年号为建文元年。从年号上不难看出，一个建文，一个洪武，两位皇帝的性格截然不同，而且朱元璋不愿立皇太孙的一个重要原因就是朱允炆像他的父亲一样，过于柔弱、过于仁慈，受儒家思想的影响太严重，恐怕日后会吃大亏。结果朱元璋的担心最后变成了现实。

建文帝继位之后，一改洪武时期的紧张气氛，使全国大地吹过了一阵清风，他重用黄子澄、齐泰、方孝孺等文人，对前朝粗暴的统治进行了一定的革新，无论是为百姓，还是为官吏都创造了一个宽松的环境。

在改革中的一项重要措施就是削番，当时的番王多是朱允炆的叔叔，而且手中都有兵权，他们在自己的番地为非作歹，有的甚至摩拳擦掌准备造反。燕王朱棣就是其中最有代表性的一位，而且随着朱棣在作战的过程中实力不断壮大，他已经成为了皇权最大的威胁。

在最初的战斗中，朝廷的兵力占绝对优势，可是由于李景隆的指挥不当，明军屡遭败绩。但由于兵力所限，被燕军占领的城市又都很快被放弃，因此双方展开了拉锯战。在此期间，明军中涌现出了一批比较优秀的将领，他们的顽强抵抗给朱棣造成了极大的威胁。但是朱允炆致命的软弱再一次显示出来，他的一道圣旨，"我要活的叔父"使得朱棣逃过了多次劫难，建文帝的妇人之仁最终将自己推向了深渊。

经过四年的征战后，朱棣正确分析了形势，认为只要建文帝在一天，地方军就会抵抗一天，而且自己就是叛王，但如果一旦攻占了南京，赶走了建文帝，那么自己就可以成为一国之君了。

于是朱棣带领部队绕过大城市，一路南下，当时的建文朝廷已经乱作了一团，很多地方将领按兵不动，很快燕军就攻到了南京城下，南京终于被占领，建文帝却失踪了，而且正如朱棣所料，地方上几乎没有人反对。朱棣发起的"靖难之变"宣告成功，他终于登上了皇位，年号永乐。

虽然在地方上没多少人反对朱棣登基，但是朝廷内却是另一番情景，投降的文臣只有二十四人，或逃跑、或自杀的却有千人。永乐朝廷几乎无人可用，可见建文帝在文臣心目中的地位是相当高的。

趣味链接

建文帝下落之谜

有史书记载，建文帝离宫后出家当了和尚，云游四方，不问世事。有诗云："阅罢楞言磬懒敲，笑看黄屋寄团瓢。南来嶂岭千层迥，北望天门万里遥。款段久忘飞凤辇，袈裟新换衮龙袍。百官此日知何处，唯有群鸟早晚朝。"传言此诗作者是建文帝，但未得到证实。

另有一说建文帝逃到东南亚，也传闻郑和下西洋其中任务之一便是寻找建文帝。

三保太监下西洋

·明朝盛世的辉煌展现·

郑和出生于洪武四年（1371 年），原来的名字马三保。洪武十三年（1381年）冬，明朝军队进攻云南。马三保当时才十岁，被抓到了明营，阉割成太监，之后进入朱棣的燕王府。在"靖难之变"中，马三保在河北郑州（今河北任丘北）浴血奋战，为燕王朱棣立下了汗马功劳。永乐二年（1404 年）明成祖朱棣认为马姓不能登三宝殿，因此在南京御书"郑"字赐马三保郑姓，改名为和，任为内官监太监，官至四品，他的地位仅次于司礼监。宣德六年（1431 年）钦封郑和为三保太监。

明永乐三年（1405 年）七月十一日，明成祖命郑和率领船队远航，出访了西太平洋和印度洋的国家和地区，加深了中国同东南亚、东非的关系。每次郑和都从苏州刘家港出发，一直到明宣德八年（1433 年），他一共远航了七次。

最后一次，宣德八年（1433 年）四月回程到古里时，郑和不幸在船上因病过逝。民间故事《三宝太监西洋记通俗演义》将他的旅行探险称之为三宝太监下西洋。郑和下西洋的船队规模空前壮观，第一次下西洋的船队，一共有两万多人，除了兵士和水手外，还有大量的技术人员、翻译、医生等。他

郑和下西洋"宝船"模型

们乘坐六十二艘大船，这种船长四十四丈，宽十四丈，在当时是非常罕见的，也是非常壮观的。郑和船队从刘家港起航，路经占城，接着又到爪哇、旧港（今印度尼西亚苏门答腊岛东南岸）、苏门答腊、满剌加、古里、锡兰等国家。他每到一个国家，都会先把明成祖的信递交给国王，然后把带去的礼物送给他们，希望同他们保持友好的关系。许多国家见郑和带了那么大的船队来，态度都非常好，并且热情地接待他。

明成祖朱棣派遣郑和出使西洋各国，一方面提高了国家的威望，另一方面促进了跟西洋各国的贸易往来，明成祖对此很是欣慰，所以此后又多次派郑和带领船队下西洋。从公元1405年到公元1433年，将近三十年里，郑和出海七次，前前后后一共到过印度洋沿海的三十多个国家，最远到达非洲的木骨都束国（今索马里的摩加迪沙一带）。郑和船队七次下西洋，加强了同这些国家的友好交往，促进了各国的经济文化交流，在世界航海史上留下了光辉灿烂的一页。

趣味链接

为何下西洋要选郑和

首先，郑和懂兵法，有谋略，英勇善战，作战经验丰富，具有军事指挥才能。郑和下西洋中的几次军事行动也证明了郑和的军事指挥才能，确保了这几次军事行动的成功。

第二，郑和外交经验丰富，熟悉西洋各国的历史、地理、文化、宗教，具有卓越的外交才能。在郑和下西洋前，郑和曾出使暹罗、日本，有进行外交活动的经验。

第三，郑和具有一定的航海知识。郑和从小就从父亲那里学到有关的航海知识，熟悉海洋，向往航海。

永乐迁都

· 北京成为近代政治中心 ·

　　永乐皇帝朱棣在位期间迁都北京，把政治中心从南京移到了北京，密切了同北方少数民族上层人物的联系，有效地实施了对周边少数民族的统治，有力地抗击了元朝残余势力的侵扰，具有重要的军事意义。

　　朱棣在位期间做的最重要的一件事就是迁都北京。朱棣继位之初，把都城定在金陵（今南京）。随着元朝残余势力退至漠北，长江岸边的金陵，就显得离重要的北部边陲过于遥远。因此，永乐元年（1403 年），有大臣建议，把北平改为北京，迁都北京。朱棣认为，如果迁都北京，可以加强北部边防，就采纳了这个建议。但是，朱棣明白，迁都是一件关乎国家兴亡的头等大事，必须小心行事。

　　朱棣做事一向慎重，在充分论证的基础上，迁都的事情分阶段、有步骤地进行。他首先有意提高北京的政治地位，下令改北平为北京，升为陪都，称作行在。同时，改北平府为顺天府。努力提升北京的经济地位，朱棣知道，北京虽然地理位置极端重要，而且是元朝的大都，但是它在经济上却远不及江南、不及金陵。因此，他要想方设法使北京繁荣起来。于是，他下令向北京附近大规模地移民屯田，五年之内减免赋税。一些军士，也被放归北京乡里种田。而且战乱之后，形成大量流民。他下令把流民组织起来，到北京一带去种田。甚至，他还释放囚徒，把他们安置在北京周边地区去种田。他还实行了一些优待政策，比如向他们免费提供牛具、种子。同时又将大批工匠迁往北京，给他们以更多的优惠政策，如免除税粮、赈济优厚等。这就在北京形成了工商业。经过多年的经营，北京渐渐繁荣起来了。至此，北京初步具备了大都市的规模，可以和金陵相媲美了。

永乐四年（1406年），朱棣下令次年六月正式建造北京宫殿，特派大臣到各有关行省采集巨木。又命大臣陈圭，主持北京宫殿及北京城市的整个设计营建工程。此后，正式启动的营建工程，从未中断。

永乐十八（1420年），北京的宫殿终于完工了。朱棣下令正式迁都北京。经过十八年的苦心经营，朱棣终于了却了自己多年的夙愿，完成了迁都盛举。从此，北京就成为明清两朝的都城，并成为近代的政治中心。

趣味链接

北京是朱棣的福地

北京可以说是朱棣的藩地，是他辉煌事业的起点，是他打江山的大本营。

朱棣以燕王身份就藩北平以后，积极参与对元朝残余势力的征战，几次深入塞北，冲锋陷阵，逐步成为统率北方军队的最高统帅。朱棣在北平经营了二十年之久，他以北平都师司属将校为核心，节制诸王，联结九边，部下猛将如云，谋臣如雨，积聚了雄厚的军事实力。借"靖难之变"夺得皇位以后，论功封爵者有二公、十二侯，均为共"熊罴之夙将，帷幄之谋臣"。他们多为其北平都司属下将校，尤以燕山三护卫将校为主。

土木之变

·明代由盛转衰的标志性事件·

　　明太祖在位期间，吸取了宦官乱政的教训，立下一条规矩：不让宦官过问国家政事。他把这条规矩写在大铁牌上，想要他的子孙世世代代遵守。但是到朱棣的时候，这条规矩就被废除了。

　　朱棣从他侄儿手里夺得皇位，怕大臣反对他，特别信任身边的太监，明宣宗死后，刚满九岁的太子朱祁镇继位，这就是明英宗。王振当上司礼监，帮助明英宗批阅奏章。明英宗一味追求玩乐，根本不问国事。王振趁机把朝廷军政大权抓在手里。

　　公元1449年，瓦剌首领也先派三千名使者到北京，进贡马匹，要求朝廷给赏金。王振发现也先谎报人数，削减了赏金和马价。也先为他的儿子向明朝求婚，也被王振拒绝。这一来激怒了也先，也先率领瓦剌骑兵进攻大同。镇守大同的明将出兵抵抗，被瓦剌军打败。边境的官员向朝廷告急，明英宗慌忙召集大臣商量怎么对付。大同离王振的家乡蔚州不远，王振在蔚州有大批田产，他怕蔚州被瓦剌军侵占，竭力主张明英宗带兵亲征。明英宗是个没主见的人，王振怎么说，他就怎么做，不管大臣劝谏，就仓促决定亲征。

　　明军前锋在大同城边被瓦剌军杀得全军覆没，各路明军纷纷溃退下来。

明军一面抵抗，一面败退，一直退到土木堡。那时候，太阳刚刚下山，有人劝明英宗趁天没黑，再继续赶路，等到了怀来城再休息，瓦剌军赶来，也可以坚守。可是王振却因为装运着他财产的几千辆车子还没到，竟然让大军在土木堡停下来，结果被瓦剌军围困在土木堡，明英宗和王振带着一批禁军，几次想突围都没冲出去。平时作威作福的王振，这时候吓得直发抖。禁军将领樊忠，早就恨透了这个祸国殃民的奸贼，气愤地说："我为天下百姓杀死你这个奸贼。"说着，抡起手里的大铁锤，朝着王振脑门一锤砸去，了结王振的性命。樊忠自己冲向瓦剌军，拼杀了一阵，结果中枪倒下。

明英宗眼看脱逃没有希望，只好跳下马来，盘着腿坐在地上等死。瓦剌兵赶上来，俘虏了明英宗朱祁镇。历史上把这次事件称作"土木之变"。

土木堡一战之后，明朝的势力由盛转衰，原来由明太祖、明成祖建立起来的边界上安定稳固的局面迅速瓦解。明朝从此开始进入衰落的时期。

趣味链接

现在的土木堡

土木堡现在是京张高速公路边上一个普通的镇子，能与昔日峥嵘岁月联系起来的只有几处残存的城墙和被当成村里仓库的显忠祠。

显忠祠是"土木之变"后明朝为祭祀死难将士而建造的，历经几度毁坏和重修，至今还保存着三间大殿和一些碑刻，从正中一间大殿锁着的门往里窥望，可见一块写着显忠祠简介的牌子和一块写着死难大臣官衔和名字的牌子与输水管道、农具等杂物堆放在一起。

张居正改革

·简单有效但不彻底的一次改革·

张居正，汉族人，出生于湖广江陵（今属湖北），字叔大，少名张白圭，又称张江陵，号太岳，谥号"文忠"，明代政治家、改革家。明代内阁首辅之一，是一位伟大的政治家。

明朝中期，贵族大地主侵占土地的情况相当严重。全国纳税的土地，约有一半为大地主所侵占，而且地主不交税，严重地影响了国家收入，社会矛盾激化，农民起义接二连三地发生。明王朝处于危机四伏的境地。

张居正改革采取的主要措施有：首先加强中央集权制。张居正创制了"考成法"，严格考察各级官吏贯彻朝廷诏旨情况，要求定期向内阁报告地方政事，把实权牢牢控制在内阁，罢免因循守旧、反对变革的顽固派官吏，选用并提拔支持变法的新生力量，为推行新法做了人才准备。

在经济方面，张居正改革的成绩非常显著。他曾任用著名水利学家潘季驯督修黄河，使黄河不再南流入淮，于是"田庐皆尽已出，数十年弃地转为耕桑"。明朝初年的赋税制度十分复杂。当时的赋税以粮为主，银绢为辅，分夏秋两季征收。此外，还规定农民要服各种徭役，并缴纳特殊的土贡等。"一条鞭法"的推行，使明政府的税入有了显著增加，财政经济状况也有不少改善。国库储备的粮食多达一千三百多万石，可供五六年食用，比起嘉靖年间国库存粮不够一年用的情况，是一个很大的进步。

张居正在军事上也进行了一系列改革。他派戚继光守蓟门，李志梁镇辽东，又在东起山海关，西至居庸关的长城上加修了"敌台"三千余座。他还与鞑靼俺达汗之间进行茶马市贸易，采取和平政策。从此，北方的边防更加巩固，在二三十年中，明朝和鞑靼没有发生过大的战争。

上述的一系列改革，强化了中央集权的封建国家机器，基本上实现了"法之必行"、"言之必效"，国家的经济状况有了改善，财政收入有所增加，在国防上增强了反侵略的能力。当然，张居正倡导改革的目的主要是为了巩固明朝的封建统治。因而，他的变法不可能触动地主阶级的根本利益，只能做一些局部的改良，挽救不了封建社会必然灭亡的历史趋势。但是，张居正的改革在一定程度上限制了大官僚地主的既得利益。

趣味链接

小时候的张居正

"三月雨悠悠，天街滑似油。跌倒一只凤，笑煞一群牛。"

张居正四岁的时候，一次雨天随父亲上街，因为路滑跌了一跤，旁边一群人借此取笑嘲弄，他一生气，便随口念出这首诗以示回敬。四岁孩童有如此捷才，众人大惊，一传十，十传百，荆州城的父老乡亲都把他看做神童。

刚正不阿的海瑞

·清廉自爱的一代忠臣·

海瑞，字汝贤、国开，自号刚峰，后人称其为"海青天"，与宋代包青天齐名，是明代著名的政治家。

在中国，回族海姓大族当数海南海氏家族。海南海氏回族，其先祖海答尔，海答尔落籍琼山后，全族弃武从文，海瑞便是海氏第五世后裔。他自幼攻读诗书经传，博学多才，嘉靖二十八年（1550年）中举。开始担任南平教渝，后升浙江淳安和江西兴国知县。他为政清廉，洁身自爱。为人正直刚毅，职位低下时就敢于蔑视权贵。一生忠心耿耿，直言敢谏。海瑞一生清贫，抑制豪强，安抚穷困百姓，打击奸臣污吏，因而深得广大民众爱戴。

海瑞推行有利于百姓生活的措施，并多次平反冤假错案，打击贪官污吏，深得民心。嘉靖四十一年（1562年），海瑞任诸暨知县，期间曾上书批评明世宗迷信巫术，生活奢华，不理朝政等弊端。嘉靖四十五年（1566年），任户部云南司主事的海瑞买棺材，别妻子，散童仆，以死上书，劝说明世宗不要相信陶仲文这班方士的骗术，应振理朝政，因而激怒明世宗，诏命下狱论死。首辅徐阶力救海瑞，黄光升则把海瑞上书比拟儿子骂父，以减轻罪责，并乘机把海瑞留在狱中，为营救海瑞创造良好机会。

同年十二月明世宗驾崩，明穆宗即位，海瑞才被释放出狱。

隆庆三年（1569年）海瑞调升右佥都御史，他一如既往，惩治贪官，打击豪强，疏浚河道，修筑水利工程，并推行一条鞭法，强令贪官污吏退田还民，遂有"海青天"之誉，深受百姓的爱戴。后被排挤，革职闲居十六年之久。

万历十三年（1585年），海瑞重被起用，先后任南京吏部右侍郎、南京右都御史，力主严惩贪官污吏，禁止徇私受贿。海瑞听闻潘湖黄光升卒，悲伤至极，带病前来晋江奔丧，后病死于南京。

趣 味 链 接

海瑞受到的教育

海瑞的母亲和孟母一样，年纪轻轻就成了寡妇。她和年幼的儿子相依为命，在偏远的海南岛过着清贫苦闷的生活。

海母非常重视对儿子的教育，所以在海瑞年幼时期，海母就让他读《孝经》、《尚书》、《中庸》等圣贤书，树立儒家正确的道德观和价值观。

海母不让小海瑞像其他孩子一样，快乐地玩耍嬉戏，而是"有戏谑，必严词正色诲之"。在母亲极端的教育下，海瑞形成了孤僻的心理，这导致他成人后也不会和别人相处。

海母用自己特有的方式教育海瑞，让海瑞缺乏自己的独立人格。在海母严于律己、严于律人的处世哲学中，有着明显的虐待倾向。这种倾向，使得海母和海瑞都具有严重的道德洁癖。

抗倭名将 戚继光

· 令倭寇闻风丧胆的戚家军 ·

戚继光，字元敬，号南塘，又号孟渚，山东登州（今山东蓬莱）人，原籍河南卫辉，明代著名抗倭将领、民族英雄、军事家、武术家。父亲死后，袭官登州卫指挥佥事，升任都指挥佥事，负责山东御倭兵事。

戚继光一直积极抗御倭寇。他看出卫所军有不习战阵的弱点，恳请获准后亲赴义乌招募农民和矿工，组织训练一支三千多人的新军。他治军有方，教育将士要杀贼保民，严格军事训练，"教以击刺法，长短兵选用"，排演自己创制的"鸳鸯阵"。由于新军将士英勇善战，屡立战功，被誉为"戚家军"。

嘉靖四十年（1561 年），倭寇侵犯浙东，戚继光率军在龙山大败倭寇。而后在台州地，扫平浙东。次年率六千精兵援闽，捣破倭寇在横屿（今宁德东北）的老巢。后又与俞大猷会师，歼灭广东的倭寇。至此，东南沿海倭患完全解除。

倭寇的烧杀抢掠，给东南沿海地区的人民生活和社会经济造成了极大的破坏。平定倭患才能使人们能安居乐业，发展生产。在平定倭患的过程中，明朝政府的一些官员认识到，"海禁"既不能限制私人海上贸易，也不能防止倭寇。反而驱使沿海居民走上武装走私的道路，与倭寇内外勾结，为害颇大。

嘉靖末年，一些卓有远见的官僚，纷纷建议政府解除"海禁"，发展海上贸易。到明穆宗隆庆时，明政府开始取消"海禁"，准许对外通商。这无疑顺应了社会经济发展的趋势，促进了正常的海上贸易和东南沿海商品经济的发展。

戚继光率领戚家军实现了他"封侯非我意，但愿海波平"的灭倭志向。在剿倭战争中，戚继光身先士卒，严于律己，与士兵同甘共苦；严格要求士兵，不准扰害百姓，做到兵民相体；在战略战术上，攻其无备，出其不意，进攻重集中兵力打歼灭战，防御重积极主动而不是机械地死守，在防御中伺机反攻。创造了独树一帜的"鸳鸯阵"，发挥集体互助、长短兵器结合的机动、灵活、严密的作战力量，有效地打击敌人。"鸳鸯阵"是戚家军屡败倭寇的重要原因，也是戚继光和戚家军留给后人的一份宝贵财富。

趣味链接

戚家军的"鸳鸯阵"

"鸳鸯阵"阵形以十一人为一队，最前为队长，次二人一执长牌、一执藤牌，长牌手执长盾牌遮挡倭寇的重箭、长枪，藤牌手执轻便的藤盾并带有标枪、腰刀，长牌手和藤牌手主要掩护后队前进，藤牌手除了掩护还可与敌近战。再二人为狼筅手执狼筅，狼筅是利用南方生长的毛竹，选其老而坚实者，将竹端斜削成尖状，又留四周尖锐的枝丫，每支狼筅长三米左右，狼筅手利用狼筅前端的利刃刺杀敌人以掩护盾牌手的推进和后面长枪手的进击。接着是四名手执长枪的长枪手，左右各二人，分别照应前面左右两边的盾牌手和狼筅手。再跟进的是使用短刀的短兵手，如敌人迂回攻击，短兵手即持短刀冲上前去劈杀敌人。

"八虎" 之首 刘瑾

· 奸诈贪婪的专权太监 ·

明朝时期，有八个太监号称"八虎"，刘瑾就是"八虎"之首，为了巴结新皇帝，每天都进一些奇特的玩具，还经常组织各式各样的演出和各种"体育"活动，年幼的明武宗如何能抵御这些东西的诱惑，于是就沉溺其中，终其一生没有自拔，学业和政事当然也就荒废了。

明武宗手下有一大批刚正廉洁的大臣，这些人不顾身家性命，联名上书请求严惩"八虎"，明武宗刚刚继位，还缺乏应对大场面的能力，见到如此声势浩大的进谏，有些支撑不住，想与群臣妥协，除掉"八虎"。但就在千钧一发之际，老谋深算的刘瑾在皇帝面前声泪俱下的哭诉使明武宗心又软了下来，第二天他惩治了首先进谏的大臣，内阁成员谢迁、刘健以告老还乡相威胁，但是被明武宗欣然批准，群臣失去了领头人，只好作罢。就这样，一场反对"八虎"的运动，因为刘瑾的奸诈，以"八虎"的最终胜利而告终。

刘瑾是陕西兴平人。六岁时被太监刘顺收养，后净身入宫当了太监，遂冒姓刘。明孝宗时，他曾犯死罪，但却得以免除死罪。后侍奉太子朱厚燳，即后来的明武宗。他善于察言观色，随机应变，深受太子的信任。太子继位后，他很快爬上司礼监掌印太监的宝座。一旦大权在握，刘瑾便引诱明武宗疏于朝政，自己趁机专擅朝政，时人称他为"立皇帝"，明武宗为"坐皇帝"。刘瑾极力排陷异己，朝中正直官员大都受到他的迫害，而刘宇、焦芳等小人则奔走其门，成为其党羽。

由于权力的过分集中，刘瑾的贪欲越来越离谱。他利用权势，肆意贪污。他劝明武宗下令各省库藏尽输京师，从中贪污大量银两。他公然受贿索贿，大搞钱权交易。各地官员但凡来到北京，都要向他行贿，谓之"见面礼"，动辄白银千两，有的高达五千两。

刘瑾的贪婪专权让大明朝背负着日益繁重的负担，结果却怨声载道，民不聊生。安化王朱趁机于正德五年（1510年）四月发动叛乱，但是叛乱很快被平定。太监张永利用献俘之机，向明武宗揭露了刘瑾的罪状。刘瑾被捕后，从其家中查出金银数百万两，并有伪玺、玉带等违禁物。经会审，刘瑾被判以凌迟，结束了其罪恶的一生。

趣味链接

豹 房

豹房是当年刘瑾等为了皇帝声色犬马特意修建的。明武宗每天征召教坊乐工入"豹房"应承。锦衣卫都督同知于永，精通房中秘术，被明武宗知道了，召入"豹房"。于永是色目人，向明武宗说西域少数民族女子的美色大胜中土，并将一些色目人官员家中能歌善舞的女子搜罗进"豹房"，"歌舞达昼夜，犹以为不足"。于永还怂恿明武宗，将一些色目人官员的女眷召至"豹房"内，对外宣称是教授舞技，"而择其美者留之不令出"。

大太监 魏忠贤

·大赌棍豪赌一生·

魏忠贤，本名李进忠，明朝末期宦官，北直隶肃宁（今属河北）人。魏忠贤本是市井无赖，后为赌债所逼遂自阉入宫做太监，在宫中结交太子宫太监王安，得其佑庇。后又结识皇长孙朱由校的奶妈客氏，与之关系密切。对皇长孙，则极尽阿谀奉承之事，甚得其欢心。

泰昌元年（1620年），朱由校继位，是为明熹宗。魏忠贤升为司礼秉笔太监。明熹宗喜欢刀锯斧凿油漆的工作，是个"木匠奇才"，他"朝夕营造"，"每营造得意，即膳饮可忘，寒暑罔觉"。他曾亲自在庭院中造了一座小宫殿，形式仿乾清宫，高不过三四尺，却曲折微妙，巧夺天工。魏忠贤非常狡猾，总是趁皇帝做木工做得全神贯注之时，拿重要的奏章去请他批阅，明熹宗随口说："朕已悉矣！汝辈好为之。"魏忠贤逐渐专擅朝政。

魏忠贤的丑恶行径，激起了正直官员的严重愤慨，东林党人为伸张正义对他们进行揭发和斗争。天启四年（1624年），副都御史杨涟上疏痛斥魏忠贤的二十四大罪，大胆地揭发魏忠贤的奸恶，魏忠贤慌了，向明熹宗哭诉，客氏从旁为他辩解，王体乾也极力为他辩护。昏愚的明熹宗偏听偏信，反而下旨痛责杨涟，魏忠贤竟逍遥法外。

经历过这件事情之后，魏忠贤开始了疯狂的报复。

天启五年（1625年），魏忠贤兴起大狱，首先逮捕东林党著名领袖杨涟、左光斗、袁化中、魏大中等六人，诬以受贿。杨涟等五人被折磨死于狱中，顾大章自杀。

天启六年（1626年），魏忠贤又捕杀东林党首领高攀龙、周起元、周顺昌等七人。历史上称这两次大狱受难的东林党人为"前六君子"、"后七君子"。于是，东林党成了十恶不赦的罪人，许多往上爬的人，都拼命附和攻击，以取悦于魏忠贤。

魏忠贤能够肆无忌惮地排除异己，仰仗的是荒嬉度日、懒于政事、稀里糊涂的天启皇帝的撑腰。天启七年（1627年）八月，明熹宗病死，信王朱由检继帝位，改元崇祯，即为明思宗。朱由检一向熟知魏忠贤的罪恶，同时东林党人也纷纷上书弹劾，于是，下令把魏忠贤发配凤阳，后又派人逮捕治罪。魏忠贤自知难逃一死，畏罪自杀。

趣味链接

入宫前的魏忠贤

魏忠贤入宫前是个无赖混混，吃喝嫖赌样样精通。有一次，他输得精光，最后把裤子都押上了，结果还是输了。他不想光着屁股回家，就耍赖逃跑，被债主紧追不舍。魏忠贤穷途末路，被追到后遭到痛打，还要当街强行脱裤子，他被逼急了，脱口说出一句："老子进宫做太监还你们钱还不行吗！"回到家，他就把当太监的想法告诉了家人，竟得到了妻子与哥哥等人的支持，因为在当时的明朝，太监是十分吃香的行当。进宫需要关系需要送礼，魏忠贤家里很穷，最后他把女儿卖做童养媳，哥哥魏钊把地卖了，好不容易才进了宫。

游历天下的徐霞客

·具有传奇色彩的地理学家·

　　徐霞客，汉族，名弘祖，字振之，号霞客，明南直隶江阴（今江苏江阴市）人，是一位伟大的地理学家和探险家。

　　徐霞客二十二岁便开始了游历考察生涯，三十多年间，他先后四次进行了长距离的跋涉，足迹遍及大江南北。在三四百年前，交通是很不发达的，徐霞客游历了如此广阔的地区，靠的完全是自己的两条腿。单凭这一点，就足以令人赞叹不已了，更何况他所考察的主要是陡峭的山峰和急流险滩。徐霞客的考察探险活动，持续进行到公元1640年他五十五岁的时候。当时，他正在云南，不幸身患重病，被人送回江阴老家，第二年就去世了。可以说，徐霞客把自己的毕生精力献给了祖国的地理考察事业。

　　有一点非常难得，那就是徐霞客在野外考察生活中，每天不管多么劳累，都要把当天的经历和观察记录下来。可惜的是，由于各种原因，他的日记大部分已经散佚，现存的《徐霞客游记》，仅是其中的一小部分。但这仅存的四十万字的《徐霞客游记》，仍然向我们展现了他广阔范围的考察纪实，特别是边远地区的地理风貌。

　　徐霞客对地理学的贡献很多，最突出的是他对石灰岩地貌的考察。他是我国也是世界上最早对石灰岩地貌进行系统考察的地理学家。欧洲人中，最早对石灰岩地貌进行广泛考察和描述的是爱士培尔，时间是公元 1774 年；最早对石灰岩地貌进行系统分类的是罗曼，时间是公元 1858 年，都比徐霞客晚了一二百年以上。

徐霞客不仅在地理学上颇有建树，而且在文学领域中也造诣很深。他写的游记，既是地理学上珍贵的文献，又是笔法精湛的游记文学。有人称赞他的游记是"世间真文字，大文字，奇文字"，这一点儿也不过分。读他的游记，使人感到的是一种真与美的享受，大自然的美妙被瞬间感知。雨、雾、晴、晦的千变万化，山、水、树、岩的千姿百态，再现于徐霞客的笔端，仿佛使我们也随着徐霞客的足迹，跋涉奇峰峻岩、急流险滩，置身于祖国的秀丽山河之中，让我们对伟大祖国的壮丽河山充满自豪之情。

趣味链接

徐霞客的小故事

有一次，徐霞客在湖南茶陵考察，听说当地有个麻叶洞，他决定去看看，但是传说洞里有神龙或者精怪，不是有法术的人，都不敢进洞。

徐霞客不信神怪，他出了高价雇个当地人当向导，以便进洞考察。正要进洞的时候，向导问他是什么人，当他知道徐霞客是个普通读书人的时候，向导吓得直往后退，说："我以为您是什么法师，才敢跟您一起进洞，原来是个读书人，我才不冒这个险呢。"可是，徐霞客偏不信邪，他带着仆人举起火把进洞。村里的百姓得知有人进洞，都拥到洞口来看热闹。徐霞客在洞里考了很久，一直到火把快烧完才出来。围在洞口的百姓看他们安全出洞，都十分惊奇，惊呼道："我们等了好久，以为你们一定给妖精吃了呢。"

闯王进京

·攻陷大明都城的农民起义军·

作为明末农民起义军将领的闯王李自成，他的一生充满了传奇色彩，以致后人对他褒贬不一，但是他的闯王形象一直深入人心。

李自成从小便喜好枪马棍棒。父亲死后他当上了明朝负责传递朝廷公文的驿站当驿卒。李自成因丢失公文被裁撤，失业回家，并欠下了一屁股债。同年冬季，李自成因缴不起举人艾诏的欠债，被艾举人告到米脂县衙。县令晏子宾将他"械而游于市，将置至死"，后由亲友救出后。年底，杀死债主艾诏，接着，因妻子通奸，李自成又杀了妻子。两条人命在身，官府不能不问，吃官司不能不死，于是就同侄儿李过于崇祯二年（1629 年）二月到甘肃甘州（今张掖市甘州区）投军。当时，杨肇基任甘州总兵，王国任参将。李自成不久便被王国提升为军中的把总。同年在榆中（今甘肃兰州榆中县）因欠饷问题杀死参将王国和当地县令，发动兵变。

崇祯十六年（1643 年）一月，李自成在襄阳建立政权，称"新顺王"。三月，李自成杀了农民领袖罗汝才。四月杀叛将袁时中。五月张献忠攻克武昌，建立"大西"政权。十月，李自成攻破潼关，杀死督师孙传庭，占领陕西全省。崇祯十七年（1644 年）一月，李自成在西安称帝，以李继迁为太祖，建国号"大顺"。

李自成于崇祯十七年（1644年）继续东征北京，突破宁武关，杀守关总兵周遇吉，攻克太原、大同、宣府等地，明朝官吏姜瓛、王承胤纷纷来降，又连下居庸关、昌平，三月十七日半夜，守城太监曹化淳率先打开外城西侧的广宁门，农民军由此进入今复兴门南郊一带。三月十八日，李自成派在昌平投降的太监杜勋入城与崇祯秘密谈判。最后，双方谈判破裂。三月十九日清晨，兵部尚书张缙彦主动打开正阳门，迎刘宗敏率军，崇祯皇帝在景山自缢，李自成下令予以"礼葬"，在东华门外设厂公祭，后移入佛寺。二十七日，葬于田贵妃墓中。李自成入住紫禁城，封宫女窦美仪为妃。

至此，明朝最后一位皇帝完成了他作为朱家子孙的使命，他至死也没有向叛军低头，只是洪武帝怎么也想不到自己当年打下江山和自己子孙丢掉江山的情形是如此的相似。

趣味链接

李自成"坐朝廷"

崇祯元年（1628年）正月元日，李自成召集了其党二十余人，在黄龙岭喝酒吃肉。不久李自成便酩酊大醉，手举骰子，戏向众人说道："人言我当为天子，若得了六颗全红，便是真主。"说毕，将骰子向盆中一掷，结果真是一色全红。众人一看大惊，一齐下座跪拜，高呼"万岁"，声震山谷。

而此时正值崇祯皇帝驾临太和宝殿，受百官朝贺，忽闻有大声发自西北，声如雷吼，殿宇震动，两班的文武一个个心惊胆战。崇祯帝大惊，急召钦天监上殿，问此怪声代表什么征兆。钦天监回奏："此名鼓妖，主西北方有极大变乱。"崇祯听了，甚为不悦，立刻传旨退朝。

吴三桂开关借兵

·冲冠一怒为红颜·

吴三桂，字长伯，祖籍辽东，江苏高邮人。父亲吴襄做过锦州总兵。吴三桂以武举承父荫，起初任都督指挥，后官至辽东总兵，参加过"松山之战"，兵败退守宁远。他一直在关外领兵，但家属却留在京城。

李自成农民军进攻京城时，明廷封吴三桂为平西伯，希望他迅速撤兵入关，进京擒王。吴三桂带部队火速赶来，半路上听到北京已被李自成攻破，马上退回山海关。李自成攻克北京，派人招降吴三桂，吴三桂不从，李自成便胁迫吴三桂的父亲吴襄写信劝降，吴三桂接到这封信，身不由己，只得表示投降，即日率军来京。行至滦州，从北京家中逃出来的家丁向他报告：吴襄被农民军抓去，家产被抄没，吴三桂的爱妾陈圆圆也被李自成的将领刘宗敏抢去了。吴三桂顿时勃然大怒，咬牙切齿，发誓要荡平李贼，报仇雪恨。当即回师山海关，打出"复明"的口号，派兵攻打农民军。

李自成听说吴三桂反悔，非常气愤，无奈刘宗敏、李过等大将都互相推诿，不肯带兵出征。李自成只得亲自率大军二十万前去征讨，从三面包围山海关，又遣使者去吴三桂军营劝降。吴三桂扣下使者，决意要与农民军拼战到底。这时，清军为了夺取中原，已由多尔衮率领，从沈阳启程，日夜兼程向山海关进发。吴三桂被农民军包围，形势危急，便致书多尔衮，表示愿意开关引导，企图借清军为自己解围。然而时过多日，迟迟不见清军前来救援。他一次次派遣使者前往清营。但多尔衮总是按兵不动，采取观望的态度。

农民军不断发起猛攻，势不可挡，不久吴三桂就抵挡不住了，最后不得已只得亲赴清营，剃发称臣，拜见多尔衮，接着便开关迎降。清兵入关后，多尔衮先命吴三桂与农民军接战，清军则养精蓄锐，见机行事。待到双方都杀得人疲马乏时，突然冲入，对农民军进行夹击，杀得农民军大败。李自成在败逃途中斩杀了吴三桂的父亲，返回北京后，又怒杀吴全家三十四人，随后撤离北京，领兵西去。清军在吴三桂的引导下，势如破竹，很快占领北京。

趣味链接

冲冠一怒为红颜

当吴三桂准备率兵投降李自成时，走至永平沙河驿时，遇到从京城逃出的家人，吴三桂问："我家里人好吗?"家人说："被闯王抄了。"吴三桂说："没关系，我到后就会归还。"又问："我父亲好吗?"答："被拘捕了。"吴三桂说："我到后就会释放。"又问："陈夫人（指陈圆圆）还好吗?"答："被闯王（一说为刘宗敏）带走了。"此时，吴三桂勃然大怒，大声呵斥道："大丈夫不能保一女子，何面目见人?"随后，掉头打回山海关，以明朝大臣的身份，向昔日的夙敌清军递去了请兵书，希望多尔衮借兵出击李自成。这就是"冲冠一怒为红颜"的故事，也就是说吴三桂为了一个苏州名妓陈圆圆，投靠了清军，背弃了大明朝。

第十一章
清

努尔哈赤的诞生

· 清帝国的缔造者 ·

努尔哈赤出生在赫图阿拉（今辽宁省新宾县境内）建州左卫一个小部酋长的家里。万历十一年（1583年），努尔哈赤被任命为建州左卫（今辽宁新宾境）都指挥使。同年，努尔哈赤起兵，对建州女真各部展开了兼并战争。他采取"恩威并行"、"顺者以德服，逆者以兵临"的方针，历时十年，统一了建州各部。

万历十七年（1589年），努尔哈赤受封为都督金事、龙虎将军。其后，经过二十余年征伐，统一了松花江流域和长白山以北的女真诸部。在统一战争中，将女真各部迁至浑河流域。为适应当时政治、经济需要，建立了军政合一的八旗制度。设议政王大臣，与八旗旗主共议朝政，形成政治、军事的中枢决策机构。命人以蒙古文字与女真语音结合，创制满文。随着军事力量的日益强大，另立国号的时机成熟。

万历四十四年（1616年），努尔哈赤在赫图阿拉（今辽宁新宾西南）建立"大金"国（后金），自立为汗，建元天命，设官建署。天命三年（1618年），他起兵反明。在萨尔浒之战中，采取集中兵力、各个击破的作战原则，打败明军，势力进入辽河流域。在相继攻克沈阳、辽阳和辽河以东七十余城后，于天命六年（1621年）迁都辽阳。天命十年（1625年）迁都沈阳，占领了辽东大部地区。次年，挥军进攻宁远（今辽宁兴城）。当时宁远明守军仅一万余人，守将袁崇焕激励将士，誓守孤城。努尔哈赤劝降不果，命奋力攻城。激战中，努尔哈赤被明军炮火击伤。在撤围败退沈阳途中，患痛疽病死，后被追封为清太祖。

清太祖努尔哈赤是中华历史上一位伟大的政治家、军事家。努尔哈赤之所以伟大，在于他开创了一个大清帝国——这个长达296年的时代，占据了自秦朝以来整个中国皇朝历史的七分之一，他的出现使中国皇朝制度达到了鼎盛。

趣味链接

黄金肉

黄金肉又叫油塌肉片，是东北民间的传统名菜，用上好的新鲜猪肉制作而成。

相传努尔哈赤在早年曾受雇在一个总兵府当差。有一天，总兵府家的厨师生病卧床不起，府中无人做饭，几个侍女急得团团转，到处找不到厨师。不得已，她们只好自己上厨做菜。她们费了九牛二虎之力，共做出了七道菜，而总兵府有严格规定，每次吃饭必须有八道菜。这最后一道菜她们怎么也做不出来了。

努尔哈赤见状，便自告奋勇帮她们做。不一会儿，一盘香喷喷的菜端到桌上，努尔哈赤说这道菜叫"黄金肉"。总兵吃后连连点头，称赞不已，说这道菜做得最好，色香味俱全。总兵令人叫来做菜的努尔哈赤，当面对他进行嘉奖。从那时起，这道佳肴就开始流传。此后，清朝的每个皇帝都很器重此菜，几乎每天都要备上此菜。就连慈禧太后也非常喜爱这道菜，并常常对她周围的人说，"这道菜是先祖所赐，我们不能忘记，要代代相传。"

袁崇焕之死

· 一代忠臣蒙受千古奇冤 ·

袁崇焕，广东东莞人，生于万历十二年（1584 年）。天启二年（1622 年），袁崇焕任职兵部主事。

自万历四十六年（1618 年）以来，清兵铁骑势如破竹，锐不可当，先后打败十万明军，无一败仗。与此同时，朝中由魏忠贤当权，残杀异己，政治非常黑暗。不久，明军在广宁覆没，朝野震惊。袁崇焕就是在这种情况下奔赴边疆的。袁崇焕到位后，立刻加固城墙，整顿军纪，不久大敌就来临了。袁崇焕以宁远守兵约一万，打败清兵十三万，打破了清军"战无不胜，攻无不克"的神话。

过了一年多，清军再次进攻宁远，结果又一次惨败而回。从此，清军一听到袁军，就心怯了。但是，袁崇焕这样一个抗清大将，却得不到朝廷的重视。在第二次宁远大捷后，袁崇焕只升官一级，不久，他又被魏忠贤弹劾，指责他在第二次宁远大战中没有去锦州解围，袁崇焕在这种情况下，不得不自称有病，请求辞职。魏忠贤死后，袁崇焕被重新召回，这时，在位的皇帝是朱由检，年号崇祯。

崇祯是个想有所作为的皇帝，但同时他也是个疑心极重、刚愎自用的人。

对朝中的大多数大臣都很不信任。崇祯二年（1629 年）十月，清兵大举从西路入犯，直逼北京，兵十余万，袁崇焕得到消息后，立刻兵分两路来援，一路上，每战每捷，兵到北京城下，明清两军在广渠门外大战了八个小时，最终获得胜利。

清军退出北京后，崇祯皇帝立刻逮捕袁崇焕，说他不出兵追击敌人（当时袁崇焕的兵力九千，清兵十余万，若战，明军必败），并将他定刑为凌迟。所谓"凌迟"就是"千刀万剐"，北京城里的老百姓因听信清军就是袁崇焕引来的，都骂袁崇焕是汉奸，刽子手还没有动手，就扑上去咬他的肉了，就这样，一代忠臣蒙受了千古奇冤。

袁崇焕在行刑前，念出了自己的遗言，这也是他一生忠心为国的写照：一生事业总成空，半世功名在梦中。死后不愁无勇将，忠魂依旧守辽东。

趣味链接

乾隆为袁崇焕平反

袁崇焕是清朝的死敌，但是乾隆决定大胆而又巧妙地为袁崇焕平反。乾隆在为袁崇焕平反的诏书上是这样写的："袁崇焕督师蓟辽，虽与我朝为难，但尚能忠于所事。彼时主暗政昏，不能罄其忱悃，以致身罹重辟，深可悯恻"。这样的平反诏书，明眼人一看便可看出，忠心耿耿为明朝抗敌的袁崇焕，是被明朝的昏君杀害的。而乾隆作为清朝的英明君主，对袁崇焕的死是怀着恻隐之心深表怜悯的。只有如此英明的君主，才会为袁崇焕的千古奇冤平反。乾隆借为袁崇焕平反来收买汉族民心的用心，真是昭然若揭。

孝庄皇后下嫁多尔衮

·清初的一大疑案·

  孝庄皇后即康熙皇帝的祖母，也是顺治皇帝的生母博尔济吉特氏。又名大玉儿，一生跌宕起伏，辅佐了两位幼主，她的才华以及政治手腕常被后人津津乐道，尤其是她与睿亲王多尔衮的关系，更让人捉摸不透。公元1643年，皇太极驾崩，人人觊觎皇位。皇太极长子豪格、弟多尔衮、阿济格、多铎均四处活动，不惜兵戎相见。当时庄妃的儿子福临才六岁，没有胜算的可能，聪明的她仰仗姑母正宫皇后的地位，极力拉拢睿亲王多尔衮以及清太祖次子和硕礼烈亲王代善。多尔衮和庄妃早就相识且互相有过爱慕之情，自然会站在庄妃这边。而代善年事已高，对皇位不抱任何希望，保持中立，静观其变。

  在诸王会议议立之时，多尔衮见自立无望，就寻找时机，想着权宜之策。最后立皇太极第九子福临为顺治帝，迁都北京，尊孝庄皇后为太后，多尔衮为摄政王。

  顺治年幼，一切朝政都由多尔衮把持，多尔衮虽无皇帝之名，实际上行的却是皇帝之职，享有的也是皇帝之尊。这个时候如果多尔衮想夺位完全有可能，但也许碍于孝庄皇后的情面，多尔衮也只能暂时打消这个念头，同时

孝庄皇后

孝庄皇后为了辅佐顺治更好地治理国家，更不能得罪多尔衮，一旦发现他有篡位的苗头马上想出权宜之策，太后下嫁也不是没有可能。《太后下嫁摄政王》、《太后下嫁贺诏》、《太后下嫁后之礼制》三条专记太后下嫁之事的书又给太后下嫁增加了真实可疑性。

多尔衮以摄政王之尊，掌握国家政权，但享年仅三十九岁，死后两个月，就被削去爵号，平毁墓葬。顺治"命令毁掉阿玛王体华丽的陵墓……把尸体挖出来，用棍子打，又用鞭子抽，最后砍掉脑袋，暴尸示众"。直至康熙晚年才下诏为其诏雪。

孝庄皇后是否下嫁多尔衮仍然是清朝之谜，众说纷纭。但她卓越的政治才华，聪慧过人的治国之道，大仁大爱的心境，一直被世人一世敬仰。

趣味链接

顺治为什么要鞭尸多尔衮

顺治七年（1650年）十二月，多尔衮因病去世，被尊追为"诚敬义皇帝"，照帝制埋葬，来年正月十二，福临亲政，转眼之间，清王朝发生了令人瞠目结舌的巨大变化，专权多年呼风唤雨的摄政王多尔衮，死后不到两个月就摇身一变成了千古的罪人，据载多尔衮的尸体被"挖出来，用棍子打，又用鞭子抽，最后砍掉脑袋，暴尸示众"，然而孝庄太后却也未加阻止。顺治之所以在多尔衮死后对其清算，与他对多尔衮的敌视态度直接相关，多尔衮与太后长年的暧昧关系，随着顺治年纪增长，他对多尔衮的恨与日俱增，再者多尔衮杀了他的长兄豪格并霸占其福晋，也在他心中结下隐恨，当然，最为重要的还是多尔衮骄横跋扈，独揽朝政，根本不把他这个皇帝放在眼里，这种不满与怨恨日积月累，迟早要爆发的，所以，废黜多尔衮是顺治亲政后第一件事，多年的不满情绪终于得以抒发。

郑成功**收复台湾**

·妇孺皆知的民族英雄·

提起民族英雄郑成功，可谓无人不知，无人不晓，他一生最大的功绩就是以武力收复台湾，结束了荷兰人在台湾三十八年的殖民统治。

郑成功，本名森，又名福松，字明俨，福建南安人，明朝平国公郑芝龙长子。因受南明隆武皇帝倚重，授总统使、招讨大将军，赐姓朱，名成功，人称"国姓爷"。

顺治三年（1646年），郑芝龙归顺了清朝。郑成功曾苦苦劝阻，却未能改变，遂率部至南澳（今属广东），起兵抗清。郑成功感到收复台湾已不容踌躇，于是召集文武官员，讨论进军台湾问题。他认为，形势紧迫，"附近无可措足，唯台湾一地离此不远，暂取之，并可以连金、厦而抚诸岛"。然后，"广通外国，训练士卒，进则可战而复中原之地，退则可守而无内顾之忧"。

于是，郑成功作出"亲征"台湾的重大决策。这是郑成功战略上的一次根本性转变，也是一个十分英明而大胆的决策。这对结束祖国的分裂局面，维护祖国的神圣主权和领土完整，具有极其重要的意义。

顺治十八年（1661年）三月，郑成功亲自率领几万名将士，分乘几百艘战船，浩浩荡荡从金门出发。他们冒着风浪，穿过台湾海峡，在澎湖休整几天准备直取台湾。荷兰侵略军听说郑成功要进攻台湾，十分惊恐。他们把军队集中在台湾（今台湾东平地区）、赤嵌（今台南）两座城堡，还在港口沉破船阻止郑成功船队登岸。郑军趁海水涨潮将船队驶进鹿耳门内海，主力从禾寮港登陆，从侧背进攻赤嵌城，并切断了与台湾城的联系。战斗中，侵略军以"赫克托号"战舰攻击，郑成功一声令下，把敌军紧紧围住，六十多只战船一齐发炮，把"赫克托号"击沉。与此同时，又击溃了台湾城的援军。赤嵌的荷兰军在水源被切断、外援无望的情况下，向郑军投降。盘踞台湾城的侵略军企图顽抗，郑成功在城周围修筑土台，围困敌军八个月之后，下令向台湾城发起强攻。康熙元年（1662 年）初，侵略军头目被迫到郑成功大营，在投降书上签了字。至此，郑成功打败了荷兰侵略者，收复了沦陷三十八年的台湾。

趣味链接

郑成功是中日混血

郑成功身上其实有一半日本人的血统，因为郑成功的母亲是日本人。郑成功的父亲郑芝龙在明天启三年（1623 年）随一艘荷兰商船到了平户，当时才十九岁。在清理船货、等待顺风返航期间，借住在比他大两岁的田川小姐家中，这对青年男女很快坠入爱河并私订终身。只是郑芝龙在郑成功出世后，不到一个月就随原船离去了，因此和田川小姐分了手。后来，郑芝龙成为在中日之间经常出没的海盗，直到明崇祯元年（1628 年）接受明廷招安，官至都督同知。1630 年，也就是郑成功七岁时才被接回福建老家。

少年康熙斗鳌拜

·一代圣祖初露锋芒·

康熙帝八岁的时候就继承了皇位。按照顺治皇帝的遗诏，由四个大臣辅政。四个辅政大臣中，有一个叫鳌拜，仗着自己掌握兵权，又欺负康熙帝年幼，独断专横。别的大臣和他意见不合，就遭到排挤打击。

清王朝进关后，用强迫手段抢占了农民大片土地，分给八旗贵族，鳌拜掌权以后，仗势扩大占地，强占好地，引起了地方官员的不满。鳌拜诬陷这些官员大逆不道，把反对他的三名地方官处死了。

康熙十四岁的时候，终于开始亲政了。这时候，另一个辅政大臣苏克萨哈和鳌拜发生争执。鳌拜怀恨在心，勾结同党诬告苏克萨哈犯了大罪，奏请康熙把苏克萨哈处死，康熙不肯批准。鳌拜在朝堂上跟康熙争了起来，大吵大嚷。康熙非常生气，但考虑到鳌拜势力实在很强，只好暂时低头，把苏克萨哈杀了。

从那时开始，康熙便下定决心除掉鳌拜。他派人物色了一批十几岁的贵族子弟担任侍卫，这些少年个个长得健壮有力。康熙把他们留在身边，天天练习摔跤。鳌拜进宫时，常常看到这些少年吵吵嚷嚷在御花园里摔跤，只当是孩子们闹着玩，一点儿都不在意。

有一天，鳌拜接到康熙命令，要他单独进宫商量国事。鳌拜像平常一样无所顾忌地进宫。刚跨进内宫的门槛，忽然一群少年拥了上来，围住了鳌拜，有的拧胳膊，有的拖大腿。鳌拜虽然是武将出身，力气也大，可是这些少年人多，又都是练过摔跤的，鳌拜敌不过他们，一下子就被打翻在地。任凭他大声叫喊，也没有人搭救他。

鳌拜被抓进大牢，康熙立即要大臣调查鳌拜的罪行。大臣们认为，鳌拜专横跋扈，擅杀无辜，罪行累累，应该处死。但康熙从宽发落，只是把鳌拜的官爵革了。

康熙用计除掉了鳌拜，朝廷上下都很欢欣鼓舞。一些原来比较骄横不把康熙放在眼里的大臣知道了这个年轻皇帝的厉害，在他面前都乖乖地听话了，通过此事，康熙在朝廷中树立了很高的威望。

趣味链接

四辅政时期

康熙初年，四位大臣索尼、苏克萨哈、遏必隆、鳌拜受先帝之命辅佐幼帝玄烨嗣承大统，为辅政大臣，史称"四辅政时期"。

从康熙五年（1666年）始，四大臣之间的争斗日益激烈。其中鳌拜与苏克萨哈矛盾尖锐。康熙六年（1667年）六月，索尼去世。班行章奏，鳌拜均列首位。七月，苏克萨哈不得已乞请守护福临陵寝。鳌拜借机罗织二十四大罪状，杀苏克萨哈，为其擅权专政扫清了道路。

鳌拜专权蛮横，结党营私，以控制国家中枢。文武各官出其门下，内外用其私党。凡事在家中议定，然后施行。鳌拜所为严重地威胁着皇权。康熙八年（1669年），康熙亲政后，智擒鳌拜下狱。和硕亲王杰书等遵旨勘问，列其罪状三十款，将他永远拘禁，遏必隆也被革职锁拿。同时清洗了鳌拜党羽，至此，四大臣辅政时期结束。

三藩之乱

·康熙削藩引发的叛乱·

三藩即镇守云南的平西王吴三桂、镇守福建的靖南王耿精忠、镇守广东的平南王尚可喜之子尚之信，他们割据一方，恣意妄为，鱼肉百姓，为当地民众的一大害，且又拥兵自重，成为清廷的心腹大患。

吴三桂有八旗兵五十三佐领，绿旗兵十营，耿、尚各有十一佐领和若干绿旗营，共计十万多人，军费开支"几耗天下财富之半"；在云、贵专横跋扈，"用人，吏部不得掣肘。用财，户部不得稽迟。"（《庭闻录》卷4）甚至向全国选派官吏，称"西选"。耿、尚二藩也皆专擅一方，渐成尾大不掉之势。

康熙初年，为了阻遏三藩势力的膨胀，清廷命吴三桂交还大将军印，停止用人题补权，但是只能在一定程度上限制三藩。圣祖亲政以后，以三藩为三件大事之一，书宫中柱上，夙夜忧心，筹思铲除之策。康熙十二年（1673年）三月，尚可喜请求告老回辽东，以子之信袭爵，圣祖准其告老，令其撤藩回籍，但不准其子袭爵。吴三桂受其牵动，也假意请求撤藩。朝中为此发生争论，多数大臣反对撤藩。圣祖认为："今日撤亦反，不撤亦反，不若先发。"（《清史稿》卷269《明珠传》）于是乾纲独断，毅然下令撤藩。

当年十一月，吴三桂闻撤藩令立即发动叛乱，杀巡抚朱国治，总督甘文煴自杀。自称大元帅，发布檄文，以恢复中华为号召，挥兵攻入湖南。广西、四川响应叛乱。

康熙十三年（1674年）三月，耿精忠据福建叛。不到半年，滇、黔、湘、川、桂、闽六省皆叛。康熙十五年（1676年）尚之信据广东叛。同时，战乱扩大到赣、陕、甘等省。面对险恶的形势，圣祖临危不乱，首先打击元凶，杀吴三桂之子吴梦熊，派兵阻击湖南、四川之叛军，固守江西。对于耿、尚二藩则暂时停撤。由于军事部署得宜，策略灵活得当，到康熙十六年（1677年）渐渐扭转了战局。耿、尚二藩叛而复降，陕西几经反复终于平服。吴三桂取得湖南后，举棋不定，错失时机，几十万大军毫无进取。清军倾全力进攻湖南，收复大片被占地区。吴三桂为做垂死挣扎，于康熙十七年（1678年）三月在衡州（今湖南衡阳）称帝，国号大周，改元昭武。他坐困一隅，于当年八月忧愤而死。其孙吴世璠继立，退居贵州。清军奋力猛进，康熙十八年（1679年）收复湖南，康熙十九年（1680年）收复四川，康熙二十年（1681年）十月下昆明，吴世璠服毒自尽，三藩之乱终于被平复了。

从此之后藩镇制被取消了。平定历时八载，波及十省叛乱，消除了地方割据势力，为维护国家统一和开发边疆奠定了良好基础。

趣味链接

吴三桂杀皇帝

永历帝朱由榔，明神宗朱翊钧之孙。清兵入关，他于广东肇庆称帝，在位十五年，被清兵追逼而逃入缅甸，后为吴三桂索回绞杀于昆明，终年四十岁。

雍正夺位

·鼎盛时期的宫廷皇位之争·

雍正是中国历史上一位伟大的皇帝，他的文字、武功的确令历史上许多君王望尘莫及，但后人对他的评价褒贬不一。其中贬他的人以雍正夺取皇位为基点，认为他是通过非法途径登上皇位的。褒扬他的人认为，他是通过遗诏继位的正当途径登上皇帝宝座的，主要有三点可以支持这一说法的正确性，其一是雍正从小就受到康熙的信任，派他到天坛代行祭天大典，这足以说明康熙临终前是有意让雍亲王继承皇位的；其二是《清圣祖仁皇帝实录》明确记载着康熙的遗旨上清楚地写明了由皇四子雍正继位；其三是以《康熙遗诏》为证，这份遗诏上明确写明了由胤禛继位。

贬雍正的人对这些证据不屑一顾，他们认为有四点是可以证明雍正是通过改诏篡位而获取皇位的。其一是尽管胤禛在康熙眼中印象不错，让他代为天坛祭天，但不能证明康熙有意、有遗旨让他继位。其二是康熙在临终的当天宣了七位阿哥和隆科多进宫向他们宣谕，唯独没有告知胤禛，他们认为这么重要的决定是不可能不让当事者知道的，所以有的学者认为这件事是无中生有，是雍正继位后编造的。其三是康熙咽气之后，为什么由隆科多一人单独向胤禛宣谕由皇四子继位的遗诏？而宣谕康熙遗旨时王公大臣和其他兄弟都不在场？其四是康熙崩逝的噩耗传出，京城九门关闭六天，诸王非传令旨不得进入大内。这就使人们产生"雍正政变"的疑问。更有一种极端的观点认为，雍正死后不埋在清东陵而埋在清西陵，说明他得位不正，不愿意、没有脸面在地下见他的皇父康熙、祖父顺治。

还有一种观点认为，雍正既不是通过合法途径继位的，也不是篡改遗诏登基，而是无诏登基。无论是说雍正奉遗诏继位还是说他改诏篡位，都有许多矛盾解释不清楚，难以自圆其说。雍正登基，是通过他个人努力在与皇太子的明争暗斗中取得的。

趣味链接

雍正专权

雍正皇帝是历史上有名的特别专权的皇帝之一，他设立的由他最亲近的大臣掌握实权的军机处，使封建君主集权发展到了顶峰，军机处的设立使得众多大臣英雄无用武之地。同时雍正对王公大臣也严加控制，只要稍不合意，轻者罢官，重者抄家、杀头。所以，在清朝皇帝中，他是以手段毒辣、政治严苛而著称的。

乾隆 下江南

· 揭开乾隆六下江南的真正内幕 ·

　　乾隆皇帝六次下江南的故事，在中国可谓妇孺皆知，也是电影界和小说界的绝好素材。其下江南所走过的地方和做过的事情，使得历朝历代的君王都望尘莫及。乾隆六下江南有得有失，有利有害。得之处在于通过六巡了解了地方的风土人情，培植了一批士子，宣扬了圣恩。所失之处在于耗费的开支十分巨大，增加了农民的负担。

　　对于乾隆六次下江南的原因，历史上有不同的记载，根据1749年十月乾隆下的两道上谕来看，一是江南地方官员代表农民恭请皇帝临幸；二是大学士、九卿援据经史及圣祖南巡之例，建议允其所请；三是因为江南地区地广人稠，应该前去考察民情，问民疾苦；四是也可以恭奉母后以尽孝心。这些资料只不过是根据乾隆手谕所记载的原始数据，背后的真实原因，可能也会由于乾隆皇帝不愿外露的内心世界而被隐藏。其实，乾隆皇帝六次下江南，并非是简简单单的这四道手谕的理由就可以掩盖他的真实目的。如若真是如此，根本没有必要六次下江南，两三次就足矣。乾隆皇帝六次下江南，还有另外的原因：江浙的客观环境和历史条件决定了他必须六次下江南才能把各种关系处理好。江浙两省虽然地不大人口不多，但是鱼米之乡的先天优势，

乾隆出巡图

决定了其无论在经济上还是政治上在全国占据着十分重要的地位。据史料记载，乾隆前期江浙两省上交的赋银赋粮分别达到全国赋银总数的 20.8％ 和赋粮总数的 30％，盐课银占全国盐课银总数的 68％，关税占全国税额总数的一半。江浙地区的才子也相对于全国其他省份明显居多，就科举而言，从顺治三年到乾隆六十年的 150 年里，江浙两省所出的状元比例占到了全国的 60％ 以上，更不用说其他探花之类的才子了。更主要的是，江浙地区又是明末遗民活动的中心，反清思想和反清言行一直不断，如果得不到这两个省份的财力和广大才子的支持，乾隆的统治是很难稳固的，因而完全有必要多次下江南来笼络人心，以便于充分利用江浙来发展"康乾盛世"。

六次南巡为进一步巩固康乾盛世的大好局面奠定了坚实的基础，因而乾隆皇帝下江南是值得后人称赞的。

趣味链接

乾隆收义子

乾隆皇帝下江南期间还发生了许多有趣的故事，据说有一次乾隆化妆成普通老百姓到江南一带探访民情，来到南京后，由于肚子饿了便在街边吃了卖油条的小孩子四根油条，本该付十二文钱，吃完付钱时始发觉未带零钱，令他惊讶的是，小孩根本不介意他不付钱，乾隆看到这个孩子宽大仁爱，便收他做了干儿子。

大贪官和珅

·隐藏在朝廷的巨大蛀虫·

　　和珅是中国历史上一个臭名昭著的贪官，他因贪污而获得的财产，据说富可敌国。他凭借着出色的才华获得了乾隆皇帝的赏识，担任过军机大臣、内务府大臣、户部尚书、议政大臣、内阁大学士等要职。在二十年之内获得了五十余次升迁，可谓官运亨通。

　　和珅最大的本领不在于很有才气，而是在于他的圆滑世故、八面玲珑。他能摸清乾隆皇帝的秉性，知道什么话该说，什么话不该说，在乾隆面前极尽拍马屁之能。据史料记载，最初和珅只是皇帝出行时的一个护轿校尉。乾隆有一次准备外出，可侍从的官员竟然找不到仪仗用的黄盖。乾隆龙颜大怒自言自语地骂了出来，官员们吓得大气不敢出，可谁料想和珅竟然从容地回答要皇帝按律惩处管事的官员。乾隆见和珅眉目清秀，态度镇静，心中大喜，马上提升他为总管仪仗队的队长，没过多久，又提升他为御前侍卫。这样不过几年的工夫，和珅的官职就连升了几级，创中国历史所有官员升迁速度的纪录。乾隆后期，由于乾隆皇帝年老力衰，几乎所有的朝政大事尽归和珅掌控。这样的环境为和珅利用他的权力搜刮财富创造了便利。一些朝臣和地方官员为了自身前途拼命地搜刮百姓，将获取的大部分不义之财送给和珅。见和珅如此情形，很多正直的官吏看不惯，于是想上奏乾隆，谁知道高一尺，魔高一丈，这样的奏折还没有送到乾隆的御前，便被和珅派来监视百官的探子将这一消息告诉了和珅，自然这些奏折都没有成功，反而导致奏事者丢掉了官帽。

和珅的好运一直持续到乾隆皇帝去世，清仁宗也就是嘉庆皇帝继位后，首先要惩办的官员便是和珅，因为他早就对和珅贪赃枉法心怀不满，于是他下令摘取了和珅的官帽并抄了他的家，根据大清律例将和珅投入了监狱。据史书记载，当时从和珅家里共抄出沙金 200 余万两，赤金 480 万两，白银 940 万两，总数约为 8 亿至 10 亿两白银，清朝当时每年的财政收入也只不过是两亿两白银而已。和珅倒台使得广大百姓拍手称快，鉴于他贪污数额巨大，有人建议应当将他凌迟处死，嘉庆皇帝考虑到和珅对大清朝所作出的卓越贡献，再加上又是先帝的宠臣，不得不顾及政治影响，处理重了不合适，于是命和珅在监狱自杀。嘉庆皇帝没收了和珅的万贯家财之后，原来空亏的府库顿时充盈，于是民间流传了这样一句俗语："和珅跌倒，嘉庆吃饱。"

趣味链接

胆大妄为的和珅

据史料记载，和珅得罪嘉庆最终被赐死，绝非偶然的错失，和珅位极人臣二十年，为了保住自己的地位，千方百计搜集皇亲国戚、文武官员的材料，嘉庆皇帝的材料自然也在其中，后来竟然敢用这些材料要挟身为皇帝的嘉庆，可见其胆大之极。

白莲教起义

·清朝衰败的最佳见证·

　　白莲教从元朝末年建教之初到明朝被禁止，又到清朝末年教徒蔓延全国最终发展达到顶峰，经历了三个朝代近五六百年的历史，它的生命力可谓旺盛至极。

　　众所周知，乾隆皇帝接二连三的南巡扰得百姓不得安宁，加上贪官污吏横行使得广大农民忍无可忍，于是白莲教又悄悄在民间蔓延开来。遍布全国各地的白莲教徒震惊了乾隆，他立刻命令各地的总督巡抚捕拿。谁料想这些官吏十分害怕被教徒暗杀，不仅不去捕拿教徒替百姓除害，反而趁机对百姓进行敲诈勒索。被逼之下，参加白莲教的百姓不仅没有减少反而越来越多，白莲教的星星之火顷刻间便形成了一种燎原之势。湖北的白莲教首领齐林首先率领教徒发动了起义，毕竟是教徒临时组合而成的军队，哪里经得起清廷正规军队的一番冲杀，起义军首领齐林最终寡不敌众被官府捉住砍头。于是白莲教徒推举了齐林的妻子王聪儿为起义首领继续与朝廷相对抗。嘉庆元年（1796 年），白莲教的第一支起义大军——襄阳义军在王聪儿的领导下顺利组建，她自任总教主。王聪儿是一个英勇善战的巾帼英雄，每次临敌她都冲在队伍的最前面，带领白莲教徒冲入清兵的队伍，把清兵杀得落荒而逃。襄阳义军攻河南，入陕西，进四川，南征北讨，从此，襄阳义军成为全国反清势力的主力军队，各地的反清组织也纷纷起兵响应，各种各样的义军如太平义军、达州义军、东乡义军等在短时间内迅速聚集起来和襄阳义军往来策应。此后，白莲教威震全国，王聪儿领导的襄阳义军迅速控制了陕西、山西等几个省份，规模发展到几十万人。不久，被起义军震怒了的清朝政府又调集重兵围攻起义军。嘉庆三年（1798 年），王聪儿由于在率军进攻西安的过程中失利而被迫向湖北撤退，清军紧追不舍，在追到限西之时与起义军正面交锋，清廷的势力本来就比起义军强，再加上经过了几天几夜的奔波起义军士兵早已疲惫不堪，根本不是清兵的对手。最后王聪儿与其他起义将士被逼入绝境，纷纷纵身跳下悬崖自尽。

尽管首领王聪儿牺牲，襄阳义军到了几乎全军覆没的悲惨境地，但是受到沉重打击的起义军并未停止对清朝的反抗。在很短的时间内白莲教徒又发展到几十万人，对清朝再次构成严重威胁。这一次腐朽不堪的清朝政府根本无心再全力应付起义队伍，在经历了几十年断断续续的镇压后，白莲教起义终于惨遭覆灭，但是与此同时清朝政府也因此而大伤了元气，从此一蹶不振，迅速走向衰落。

趣味链接

弥勒下生

经过长期流传，白莲教的组织和教义在元代发生了巨大变化，内部戒律松懈，宗派林立。一部分教派改奉弥勒佛，宣扬"弥勒下生"这一本属弥勒净土法门的宗教谶言。有的教徒夜聚明散，集众滋事，间或武装反抗元廷统治，给原本腐朽的元朝种下了不稳定因素。

林则徐虎门销烟

·中国近代历史的见证·

　　林则徐是中国历史上一个妇孺皆知的人物，虎门销烟的壮举激励了无数爱国的仁人志士，也宣告了西方各国渴望借助鸦片使得中国国民完全成为任人宰割的羔羊的企图破产。鸦片是一种毒品，一旦吸上了它就容易让人上瘾，不仅吞噬人的身体，而且消磨人的斗志。

　　在鸦片运送入中国以前，因为中国人根本不喜欢洋布、洋表，所以英国人的洋布、洋表在中国销量很低，而中国的茶叶、丝绸等物品却在英国受到广泛欢迎，销量很好。英国人不甘心日益严重的亏损，渴望寻求一条能转亏为盈的捷径，贪财的欲望早已熏黑了他们的双眼，他们于是昧着良心不顾中国人民的死活将大批的鸦片从印度运来中国。从此，英国人亏损的局面一下被扭转了过来，他们每年从中赚走的银子不计其数。数年之后，中国境内发生了翻天覆地的变化：由于吸食鸦片而家破人亡的百姓数不胜数，因为吸食鸦片而再也没有力气打仗的士兵多如牛毛，为了买鸦片而更加残酷地搜刮老百姓的地主满地都是。面对这种情形，当地官员为了自身利益不但不严厉禁烟，反而和烟贩子们勾结起来从中牟利。广州这个对外贸易的通商口岸由于外国商人最多，因此受害也最严重。在一些忠臣的苦苦劝说下，道光帝终于

林则徐

认识到了鸦片的巨大危害，派林则徐到广州禁烟。林则徐来到广州后，街上所见到的情形比他想象中的要严重得多。他心里十分清楚，要彻底禁烟，一定要先查出并严惩那些走私鸦片的贪官污吏和汉奸卖国贼。经过一番微服视察并在两广总督邓廷桢和水师提督关天培等人的帮助下，二十几个贩卖鸦片的贪官受到了应有的惩罚。紧接着，他又命令英国以义律为首的商人交出所有的鸦片，义律当初凭借着英国在中国的特权拒绝交出，经过一番努力，英国商人的2.2万箱鸦片尽数收缴。林则徐决定在虎门海滩将这些缴获的鸦片尽数销毁。1839年6月3日是一个值得纪念的日子，林则徐带领广州的文武大臣来到了虎门海滩，此时的虎门海滩人头涌动，气氛热烈。随着林则徐一声令下，鸦片箱在几十名大汉铁锹的挥动下劈成了两半，大量的鸦片混着白灰一起被倒进了销烟池中，2.2万箱的鸦片顷刻化为乌有，海滩上到处都涌动着兴奋的人群。

林则徐的销烟运动打击了英国人的嚣张气焰，给中国的军民带来极大的鼓舞。可是好景不长，销烟不久林则徐也被流放，英国人也随即发动了鸦片战争。从此中国逐渐进入了长达一个世纪的半殖民地半封建社会。

趣味链接

林则徐是怎样销烟的

林则徐令人将鸦片放入挖好的两个大池子里，池中放入卤水，鸦片浸泡半日后，再加上生石灰，生石灰将卤水煮沸，就把鸦片销毁了。经过23天，才把缴获的鸦片全部销毁。这就是举世闻名的"虎门销烟"。

太平天国起义

·中国农民起义的新篇章·

　　经历两百余年的风风雨雨后，大清王朝的鼎盛时期一去不复返，到了道光继位之时情况更为糟糕。鸦片战争以清廷的失败而告终，被迫签订了割地又赔款等丧权辱国的条约，引起了国人的愤慨。腐朽的清王朝根本无力应付如此繁重的战争赔款，于是全部以捐税形式转嫁到民众身上。清政府被迫五口通商后，外国质高价廉的工业产品绵绵不断地涌入中国市场，中国传统的家庭副业和手工业顿时失去了价格低廉的优势，于是东南沿海地区一大批农民和手工业者被迫停产。加上到了清朝末年土地兼并现象也越发变得严重，广大农民流离失所，清政府不仅不减轻农民负担反而寻找种种增加税收的借口加紧对农民的盘剥。

　　在这样的社会经济和政治环境下，一直潜伏在民间的反清社会组织便活跃起来，广大农民群众对腐朽的清王朝失望至极，便纷纷加入了各种各样的反清组织，这就为太平天国的起事奠定了坚实的群众基础。太平天国的领袖洪秀全曾多次应考科举不第，又目睹清廷的腐败、民生的困苦，对大清王朝早已失去了信心，决定取而代之，于是便利用西方基督教的教义，创立了拜上帝会来秘密进行反清活动。为了吸收更多的会员，洪秀全与同乡冯云山辗转到广西桂林一带传教，在这里他们吸收了太平天国的主要领导人物杨秀清、萧朝贵、韦昌辉、石达开等。在这些人的共同努力下，太平天国声势日益浩大，人数与日俱增。1851年，广西发生了有史以来最严重的旱灾，饿殍遍野，饥民流离失所，于是洪秀全便利用这个机会在桂平县金田村聚众起事。建立了太平天国政权，洪秀全自称天王，并进行分封。由于太平军势力日益强大，影响力也与日俱增，终于在1853年，太平军攻陷了南京，定为国都，改名天京。为了更进一步稳固胜利果实，洪秀全颁行了一些有利于农民的制度和措施，受到了广大农民群众的热烈拥戴。清廷为了对付太平天国耗尽了精力，无奈之下竟然与欧洲各国列强勾结共同对太平军进行镇压。在这种日益严峻的形势下，本应团结起来共同反清的太平天国领导阶层却发生内讧，杨秀清、韦昌辉等一系列将领没有死于战场，却死在了自己人的刀下，太平天国的势力受到了严重削弱。1864年，洪秀全病死后，太平天国这个农民领导的政权终于走完了它最后的一程。

尽管太平天国起义最终以失败告终，但是它加速了腐朽的清王朝灭亡的进程，它所宣扬的革命精神，极大地鼓励了广大被压迫人民的斗志，为以后的辛亥革命提供了有益的借鉴。

趣味链接

太平天国时期的中国人口

据史料记载，处于全盛时期的太平天国兵力超过一百万人，后世有学者估计太平天国运动造成约两千万人丧生。现代有人估计1850年的中国人口大约有四亿人，经过清军镇压太平天国等农民运动后到1873年人口下降了大约一亿人。

曾国藩为何不称帝

·一个不为世人所知的秘密·

  曾国藩是中国近代历史上最具影响的少数几个人物之一，也是让后人最有争议的少数几个重臣之一，他曾被人推崇为儒学的集大成者，建树功业、转移运世的伟大贤者，晚清重臣，"中兴四大名臣"之一。但也有人骂他是民贼、元凶、汉奸、民族罪人、擅权滥杀的"曾剃头"、好名失德的"伪君子"，可谓毁誉参半。在他所率领的湘军镇压了太平天国起义后，他的权利更是达到了顶峰，内为大清帝国的一代辅佐社稷的文臣，外为手握几十万大军的武将，一身兼任数职，可谓权倾朝野，假如此时他怀有异心，大清朝的历史极有可能改写，中国历史的命运也有可能改写。

  有些人认为，曾国藩之所以不称帝是受到根深蒂固的忠君思想的阻挠，晚清理学大师唐鉴已经将这种忠君思想深深地植入了他的内心，再加上从小到大都受到中国传统儒家思想的浸染，日夜苦读不息，勤于求教，不耻下问，博览历史，重视理学，还读了大量的诗词古文，孜孜不倦地追求儒学的精神内涵，可以说，儒学的忠君思想已经深入他的骨髓，他身上的每一寸血液里都融有忠君思想，在这种情况下，要他造反登基称帝是相当困难的。

  还有些人认为，是当时的客观条件不允许他称帝，因为北方有僧格林沁，当时科尔沁亲王僧格林沁最受器重，拥有一支以强大的骑兵为主的庞大队伍，战斗力极强，因为惧怕所以曾国藩不敢轻举妄动。还有曾国藩起兵是以保卫国家为目的，一旦称帝则人心必失。加上以英国为首的国际在华势力已决定扶持清政府。这些因素，曾国藩不会考虑不到。因此，尽管曾国藩的谋士一再劝其取清王朝而代之，曾国藩仍打定主意不为所动。

以上针对曾国藩为何没有称帝的分析都很有道理，可以说，曾国藩之所以没有称帝很大程度上就是综合考虑以上三个因素的结果。曾国藩没有称帝客观上维护了国家的完整统一，对抵御外强侵略起到了积极作用。在当时复杂的形势下，清朝政府处于瓦解的边缘，外有太平天国余部三十万人活动于各地，东西捻军方兴未艾，外国列强环伺中华，虎视眈眈。内有大臣之间钩心斗角无心理政。如果曾国藩再称帝，那么本来已经四分五裂的中国将雪上加霜，中国统一的前途和命运经历更多磨难，最终受害的肯定是广大穷苦百姓，因此从这个意义上讲，曾国藩不称帝无论对于清朝政府还是对于广大农民都是一种幸运。

趣味链接

后人对曾国藩的评价

后人给予了曾国藩很高的评价："国藩事功本于学问，善以礼运。公诚之心，尤足格众。其治军行政，务求踏实。凡规划天下事，久无不验，世皆称之，至谓汉之诸葛亮、唐之裴度、明之王守仁，殆无以过，何其盛欤！国藩又尝取古今圣哲三十三人，画像赞记，以为师资，其平生志学大端，具见于此。至功成名立，汲汲以荐举人才为己任，疆臣阃帅，几遍海内。以人事君，皆能不负所知。呜呼！中兴以来，一人而已。"这些话是他一生的真实写照。

火烧 圆明园

·英法联军犯下滔天罪行·

　　举世闻名的圆明园原来是大清王朝的皇家园林，历经康熙、雍正、**乾隆**三代皇帝的加工扩建，到乾隆后期已具有相当的规模，仅园内的建筑物就达到二百余座，各种宫殿、祠庙、别墅等交错布列，气势宏伟。然而，身处如此恶劣的政治经济环境之下，像其他为数众多的中华魅宝一样，圆明园很难独善其身，可以说它遭受毁灭性掠夺是一种历史的必然。

　　19世纪四五十年代后期，被鸦片战争吓破了胆的清政府被迫签订了**丧权辱国**的《天津条约》，更让中国人气愤的是，英、法两国为了让清政府执行条约中的不平等条款，不顾其他国家的反对，竟组成联军公然进攻北京。被西方列强的枪炮吓得魂飞魄散的咸丰皇帝带上后妃、皇子和一批王公大臣仓皇逃往承德避暑山庄避难。腐朽不堪的大清王朝京城哪里经得起西方列强坚船利炮的轰击，没几天北京城便落入了联军之手，从此，一场惨无人道的大劫掠行动在北京城开始了。素有"万园之林"之称的圆明园自然劫数难逃，刚开始法国军队率先进入园内抢掠时还有一点顾虑，但是见到满园的金银财宝摆放在眼前时，心底事先存有的一点点恐惧早已抛向了脑后，肆无忌惮地大规模抢掠于是拉开了帷幕。到了第三天，英国人的加入更把这种抢掠推向了高潮。一时间，圆明园里到处都涌动着军人，到处都涌动着胜利者的欢呼。军人之间的等级观念在这场掠夺中早已不知抛向何方，各种等级的军官和士兵钻在一个箱柜里搜寻和抢夺，一个个像一群原始社会的野蛮人类见到猎物般高声呼喊着扑向一堆堆无价之宝，军人与军人之间，士兵与将军之间为了财物而互相扭打、互相碰撞。

历经几百年存放在圆明园里的宝物早已变成了列强手中的战利品，大把的丝绸、一大堆的宝石、一大批的珍珠都落入了英法联军士兵的口袋。一些带不走的珍贵家具，他们干脆用大斧统统砸碎，然后再取下镶在家具中的珍宝。

经过近半个月的疯狂劫掠后，昔日繁华至极的皇家园林圆明园一片狼藉，有点价值的东西几乎都被掏空。为了遮盖抢夺的罪行，英法联军决定烧毁圆明园。火光到处，所有的庙宇、宫殿、古老建筑都化为乌有。经过两天两夜大火的洗礼，圆明园变成了一堆废墟。历经无数能工巧匠几十年精心设计出来的圆明园，凝聚无数先人智慧与血汗的圆明园，就这样被英法联军肆意劫掠，就这样在大火中化为了灰烬。

趣味链接

英法联军烧毁的并非只有圆明园

英法联军烧毁的并非只有圆明园，而且圆明园附近的万寿山、玉泉山、香山、清逸园、畅春园等众多历史文化古迹都遭受了毁灭性的掠夺并惨遭烧毁。

慈禧太后垂帘听政

·女人脚下的大清王朝·

　　历经几百年风风雨雨的大清王朝在"辛酉政变"后，发生了翻天覆地的变化。从此，不仅仅是整个大清朝廷的命运，乃至整个中华民族的命运都主宰于一个女人的手中。慈禧太后，一个令国人唾弃的名字，一个令全世界绝大部分男人自愧不如的女人，将大清朝的未来牢牢地掌握在自己手中长达几十年，不能不说是一个奇迹。垂帘听政四字对于稍知历史的人来说，恐怕都带有深恶痛绝的情绪。因这四个字，连着一部丧权辱国史——倘若不是慈禧太后垂帘听政，滥揽坤纲，中华民族也许不会经过长达一个世纪的血与火的蹂躏。

　　其实，慈禧垂帘听政是历史赋予她的一项光荣而又神圣的使命。由于当时同治帝几岁便登基称帝，将所有的权力下放给其他辅佐大臣慈禧又不放心，加上她本人也喜欢权力，这一切为她的垂帘听政创造了绝好的机会。十多年后，同治长大成人后由于受太监唆使而经常出宫寻花问柳导致身体虚弱，刚刚亲政便暴毙身亡。慈禧太后又一手扶植了其兄醇亲王奕譞之子、四岁的载湉光绪皇帝，再一次制造了长期垂帘听政的机会。这次扶植光绪登基并非如上次那般顺利，众多大臣对慈禧太后的行径表示了强烈不满，但最终慈禧太

慈禧太后

后在同治皇帝的师傅翁同和等人的大力支持下使得其垂帘听政的阴谋再次得逞。为使这次垂帘听政像上次一样稳固而长久，慈禧太后将光绪皇帝的生父生母完全排斥于权力中心之外，不许他们入宫居住，这就杜绝了他们拥有权力的机会，甚至就连光绪皇帝自己未经过慈禧太后的允许也很难回家省亲。更有甚者，慈禧太后干脆要求光绪皇帝自称儿臣，也就相当于慈禧太后成了光绪皇帝的"亲爸爸"，此时光绪皇帝完全成了慈禧太后的傀儡。到了光绪皇帝年满十六岁时，按照祖制，原本其政治监护人必须将权力完全归还，慈禧太后不敢违背祖制，不得不宣布"归政"。但是长期笼罩在慈禧太后阴影之下的光绪皇帝哪里敢得罪慈禧太后，不得不以自己尚幼而需要继续接受教育为由，主动与师傅翁同和、李鸿章等一起跪请慈禧太后继续垂帘听政。

实际上，自从西方列强发动鸦片战争以来，晚清帝国实际上都掌握在慈禧太后手中，不论是曾国藩还是李鸿章，都只不过是慈禧太后手中的一颗棋子，不论甲午战争还是戊戌变法以至于直到新政立宪，实际上都只是慈禧戏园子里面的折子戏。

趣味链接

垂帘听政的内幕

历史上还有一种观点认为，慈禧太后垂帘听政是迫不得已而为之，就其内心而言并非真想做中国的主宰者，是当时的形式迫使她，因为当时根本没有什么值得令她信任的大臣，她也不可能放心将辅佐年幼君王的重任托付于外室，为了大清江山的稳固，她没有别的选择。

收复新疆

·民族栋梁左宗棠·

　　左宗棠是晚清著名的军事家，他曾参与了对太平军的作战，由于在战争中屡建奇功，人民赋予他"常胜将军"的称号。后世的历史学家给予他很高的评价，认为他是中国历史上四个永远打不败的将军之一，将他与汉朝的韩信、唐朝的李靖、宋朝的岳飞并列，这些评价尽管有些言过其实，但无论如何左宗棠无疑不愧为一代名将，是历史上少数几个为保卫国家领土贡献最大的人物之一。

　　左宗棠所处的年代，既是中国睡狮猛醒的年代，因此才有所谓的"同治中兴"和"洋务运动"，也是列强环视、中国充满由边疆到心脏的危机的年代。19世纪五六十年代，资本主义列强各国在世界范围内疯狂掠夺殖民地，英俄两国在中亚地区的角逐激化，中国西部边疆地区面临成为殖民地的威胁。1865年，中亚浩罕汗国军事头目阿古柏趁中国太平天国运动处于巅峰状态，清政府无暇西顾的政治局面，在英国支持下率兵侵入南疆，进而占领中国内部的天山南北广大地区，在占领地实行殖民统治。1871年，镇压完农民起义后的清政府早已元气丧失殆尽，根本没有实力顾及边疆安定的情况，俄国又乘机出兵占领伊犁地区，加紧了与英国争夺中国西北边陲的步伐，边疆危机日益严重。在这种情形下，左宗棠上奏朝廷力主对列强用兵，收复新疆。他在奏折中陈述了收复新疆的重要性："克复新疆，所以保蒙古；守卫蒙古，所以保京师。"清光绪元年，左宗棠的慷慨建言终于打动了慈禧太后，任命左宗棠为钦差大臣，督办新疆军务。进入新疆后，左宗棠根据新疆敌情及地理特点，制定了一系列行之有效的战略方针政策，同时十分注重改善武器装备和整顿军纪，并重新招募了一支以道员刘锦棠部、都统金顺部、提督张曜部为主约六七万人的作战部队，加紧进行战争准备。最终，在左宗棠的英明领导下，经过广大士兵共同的努力，新疆又重新回到了祖国的怀抱。

左宗棠率领士兵收复新疆战争的胜利，粉碎了英俄企图利用阿古柏肢解和侵吞中国西北领土的阴谋。迫于形势，沙俄被迫同意与清政府举行谈判。经过清政府与沙俄长时间的交涉，《中俄伊犁条约》最终于1881年签订，根据这个协议，伊犁和特克斯河上游两岸领土回归到了祖国的怀抱，但霍尔果斯河以西地区却被沙俄强行割去。后来形势的发展见证了左宗棠奏折上陈词的正确，中亚的几个国家在十几年间全被沙俄吞并。

趣味链接

五百年来第一人

左宗棠毕生对清朝最大的贡献就是收复了新疆，为腐败无能的晚清政府保住了一百几十万平方公里的国土，难怪连梁启超都称赞左宗棠为五百年来第一人。左宗棠之所以直到现在还在人们心中享有崇高威望，也正源于他收复新疆。

中日甲午战争

·"赔了夫人又折兵"的大清王朝·

　　1894 年爆发的甲午战争，是中国历史的重大事件，也是中国命运一个重要的转折点。在此之前的 9 年，是中国在 19 世纪下半叶一段发展的黄金时期，国内以往风起云涌的农民运动渐渐平息，远东的国际环境缓和，中国与西方各国都没有发生大的战争，再加上国内历经 30 年的"洋务运动"逐渐显现出了效果，可以说，如果没有甲午战争，中国屈辱的历史将有可能重新改写。

　　日本对中国的领土其实早已有占领的野心，早在 1868 年，明治天皇便极力鼓吹军国主义，将对外扩张定为基本国策，并将侵略矛头首先指向朝鲜和中国。为了满足其吞并其他国家的欲望，明治政府抓紧改革军制，积极扩军备战。到了 1894 年前后，日本无论陆军还是海军的实力其实早已超过了清朝政府，他们有陆军六个野战师和一个近卫师，现役兵力达到了十二万人，海军拥有军舰三十二艘、鱼雷艇二十四艘，排水量共达六万余吨。甲午战争中，日本实际投入兵力大约二十多万人，其中包括在其他国家作战的十几万人。朝鲜的内乱为甲午中日战争创造了便利的条件。1894 年春，朝鲜东学党农民起义爆发，应朝鲜政府的请求，清政府派直隶提督叶志超、太原镇总兵聂士成率淮军两千五百人赴朝参加镇压农民起义的战争。日本也趁机派兵入朝，外务大臣陆奥宗光授权驻朝公使大鸟圭介挑起衅端，决定发动侵略战争。但是，当中日两国军队到达朝鲜时，朝鲜政府和东学党起义军已签订了休战和约。为了防止日军进攻和事态进一步扩大，朝鲜政府请求中日两国撤兵。早有预谋的日军岂能放过这样的大好机会，他们置朝鲜政府的请求于不顾，继续向朝鲜增派军队，并厚颜无耻地提出"改革"朝鲜内政的方案。与此同时，日本天皇胁迫朝鲜政府废除中朝通商条约，并将中国军队驱逐出境。见朝鲜政府并未满足其要求，便攻占了朝鲜王宫，重新组建了一个傀儡政府。当天，日本对清朝军队不宣而战，在丰岛海面击沉中国运兵船高升号，同时天皇又命令日本陆军向驻牙山中国军队发起进攻，最终以日本的胜利结束了长达数月的甲午战争。

甲午战争被俘的镇远号

日本在甲午战争胜利后，一跃成为亚洲强国，完全摆脱了半殖民地的枷锁。与此不同的是，中国原本慢慢积累起来的一点点较好的国际声望在甲午战争后灰飞烟灭，国势日渐颓微。这次战争对中国社会的震动之大，前所未有，以往一向以老师自居的泱泱大国竟被"倭寇"全歼北洋水师，并且迫使中国割地又赔款。举国上下一片震惊，从此，国人的自信心丧失殆尽。

趣味链接

日本发了战争财

甲午一战，日本成为亚洲的"暴发户"，当时的日本外务大臣高兴地说："在这笔赔款以前，根本没有料到会有好几亿元，全部收入只有八千万日元。所以，一想到现在有三亿五千万元滚滚而来，无论政府还是私人都顿觉无比富裕。"

变法和戊戌六君子

·从容就义凸显男儿本色·

"戊戌变法"是爱国的仁人志士为了挽救腐朽的大清王朝而进行的最后一次努力，尽管以失败而告终，但是它对后世产生了深远的影响。戊戌六君子舍身成仁的精神更是成为一个千古美谈。

光绪皇帝亲政后，为了实现富国图强的愿望可谓耗费了心机，无奈他的变法运动损害了以慈禧太后为代表的一部分官僚的利益，便受到了他们的千般阻挠。于是慈禧太后便在直隶总督荣禄的怂恿下，决定发动兵变逼迫光绪重新交还权力，以便于慈禧太后再次垂帘听政。经过一番密谋后，他们决定在天津阅兵场发动兵变，于是荣禄便上奏折请光绪皇帝去天津阅兵。光绪皇帝知道荣禄是慈禧太后身边的一条狗，约他去天津阅兵不会是好事，于是便与康有为等人商谈对策。

当时革命党人手中并没有军队，沉思良久，康有为将希望寄托在荣禄的得力助手袁世凯身上，企图借助于他之手暗杀荣禄，因为他曾对变法运动表示过支持。如果袁世凯情愿的话，倒还真是一个不错的选择，因为一来他掌握着一支新式军队，战斗力极强。二来他又是荣禄北洋陆军的重要将领，荣禄轻易不会想到自己身边的近臣会暗杀他。于是，光绪皇帝亲自召见了袁世凯，还给他封了官。其实，他们的如意算盘都打错了，此时的荣禄早已对袁世凯产生了怀疑，为了提防袁世凯，荣禄调集亲信部队进驻北京和天津，袁世凯根本没有机会接近荣禄。光绪皇帝的人身自由也控制于慈禧太后手中。可以说，变法走到这一步已经注定要失败了，光绪自知各位革命党人处境危险，便密谕康有为等人立即离开北京。康有为的好友谭嗣同也劝他离开北京，并将串通袁世凯杀荣禄的事承担在自己肩上。可惜他们押错了宝，将如此重大的事情寄托在一个口蜜腹剑的小人手中焉能不失败，袁世凯表面上非常痛快地答应了谭嗣同的请求，可是一到天津便将革命党人的计划向慈禧太后和荣禄和盘托出，昔日的维新变法人物瞬间便成了朝廷的阶下囚。

1898 年 9 月 28 日下午 4 时，谭嗣同和林旭、刘光第、杨锐、康广仁、杨深秀六人被清政府以大逆不道的罪名斩首于菜市口刑场。临刑前，谭嗣同慷慨疾呼："有心杀贼，无力回天，死得其所，快哉快哉！"死时年仅三十三岁。后人为了纪念他们勇于献身的精神，便尊称为"戊戌六君子"。尽管戊戌变法最终以失败而告终，但是它激励了后世一大批爱国志士为寻求国家富强之路而不懈努力奋斗。

趣味链接

"戊戌变法"的内容

"戊戌变法"主要是指以康有为为首的改良主义者企图通过光绪皇帝而进行的资产阶级政治改革，是中国清朝光绪年间的一项政治改革运动。这项改革运动的主要内容包括学习西方先进技术，提倡科学文化，改革政治、教育制度，发展农、工、商业等。

八国联军侵华

·国人应牢记的一段历史·

八国联军侵华是 1900 年帝国主义为了扩大对中国的侵略，以保护他们的在华利益为幌子，而发动的帝国主义侵华史上规模巨大、影响深远的一次战争。

19 世纪，义和团运动在京津地区迅猛发展，对帝国主义在华利益构成了很大威胁，于是列强们准备武力镇压，并企图乘机瓜分中国。

1900 年 6 月 10 日，英、日、俄、美、德、意、法、奥八国从天津出发，由英国海军中将西摩尔率领，在大沽登陆后由天津乘火车向北京进犯，西摩尔狂妄地预计用不了几个小时就会"打到北京吃晚饭"。

面对八国联军的进攻，清政府手足无措。从 6 月 16 日到 19 日，慈禧太后连续召开四次御前会议。此时，传来了一份"假照会"，其内容之一是要慈禧"归政"。慈禧一听大怒，立即下了"宣战"的决心。21 日，清政府正式颁布了对八国宣战的上谕。

8 月 4 日，八国联军近两万人，由天津出发，气势汹汹地扑向北京。联军兵不血刃进入通州，通州是进入北京的最后一站，因此，北京形势严峻。1900 年 8 月 14 日，联军进入北京城。入城后，联军继续向城内推进，但部分清军和义和团民众依然在英勇打击侵略者，直到 16 日，守城军才完全撤出，北京城落入了联军手里。

15 日凌晨，慈禧太后带着光绪皇帝及少数王公大臣西逃。在北京城内，八国联军纵兵三日，为所欲为。北京城遭到外国强盗的公开劫掠，举世闻名的皇家园林圆明园被无耻的联军洗劫一空后，侵略军为毁灭罪证，又纵火把它烧掉。

1900 年 8 月，八国联军从天津出发进攻北京，清政府任命李鸿章为全权大臣，向各国乞和。12 月 24 日，十一国联合提出了"议和大纲十二条"。逃亡在西安的慈禧见大纲并没有把自己当做"祸首"惩办，非常高兴，马上表示"照允"。

1901 年 9 月 7 日，清政府和侵华的八国，再加上比利时、荷兰、西班牙三国共十一国，签订了《辛丑条约》，从此，清政府成为傀儡朝廷，大大加深了中国的半殖民地半封建化程度。

趣味链接

八国联军侵华原来还有神秘的第九个国家

在悉尼的皇家澳大利亚海军戈登岛造船厂里摆放着一尊古老的铜炮，这尊铜炮由西班牙人于 1595 年制造，并作为礼物献给中国皇帝，被不远万里地送到了北京。

澳大利亚，这个年轻的殖民地，在成立联邦的元年（1901 年），以大炮、刺刀和军舰为后盾，从中国这个庞大的北邻手中夺得了这尊早已堪称文物的铜炮。

八国联军入侵期间，澳大利亚联邦已经宣告成立，因此，中国之战不仅是澳洲殖民军（作为英军一部分）的首次亚洲之战，更是澳大利亚联邦的首次海外军事行动。澳大利亚成了神秘的第九个国家。从这个意义上，八国联军或可说是九国联军。

溥仪退位

·千年帝制土崩瓦解·

1912 年 2 月 12 日，隆裕太后带着清王朝的最后一位皇帝溥仪，在养心殿里"挥泪对宫娥"，举行了最后一次朝见礼仪。在中国历史上延续了两千多年的封建君主专制制度被推翻了。

"辛亥革命"爆发后，帝国主义感到公开武装干涉中国革命已不太可能，就在"中立"的幌子下，抓紧寻找新的傀儡，极力扶持袁世凯。此时怀有野心的袁世凯则企图依靠帝国主义的支持，向革命派施加压力，以使革命派向他妥协。经过英国公使朱尔典和袁世凯的一番密谋后，由英国驻汉口领事出面，向湖北军政府提出南北停战议和的建议。以停战、清帝退位、袁世凯为总统三项为议和条件，在孙中山回国之前，议和谈判就在上海英租界市政厅开始了。

孙中山不同意南北议和，于 1912 年 1 月 11 日宣布自任北伐军总指挥，制定了六路北伐计划。当时英、美、德、日各国军舰驶进长江，想趁火打劫，造成即将"武装干涉"的局势。在内外交迫的形势下，革命党人只得向袁世凯作出让步。1 月 22 日，孙中山表示：如果清朝皇帝退位，袁世凯宣布绝对赞成共和，自己可以辞去临时大总统的职务，让袁世凯来当大总统。

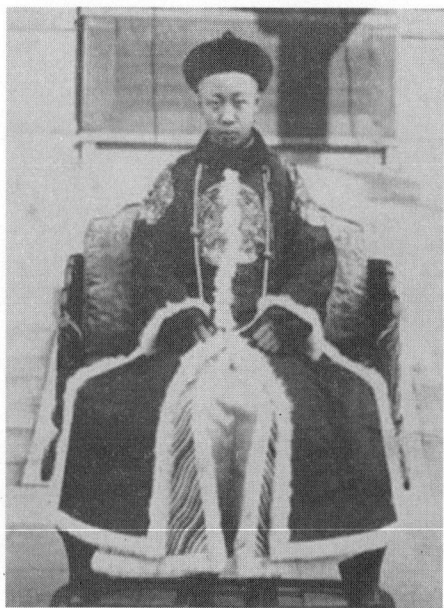

溥仪

袁世凯得到这个消息，心里非常高兴，便指使他在北洋军中的心腹段祺瑞等，联名发出通电，"立即采取共和政体"，逼迫清朝皇帝退位。并许给皇室以特殊"优待"。制定的《优待条例》规定：（1）清帝称号不变；（2）每年由国民政府给予四百万元；（3）清帝仍居清宫，以后移居颐和园；（4）原有私产由民国保护等。2月6日，参议院通过了《优待条例》。2月12日，清朝末代皇帝退位。这样，统治中国长达268年的清王朝被推翻，这是"辛亥革命"的重大成果。

清帝退位的第二天，袁世凯声明赞成"共和"，同一天，孙中山宣布辞去临时大总统。3月10日，袁世凯在北京宣誓就职，卖国贼窃取了"辛亥革命"的胜利果实。

趣味链接

溥仪的妃子们

1922年，溥仪才十六岁时便有了两位妻子。

溥仪最想选的妻子是文绣，满洲鄂尔德特氏旗人，1931年文绣与溥仪离婚。

皇后郭布罗·婉容是达斡尔族旗人。婉容长期遭到溥仪冷落，染上鸦片烟瘾。因烟瘾发作，卒于中国吉林省敦化。葬地不明。

溥仪的第三位妻子是谭玉龄，北京满族人，经贝勒毓朗之女（婉容姑母）介绍，与溥仪于1937年结婚，封为"祥贵人"，六年后病卒，谥"明贤贵妃"。

溥仪的第四位妻子是李玉琴，长春汉人，1942年被日本官员挑选入宫，封为"福贵人"。1957年与溥仪离婚。2001年因肝硬化逝世。

1962年，在周恩来的安排下，溥仪与汉族护士李淑贤结婚。

读石油版书，获亲情馈赠

　　亲爱的读者朋友，首先感谢您阅读我社图书，请您在阅读完本书后填写以下信息。我社将长期开展"读石油版书，获亲情馈赠"活动，凡是关注我社图书并认真填写读者信息反馈卡的朋友都有机会获得亲情馈赠，我们将定期从信息反馈卡中评选出有价值的意见和建议，并为填写这些信息的朋友**免费**赠送一本好书。

一本书读通中国史

1. 您的年龄：20 岁以下□　　　　　20～30 岁□

　　　　　　　30～40 岁□　　　　　40 岁以上□

2. 您的文化程度：大专以下□　　　本科以上□

3. 您购买的本书的动因：书名、封面吸引人□　　　　内容吸引人□

　　　　　　　　　　　版式设计吸引人□

4. 您认为本书的内容：很好□　　较好□　　一般□　　较差□

5. 您认为本书书名反映内容的程度：很高□　　　　较高□

　　　　　　　　　　　　　　　　一般□　　　　较差□

6. 您认为本书在哪些方面存在缺陷：内容□　　　封面□

　　　　　　　　　　　　　　　　装帧设计□

7. 您认为本书的定价：较高□　　　适中□　　　偏低□

8. 您对本书的综合评价

_____

您的联系方式：

　　姓名_____

　　单位_____　邮政编码_____

　　地址_____　电话_____

　　手机_____　E-mail _____

回信请寄：北京安定门外安华里二区一号楼　石油工业出版社

　　　　　社会图书出版中心项目组

邮政编码：100011

电子信箱：petropub@163. com（复印有效）